中学教育师范技能提升系列教材
黔南民族师范学院教材出版基金资助

# 中学地理
## 教育与活动指导

ZHONGXUE DILI JIAOYU
YU HUODONG ZHIDAO

主　编　胡向红　潘网生
副主编　余　瑞　林　义　赵克松　雷邦雄　刘智慧
参　编　高　林　毛　涛　陶锐林　周光发

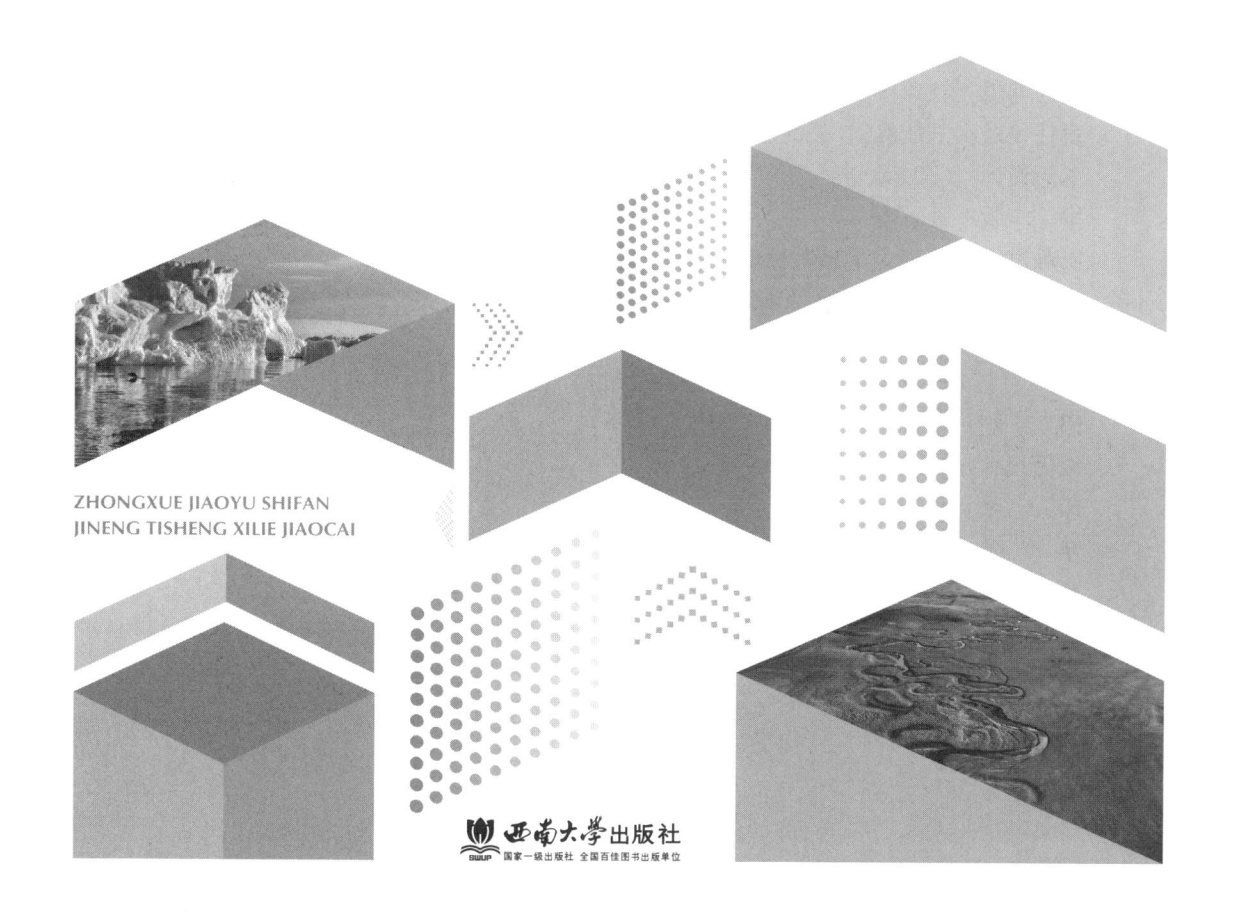

ZHONGXUE JIAOYU SHIFAN
JINENG TISHENG XILIE JIAOCAI

西南大学出版社
国家一级出版社　全国百佳图书出版单位

图书在版编目(CIP)数据

中学地理教育与活动指导/胡向红,潘网生主编. -- 重庆：西南大学出版社,2022.6
ISBN 978-7-5697-1457-9

Ⅰ.①中… Ⅱ.①胡…②潘… Ⅲ.①中学地理课—教学研究 Ⅳ.①G633.552

中国版本图书馆CIP数据核字(2022)第101062号

# 中学地理教育与活动指导
## 胡向红　潘网生　主　编

| 策　　　划： | 杨　毅　杨景罡　翟腾飞 |
|---|---|
| 责任编辑： | 杜珍辉 |
| 责任校对： | 刘欣鑫 |
| 书籍设计： | ◡◠起源 |
| 排　　版： | 杜霖森 |
| 出版发行： | 西南大学出版社 |
| | 地址：重庆市北碚区天生路2号 |
| | 邮编：400715 |
| | 市场营销部电话：023-68868624 |
| 印　　刷： | 重庆紫石东南印务有限公司 |
| 幅面尺寸： | 185 mm × 260 mm |
| 印　　张： | 16 |
| 字　　数： | 294千字 |
| 版　　次： | 2022年6月　第1版 |
| 印　　次： | 2022年6月　第1次印刷 |
| 书　　号： | ISBN 978-7-5697-1457-9 |
| 定　　价： | 49.00元 |

# 中学教育师范技能提升系列教材编委会

**主　任：** 石云辉

**副主任：** 李泽平　翁庆北

**委　员：**（按姓氏笔画为序排列）

王　锋　毛海立　文　静　文　毅　孔令林
许玉凤　李玉红　杨　荣　杨　娟　肖洪云
吴进友　吴现荣　张小伟　张学义　陈　钧
陈世军　陈佳湘　林小平　罗元辉　周旭东
屈　维　胡向红　钟雪莲　姚志辉　袁吉萍
唐世农　黄　玲　崔宝禄　彭　凯　谢治州

# 总 序

ZONG XU

新中国历经了由教育弱国到教育大国的发展之路,而今正处在迈进教育强国的伟大征程中。随着中国特色社会主义进入新时代,我国教育发展的基本矛盾已发生重要转变,即从"人人能上学"转向"人人上好学"的需求,反映出人民群众对发展高质量教育的强烈呼唤。可以说,加快发展中国特色世界先进水平的优质教育,已是迫在眉睫的时代重任。

要建设高质量教育体系,关键在教师。习近平总书记指出,教师是人类灵魂的工程师,是人类文明的传承者,承载着传播知识、传播思想、传播真理,塑造灵魂、塑造生命、塑造新人的时代重任。教师是教育发展的第一资源,是国家富强、民族振兴、人民幸福的重要基石。中共中央、国务院印发的《关于全面深化新时代教师队伍建设改革的意见》提出,到2035年,教师综合素质、专业化水平和创新能力大幅提升,培养造就数以百万计的骨干教师、数以十万计的卓越教师、数以万计的教育家型教师。教育部等八部门联合印发的《新时代基础教育强师计划》也提出,到2035年,适应教育现代化和建成教育强国要求,构建开放、协同、联动的高水平教师教育体系,建立完善的教师专业发展机制,教师数量和质量基本满足基础教育发展需求,教师队伍整体素质和教育教学水平明显提升。

众所周知,高质量教育的核心是人才培养,人才培养的核心是课程,课程体系建设深刻影响着教育质量的发展与走向。因此,教师教育课程关系到未来教师的培养质量,是教师教育改革和发展的关键所在。当前,我国教师教育课程改革的目标和方向,就是要贯彻落实教育部颁布的《教师教育课程标准(试行)》和《师范生教师职业能力标准(试行)》,围绕有理想信念、有道德情操、有扎实学识、有仁爱之心的好老师培养,突出师德师风第一标准,着力培养师范生的师德践行能力、教学实践能力、综合育人能力和自主发展能力,引导广大教师以德立身、以德立学、以德施教、以德育德,坚持教书和育人相统一、言传和身教相统一、潜心问道和关注社会相统一、学术自由和学术规范相统一,全心全意做学生锤炼品格、学习知识、创新思维、奉献祖国的引路人,加快推进与教育现代化相匹配的教书育人能力素质提升。

黔南民族师范学院紧扣教师教育发展的趋势和教师教育课程改革的时代要求,坚持"学生中心、产出导向、持续改进"的师范专业认证理念,突出师范性、民族性、地方性和应用型的办学定位,组织编写了中学教育师范技能提升系列教材,供高等院校中学教育师范生以及中学教师使用。这套教材有不少探索和创新之处,突出了以下几个特点:

第一，坚持育人导向。在教材编写过程中，基于专业课教学逻辑，通过名人名言、案例等充分挖掘思想政治教育课程资源或有机融入社会主义核心价值观，如中国传统文化、爱国精神、爱岗敬业精神等，培养德智体美劳全面发展的新时代卓越教师，切实贯彻落实立德树人根本任务。

第二，紧扣标准要求。根据教育部颁布的《教师教育课程标准（试行）》和《中学教师专业标准（试行）》，结合新修订的《义务教育课程方案和课程标准（2022年版）》等文件，对教材内容进行整体规划和设计，压实学科基础，体现科学性与先进性，力求符合新时代教师教育的实际需要。

第三，强化实践导向。根据西部地区基础教育的实际情况，对接中学教师职业岗位实际需要，从培养全面发展的学生角度出发，将教材编写的立足点放在中学教育的全过程、职前职后一体化培养，打通理论学习与岗位实践之间的壁垒，着力培养师范生的实践智慧。

第四，突出能力培养。针对传统师范教育普遍存在的重理论、轻实践问题，教材围绕师范生的师德践行能力、教学实践能力、综合育人能力和自主发展能力培养，突出对师范生综合实践能力和创新能力的培养，特别是口语表达能力、组织管理能力、书写能力以及情绪调节能力等教师岗位必备的基本能力。因此，在编写过程中，特别注意采用最新实践案例，强化技能训练。

第五，注重融合拓展。在教材编写的过程中，编者特别关注不同教材内容之间的连续性、系统性，既有区分，又有融合。与此同时，注意统筹考虑配套数字化课程资源，将教材分析、教案编写、课件制作、示范课录制等数字化资源建设同步推进，丰富教材内容，强化拓展性。

总之，这套系列教材涵盖了语文、数学、政治、英语、历史、地理、物理、化学、生物、美术、音乐等十一个学科，包括教育与活动指导和职业技能训练两大类别，具有一定的开拓性，是教师教育课程改革领域里的可贵探索。

2022年6月12日

靳玉乐，二级教授、博士生导师，西南大学党委原常委、原副校长，现任深圳大学教育学部主任，中国教育学会教育学分会副理事长，中国高等教育学会常务理事。

# 前 言
QIAN YAN

师范院校地理科学(师范)专业毕业生是未来的中学地理教师,主要从事中学地理教育教学工作,因此,师范院校在人才培养模式上必须重视教师教育课程的教学,将教师教育课程教学内容改革和课程体系的构建摆在重要位置,探索教学改革发展道路,逐步加强与中学地理教学的结合,以培养中学地理教师教育教学技能为目标,只有这样才能更好地促进地理师范生就业,这些做法具有较强的理论与现实意义。

"3+3"高考改革新形势下,对未来教师教学水平及能力的要求进一步提高,就业难度加大。教材的编写是基于高考改革新形势下的高校地理师范专业人才能力的培养及中学基础教育对优秀毕业生的需求两个方面的考量,明确两个靶向。一是如何提升地理科学师范生教育教学技能和水平,使其顺利获得中学地理教师从业资格证书,全面促进地理科学专业就业率的提高;其二是如何让就业后从事中学地理教育,特别是从事高中地理教育的师范生尽快适应工作岗位,成为一名优秀的地理教育工作者,破解中学素质教育与升学教育之间的矛盾,适应中学基础教育改革的新形势。

本书是以高等师范院校地理科学专业的学生为使用对象编写的,系统整理、比较、筛选教师教育教学课程内容,评价其与新高考改革的相关性、匹配度及其对中学地理教育的影响程度,进而对教育教学课程框架体系进行梳理,对学生能力目标进行再定位。针对地理科学专业学生的教学技能水平、教师资格证考试通过率及毕业就业率的提高等方面,全面系统阐述中学地理教学基本理论、方法以及活动的指导。

本书共分11章,主要内容包括中学地理教育与活动概述、地理教学设计及主要内容、地理课堂教学方案的编写、地理教学方法与媒体的设计、导学案的设计、地理微课教学、地理教学评价与反思、说课、研学旅行活动、项目申报与论文写作、教师岗位准备。

本书由胡向红策划,胡向红、潘网生为主编,余瑞、林义、赵克松、雷邦雄、刘智慧为副主编。具体编写:胡向红编写第一、二、九、十一章,潘网生编写第四、十章,余瑞编写第三章,林义编写第五章,刘智慧编写第六章,赵克松编写第七章,雷邦雄编写第八章,由胡向红在初稿上,进行审阅、统稿和部分改写。

  本书的编写借鉴了众多学者的研究成果和地理教师的成功经验,在此致以深深的谢意,由于编者水平有限,不当之处在所难免,恳请广大读者批评指正。

编者

2022年1月

# 目 录
MU LU

## 第一章 中学地理教育与活动概述 001
### 第一节 中学地理教育概述 001
### 第二节 中学地理教育研究内容 007
### 第三节 地理新课程的内容体系 014
### 第四节 中学地理教育活动 019

## 第二章 地理教学设计及主要内容 027
### 第一节 地理教学设计概述 027
### 第二节 地理教学目标及设计 032
### 第三节 地理教学内容及设计 040
### 第四节 地理课堂教学过程设计 046

## 第三章 地理课堂教学方案的编写 059
### 第一节 地理课堂教学方案的基本要素与格式 059
### 第二节 地理课堂教学方案编写实例 069

## 第四章 地理教学方法与媒体的设计 076
### 第一节 地理教学方法设计 076
### 第二节 地理课堂教学媒体 087

## 第五章　导学案的设计　　103
### 第一节　概述　　103
### 第二节　导学案编写及教学环节　　112

## 第六章　地理微课教学　　117
### 第一节　微课的概述　　117
### 第二节　地理微课资源的开发　　119
### 第三节　地理微课的制作与使用　　122

## 第七章　地理教学评价与反思　　128
### 第一节　地理教学评价内容　　128
### 第二节　地理教学反思及内容　　137
### 第三节　地理教学再设计　　140

## 第八章　说课　　143
### 第一节　说课概述　　143
### 第二节　说课的程序及案例　　150

## 第九章　研学旅行活动　　158
### 第一节　研学旅行活动概述　　158
### 第二节　研学方案设计　　166

## 第十章　项目申报与论文写作　　175
### 第一节　项目申报　　175
### 第二节　论文写作　　179

## 第十一章　教师岗位准备　　195
### 第一节　中小学教师资格证概述　　195
### 第二节　中学地理教师招聘笔试准备　　207
### 第三节　中学地理教师招聘面试准备　　218

## 参考文献　　237

# 第一章　中学地理教育与活动概述

## 第一节　中学地理教育概述

根据《义务教育地理课程标准(2022年版)》《普通高中地理课程标准(2017年版)》和地理学的性质,中学地理课程的目标是培养"四有"即有见识、有胸怀、有责任感、有行动力的公民,尤其要求学生具备人地协调观、综合思维、区域认知、地理实践力等地理核心素养,因此,中学地理课程是提高学生生活品位和精神境界的基石,在中学课程中具有重要地位。

### 一、中学地理教育的特点

中学地理教育的特点,是由地理学的本身特点决定的,一般而言,具有以下特点[1]。

#### (一)区域性与综合性

地理学不仅需要解释地理事物的空间格局、空间联系、空间差异,还需要揭示地理事物的空间运动和演变规律。中学地理课程教学需要将地理学区域研究的基本范式进行普及,从而培养学生的区域认知能力。

地理学的综合性主要体现在其研究对象与方法的综合性上。地理学的研究对象——地理环境的组成要素(自然要素和人文要素)相互联系、相互影响形成一个统一的整体。任何地理事物和地理现象都不是孤立静止的[2],其中的某一个要素发生变化,其他要素也会发生相应的变化。地理学的研究方法的综合性体现在重视和采用分析—综合法。分析就是对事物各组成要素的方方面面和属性进行一一分解以实现对事物的了解;综合是

---

[1] 中公教育教师资格考试研究院.地理学科知识与教学能力·初级中学[M].北京:世界图书出版公司,2012.
[2] 张晓芹.高中地理新教材活动系统研究[D].内蒙古:内蒙古师范大学,2009.

在分析的基础上把事物的方方面面视为整体进行总体研究。分析和综合密不可分,不可偏废;只分析不综合,则只见树木,不见森林;只综合不分析,则只见森林,不见树木。教学过程中要把分析和综合结合在一起,但不分先后,根据内容考虑分析—综合的顺序。

### (二)广泛性和思想性

中学地理基础知识是多尺度、多内容的系统,这决定了其广泛性。中学地理知识涉及的地域尺度,从本乡本土扩大到整个地球乃至宇宙。中学地理知识既涉及生命物质又涉及非生命物质,既有自然现象又有社会现象[①]。

中学地理课程通过国情教育、乡土地理教育,培养学生热爱祖国、热爱家乡等思想情感,一直是本课程的传统。而将环境教育、可持续发展思想等作为主线将基础教育各课程的内容串联起来,是基础教育各门课程中唯一的,从而为当代和后续的环境问题的应对与解决积蓄力量。

### (三)实践性与生活性

由于地理学事物与现象比较抽象,需要通过实践和对身边现象的认知来进行深入学习。地理课程的实践性体现在含有丰富的实践内容,如地理现象观测、仪器操作、社会调查等,从而培养学生的动手、动眼能力,积累地理感性知识与思维方式[②]。

地理课程的生活性体现在地理课程与生活实际联系紧密。通过对本乡本土的考察、与相似区域的对比,不仅解决学生生活中经常遇到的地理问题,从而丰富学生的知识与阅历,还能帮助学生认识、选择生活环境,进而提高生存能力。

## 二、中学地理教育地位

中学地理的主要内容涉及地理环境、人地关系、可持续发展等,其在基础教育中具有不可替代的作用与地位,主要体现如下[③][④][⑤]。

---

① 白艳宏.多元智能理论与中学地理教学整合的研究[D].大连:辽宁师范大学,2004.
② 陈澄,段玉山,钱丽欣.地理:明晰课程性质,提高教学实践品质——《义务教育地理课程标准(2011年版)》热点问题访谈[J].人民教育,2012(06):49-51.
③ 陈澄.新编地理教学论[M].上海:华东师范大学出版社,2007.
④ 王民,仲小敏.地理教学论[M].第2版.北京:高等教育出版社,2010.
⑤ 陈澄.地理教学论与地理教学改革[M].上海:华东师范大学出版社,2001.

## (一)培养学生关心并谋求人类持续发展的环境意识

面对越来越严峻的环境问题,环境意识是高素质公民的突出标志。地理学作为连接人类的过去与未来的科学,使学生通过地理课程的学习在了解地理环境历史与未来、地理事物和地理现象的运动与变化规律、人类在地球生态系统中的地位与影响等基础上,正确认识人类与环境的关系、思考新型人地关系,从而树立科学的环境观、人口观、资源观,进而形成可持续发展观。

## (二)培养学生的全球意识与正确的地理价值观

地理教育对开阔学生视野、树立全球意识具有突出作用。它可以通过多种直观手段和丰富生动的地理事实,使学生形成各种具象的、动态的自然和人文景观认识,使学生了解不同地区人类生产、生活方式,如:如何因地制宜地进行生产建设?如何进行联系与交往、合作与竞争?让学生认识和思考,为了共同创造美好未来和建设可持续发展的环境,人们应取得哪些共识,以共同处理好人类与地球的关系。地理教育工作者要在这方面义不容辞地承担起教育下一代的任务,帮助他们树立全球意识,从人类生活的大环境认识问题,这也正是地理学习的价值所在。地理教师不是机械地重复地理教材中的知识内容,而是要通过自己的理解,揭示地理知识的内涵,使学生通过教师的启发指导,在理解科学道理的同时形成科学观点,从地理科学的角度考虑问题,这与素质教育的要求是一致的。

## (三)促进学生全面发展

地理教育与其他学科教育共同完成促使学生全面发展的任务[①]。学生的全面发展并不意味着只是掌握了系统的科学文化知识,还应考虑到思想品德、身体心理、劳动技能等方面。因此,在地理学科教育中不能只追求越来越多的知识,特别是仅从地理学科体系角度考虑的知识。然而,由于地理知识本身所具有的特点,它在知识与方法、能力与思维、态度与观点等方面的培养与训练,又具有特殊的作用,这对促进学生成为全面发展的合格人才的作用是不容忽视的。地理知识内容在空间上可面向世界,在时间上可面向未来,它可以使学生智能得到全面开发,身心得到全面发展;地理知识紧密联系实际,可使学生获得生活、劳动及学习所需要的基础知识与基本技能;地理知识涉及家乡、社会、国家和世界,可使学生受到多方面的思想政治和品德教育。地理教育和基础教育中其他学

---

① 李丽.新课程背景下初中地理课堂教学中的地理素养教育探究[D].济南:山东师范大学,2006.

科教育共同为促进学生成为全面发展的合格人才奠定基础。

### （四）培养活跃的有能力的负责任的未来公民

《地理教育国际宪章》曾提出，地理教育要"培养活跃而负责任的公民"。地理教育的实施，让学生了解人类与环境的过去和未来，使他们关心这个世界，愿意并具备一定能力参与社会中有关资源和空间利用与规划的事务，如土地利用、城乡建设、生产布局、资源开发、环境保护、交通规划、区域发展、国土整治、灾害防治等这些依赖地理知识发挥作用的领域。地理教育发挥作用，让未来的公民不仅积极参与，而且有能力、负责任（特别是对环境负责任）[1]。

## 三、我国中学地理教育及其变革史

在我国，一直到19世纪末的清朝末年，地理课程才开始在一些"新式学校"中出现。最早的地理学科见于1867年（同治六年）的新式学校同文馆，馆中规定了第三年讲授各国地理。但我国中小学各年级正式设置地理课程是始于1904年清政府颁布的《奏定学堂章程》。章程规定了各地大学堂的文科及师范院设有地理学课程，中、小学则规定地理为必修科[1]。

从1904年《奏定学堂章程》颁布、地理课程在我国学校教育中正式设立开始，我国的地理课程发展大致经过了三次较大的历史演变[2][3]。

### （一）清末时期

清政府颁布的《奏定学堂章程》是我国最早制订的、在全国范围中小学普遍施行的含有地理学科的课程方案，标志着我国地理课程的正式设置[4]。

这个时期的中小学共14年，其中初小5年，每个年级每周有地理1课时；高小4年，每个年级每周有地理2课时；中学5年，每个年级每周有地理2课时。其具体的课程和教学内容安排见表1-1、表1-2。

---

[1] 喻金水.基础教育地理课程建构的理论与实践研究[D].南昌:西师范大学,2005.
[2] 武文霞,周顺彬.地理课程与教学论[M].广州:广东高等教育出版社,2014.
[3] 王树声.中学地理教材教法[M].北京:高等教育出版社,1995.
[4] 刘彭野.国内外中小学地理教育的展望与发展趋势[J].中原地理研究,1982(2):90-100.

表1-1　清末小学堂各年级地理课程内容与课时

| 阶段 | 初等小学堂 ||||| 高等小学堂 ||||
|---|---|---|---|---|---|---|---|---|---|
| 年级 | 一 | 二 | 三 | 四 | 五 | 一 | 二 | 三 | 四 |
| 地理内容 | 本乡地理 | 本乡地理 | 本县本府本省地理 | 本国地理 | 本国及邻国地理 | 本国地理 | 外国地理 | 外国地理 | 本国地理 |
| 每周课时 | 1 | 1 | 1 | 1 | 1 | 2 | 2 | 2 | 2 |

表1-2　清末中学堂各年级地理课程内容与课时

| 年级 | 一 | 二 | 三 | 四 | 五 |
|---|---|---|---|---|---|
| 地理内容 | 地理总论<br>亚洲总论<br>中国地理 | 中国地理 | 外国地理 | 外国地理 | 地文学 |
| 每周课时 | 2 | 2 | 2 | 2 | 2 |

## （二）民国时期

在这个阶段的前期，地理课程变动较多，开设的地理课程主要为中国地理和外国地理，也曾在高年级开设过自然及人文地理概论；总时数也有变动，高中地理课时每周有8课时、6学时、9学时不等，并且也不是所有年级都开设地理课程。后期（1932年以后）则是历史上开设地理课学时较多的时期之一，总时数每周达12学时，在初中和高中总共6个学年中，全部开设地理课程，每周均为2学时。课程内容，无论是初中、高中还是小学，基本上都是循环重复，从本国地理到外国地理，区别仅是内容的繁简。1929年和1932年，国民政府分别颁布了《初中地理课程暂行标准》和《高级中学普通科地理暂行标准》，其地理课程内容设置见表1-3。

表1-3　民国时期中学地理教育内容设置与课时

| 年级 | 初一 | 初二 | 初三 | 高一 | 高二 | 高三 |
|---|---|---|---|---|---|---|
| 地理内容 | 本国地理 | 本国地理 | 外国地理 | 本国地理 | 本国地理<br>外国地理 | 外国地理<br>自然地理 |
| 每周课时 | 2 | 2 | 2 | 2 | 2 | 2 |

## (三)新中国成立以后

这一阶段的课程变动较大,整个学校地理教育可以说是几经起伏[1]。新中国成立初期地理课程的体系基本上按照1949年前的旧体系,但在内容上删除了地理环境决定论等错误观点,加强了爱国主义教育。1953年到1957年是我国地理教育的一个蓬勃发展的"兴旺时期",出版发行了我国第一部《中学地理教学大纲》和第一套全国统编的地理教材。这时候的课程体系主要参照苏联的模式,由自然地理到经济地理,由世界地理到中国地理。地理课时数总共达每周12学时,也是历史上开设地理课时较多的时期之一。从1958年到1966年,地理课程基本上属于教学内容和教学时数削减时期。地理课时从1957年的每周12学时,减至1958年的8学时、1959—1962年的5学时,在1966—1976年,中学地理教学基本停顿。

1978年以后,地理教育开始了全面振兴,地理课程逐步得到恢复,学时也由少到多。小学、初中和高中相继开设地理课程。在教学内容上,初中阶段开设区域地理,高中阶段基本上讲授系统地理。在指导思想上,逐步明确了以人地关系、可持续发展理论作为地理教学内容的核心论题。

从1993年开始,我国的地理教材已由"一纲一本"走向"一纲多本"和"多纲多本"。地理课程进入了一个新的发展时期(表1-4)。

表1-4 新中国成立以来中学地理课程设置与课时

| 年份 | 初一 | 初二 | 初三 | 高一 | 高二 | 高三 | 课时合计 |
|---|---|---|---|---|---|---|---|
| 1949—1952 | 中国地理2 | 中国地理2 | 外国地理2 | 中国地理2 | 中国地理2 | 外国地理2 | 12 |
| 1953—1957 | 自然地理3 | 世界地理2/3 | 中国地理3/2 | 外国经济地理2 | 中国经济地理2 | | 12 |
| 1958 | 地理3 | 地理2 | | | 经济地理3 | | 8 |
| 1959—1962 | 地理3 | 地理2 | | | | | 5 |
| 1963—1965 | 中国地理3 | | | 世界地理3 | | | 6 |

---

[1] 付景保,陈淑兰.基于中学地理课程改革的高师地理教育专业教学改革研究[J].甘肃联合大学学报(自然科学版),2011,25(2):101-105.

续表

| 年份 | 初一 | 初二 | 初三 | 高一 | 高二 | 高三 | 课时合计 |
|---|---|---|---|---|---|---|---|
| 1966—1976 | 地理0—2 | | | | | | 0—2 |
| 1977—1980 | 中国地理3 | 世界地理2 | | | | | 5 |
| 1981—1993 | 中国地理3 | 世界地理2 | | | 地理2 | 地理文科班(选修)3 | 7(不含选修) |
| 1993 | 地理3 | 地理2 | | 地理3 | | 地理选修4—6 | 8(不含选修) |
| 2000 | 地理2 | 地理2 | | 地理2 | | | 6 |
| 2011 | 地理2 | 地理2 | | 地理2 | 地理选修2 | 地理选修4 | 6(不含选修) |
| 2017 | 地理2 | 地理2 | | 地理2 | 地理选修2 | 地理选修4 | 6(不含选修) |

# 第二节　中学地理教育研究内容

地理教育研究内容涉及面很广,按照不同的分类标准,分类结果必然不同。如:从研究的层次来看,研究内容可以分为理论性的和实践性的两种;从研究的空间范围来看,有研究外国的、跨国的和国内的地理教育,国内的地理教育还包括全国的、省级行政区的、本地的,甚至是本校的地理教育。

对地理教育研究内容的阐述,一般主要从地理教育基础研究与应用研究的角度,再兼顾地理教育研究内容所属的层次,即理论层次与实践层次。如此构建的地理教育研究内容体系,主要为了内容分类的方便,实际上各项研究内容往往是联系起来加以研究的。例如,研究应用性内容时,必须研究一些相关的基础性内容,而研究基础性内容时,也要面向应用,将一些应用性内容当作基础性研究案例。

## 一、地理教育基础研究内容

地理教育基础研究,不是直接研究当前地理教育的实际问题,而是间接研究与现实问题相关的基础问题。与地理教育现实问题有关的问题涉及面很广,地理教育基础研究的内容丰富,当前需要研究的内容主要有以下方面[1][2][3]。

### (一)研究地理教育的功能和地位

地理教育所具有的功能是客观的。对地理教育功能的认识是否正确、充分,关系到地理教育改革和发展的重大决策是否正确、可行。长期以来,对地理教育功能的研究还很不够,导致社会上和地理教育界内部,对地理教育地位和作用的种种误解,影响到地理教育功能的正常发挥。虽然地理教育的功能是客观存在的,但并非一成不变的,在不同的社会发展和地理科学发展的背景下,地理教育的功能也在发展变化。脱离地理教育的外部环境,孤立地研究地理教育功能,并不是真正重视地理教育功能的表现,只会进入"不识庐山真面目"的误区。反之,否认地理教育功能的客观性,违背客观规律而主观地规定地理教育功能也是不可取的。地理教育的地位既以地理教育功能为条件,也以社会的现实需要为条件,是主观与客观相互作用的结果。认识地理教育功能之后,还要摆正地理教育地位,才能保证合理发挥地理教育功能。

对于地理教育地位,也可以从不同的角度进行研究,主要研究内容包括但不限于:应当把地理教育摆在学校开展教育改革、实施就业预备教育和升学预备教育的什么位置上?在社会教育兴起的时代,地理教育在社会教育中的终身教育、社区教育、在职培养方面地位如何?学校地理教育从社会上的远程教育、社会实践基地中可以取得何种开放教育的地位?地理教育如何培养学生的地理核心素养?"双减"背景下的地理教育机遇与挑战是什么?

### (二)研究地理教育的特点

长期以来,对地理教育特点的认识也不够充分,往往将地理教育特点混同于地理科学特点或地理教学中的具体特点,这对于发挥地理教育功能,制定地理教学原则、改进地

---

[1] 袁书琪.地理教育学[M].北京:高等教育出版社,2001.
[2] 武文霞,周顺彬.地理课程与教学论[M].广州:广东高等教育出版社,2014.
[3] 陈澄.地理教学论与地理教学改革[M].上海:华东师范大学出版社,2001.

理教育方法等一系列地理教育现实问题的研究和解决是不利的。对地理教育特点的研究,应与其他学科教育的特点相比较。

### (三)中外地理教育史的研究

对中外地理教育史的研究,是现实地理教育研究的基础。研究成果可以起到洋为中用、古为今用的借鉴作用,可以实现地理教育研究少走弯路,提高效率。虽然近年来,在地理比较教育和本国地理教育史的研究方面出现了一批研究成果,但投入研究的力度尚有限,广大地理教育工作者对国内外地理教育发展走过的路和现状的了解甚少,以致在我国的地理教育改革进程中,出现了一些不必要的弯路。对中外地理教育发展相互联系的研究也不够。

## 二、地理教育应用研究内容

地理教育应用研究,即对当前迫切需要解决的现实地理教育问题的研究。当前地理教育实际问题很多,研究内容丰富,但为了提高应用研究的效益,必须有所侧重,当前应用研究的主要内容如下[①]。

### (一)地理教育系统研究

从广义来看,地理教育系统包括校内的和社会的两种地理教育系统。校内地理教育系统包括各级各类学校各自的校内地理教育系统,是当前研究的重点。社会地理教育系统包括有计划的远程地理教育系统,各种媒体中的地理教育、地理科普教育、社会上地理教育实践的活动等。由于社会地理教育是今后地理教育发展的趋势,所以应当着手研究,并且要注意研究校内外地理教育系统之间的分工和联系,提供二者相结合的可行方案。地理教育系统还可根据其培养目标和规格分为基础地理教育系统、地理师资教育系统和专业地理教育系统。基础地理教育系统是地理教育系统研究的重点,包括中学和小学地理教育,重点在中学地理教育。地理师资教育系统包括地理教育师资的职前培训系统和职后培训系统,即广义的师范地理教育系统。这一地理教育系统与基础地理教育系统在研究上联系紧密。专业地理教育系统指高等教育地理教育系统,是与基础地理教育系统相对而言的。随

---

① 王树声.中学地理教材教法[M].北京:高等教育出版社,1995.

着地理科学社会价值的体现越来越充分,专业地理教育系统的研究也就越来越引人注意。地理教育系统的研究,旨在确定各级各类地理教育系统的教育目的、培养规格、机构设置、相互之间的联系和比例关系等,是对地理教育管理的宏观研究。

## (二)学校地理课程教材研究

学校地理课程教材研究,是地理教育应用研究的重点。从国家教育主管部门、国家级教育科学研究机构和学术团体,到广大地理教师和教学研究人员,各层次介入;从课程设计者、教材编写者、课程教材评审者,到课程教材的使用者,全方位参与;从中学教育界到高师教育界,乃至综合性大学的师生也都参加。学校地理课程教材研究包括地理课程研究和地理教材研究。

### 1. 学校地理课程研究

学校地理课程研究成果经审定具有法定效力,对教材、教法等研究有重大影响。第一,研究学校地理课程计划,包括设置哪些地理课程(含必修课程、选修课程、活动课程),设置在何年级,课时多少为宜,各门课程之间的关系如何等。第二,研究课程性质与宗旨,即对学校地理各门课程的性质如何界定,如何概括表述,在学校课程体系中地位如何,各门地理课程总的教学目的如何定位。第三,研究课程教学目标,教学目标是教学目的的具体化,研究教学目的分几个方面来规定,在不同年级教学目标层次如何划分,教学目标如何表述等。第四,研究课程内容与要求,研究课程内容选择与配置原则、对这些内容的教学要求、内容与要求阐明的程度和表述。第五,研究课程评估,这项研究特别要与教学目标研究对照进行,研究课程评估标准和评估办法。第六,研究课程实施的对策、策略和措施。第七,研究课程基本设备,即必备的教学设备。第八,研究课程标准编制体例,分哪些项目,每个项目细化到什么程度,保持何种程度的弹性和灵活性等。

### 2. 学校地理教材研究

学校地理教材研究分教材编写研究和教材使用研究两大类。教材编写研究,首先研究教材管理体制,即教材如何分级管理,各级编写和使用教材的权限,研究教材编写招标、评审管理,研究教材市场竞争机制和规划等。在上述研究的基础上,分别研究统编教材和自编教材,因为这两种教材在编写上有较大的不同。自编教材是指地方自编的乡土地理教材、选修课教材和活动课教材等。教材编写原则研究的主要内容有教材如何体现课程标准要求,如何改进求新,如何使用教科书等,是用于指导确定教材内容、体例、表述的研究。教材配套研究,包括研究教科书与配套教材之间在编写上的关系,配套教材的种类及其编法。教材使用研究首先研究教材使用原则,即教师与学生使用教材时应遵循的要求和应有的教材处理权限。教材内容处理研究,即研究如何分析内容主次轻重。内容程序为教学内容时序,应研究教材内容在不同范围内的增删调整机制。教材表述使用研究,即研究教材的文字、图像、练习的使用时机、使用方法、使用程度等。配套教材使用研究,即研究教科书与配套教材在使用上的关系,各种配套教材使用内容和方法。教材使用评价研究,即通过教材使用研究对教材的评价,包括评价标准和方法。

### (三)地理学习心理研究

地理学习心理研究,是地理教育研究的必要组成部分,长期以来对这项研究还很不够。这项研究对地理教材的使用、地理教法的运用等具有重要的指导作用。地理学习心理研究不止是地理教育科研人员的任务,广大地理教师、教材编写人员、高等师范院校师生都有必要和责任研究地理学习心理,使自己的工作能够符合地理学习心理规律,切实为学生的地理学习服务。地理学习心理研究还有不少空白需要填补。研究地理学习心理,要多做实验研究和调查研究。研究地理学习兴趣的种类、层次、成因、影响,地理学习动机的种类、层次、成因、影响,兴趣与动机之间的相互关系与相互转化,地理学习注意的量测、分等、影响因素和作用,地理学习意志的监测、分等、影响因素和作用,地理学习态度的类型、成因和影响,地理学习情感的类型、成因和影响,地理学习各心理因素的相互作用,针对地理学习心理所应采取的对策等等[1]。

### (四)地理教学形式的研究

地理教学形式研究是地理教育研究中的主要内容之一,其涉及的面很广,涉及的人员也很广。地理教学形式的研究有一般研究,也有具体研究。大量的第一线地理教育工作者是这项研究的主体,研究带有较强的个别性和操作性。这项研究内容,也经常需要教学经验的支持。

地理教学形式原则研究,是指研究地理教学方法论方面的原则,即研究如何实施地理课程计划和教学大纲,如何针对学生学习地理的心理,运用教材进行教学,这项研究指导着具体的教学方法的研究。

---

[1] 张卓.10年来我国中学地理教育研究发展与变化分析——基于三大中等地理教育期刊文献[D].重庆:重庆师范大学,2016.

地理教学方式的研究,可从不同的角度确立不同的研究内容。从地理教学组织方式看,研究班级教学方式、小组教学方式、个别(学生)教学方式等的功用和调控。从地理教学的场所看,研究课堂教学、课外活动教学、野外教学、社会教学等所在场所的地理教学功用和调控。从地理教学媒体看,研究语言、文字、图像、实物、模型、仪器、电化教学媒体、计算机多媒体等的地理教学功用和调控。从地理教学环节看,研究备课、上课、复习、练习、考核等环节的目的、做法和调控,研究环节之间的相互关系。在分别研究各种地理教学方法、方式的基础上进一步研究各种方式之间的互补关系,以及优化组合。以上地理教学形式的研究侧重于教师组织实施地理教学这一方面。

### (五)地理学习方法研究

研究学生的地理学习方法,是当前方兴未艾的地理教育研究内容,是地理学科改革教育观念和推行素质教育的需要。研究地理学习方法,不仅是地理教学研究人员的责任,也是广大地理教师的素养之一。地理学习方法的研究也是多方面、多种类的。首先是地理学习策略的研究,在宏观上包含研究学习策略是否正确,研究地理学习策略与地理教师教学策略的关系、地理学习策略与地理学习方法方式的关系等。其次研究各方面的各种类学习方法,对应于地理学习的目标,有知识学习、智能和技能的形成,思想观念、道德品质和良好个性的形成,以及审美学习等方面的方法;对应于地理教师施教的方法,有各种教学模式下相应的学习方法,师生各种互动关系中相应的学习方法,各种新教学方法下相应的学习方法,还有大量常规教学方法下相应的学习方法;对应于各种地理教学方式,有相应的课堂、自学小组课外复习练习应试等学习方法。研究各种地理学习方法,既要研究和评价现实的地理学习方法,又要研究应当提倡的地理学习方法的功用和规范。在同样的教学条件下,可能有多种学习方法,要进行比较研究,并评价各种方法的优势。

### (六)地理教学技术和艺术研究

这里所说的地理教学技术和地理教学艺术是狭义的,是指地理教师在地理教学过程中所应具备的操作技能和艺术表现,也就是通常所说的地理教师基本功。教师基本功是地理教育研究中的传统内容,只不过加上了对现代教学技术的研究。地理教师在这方面的研究是同基本功的训练同时进行的。地理教学技术主要有制作各种地理教具、标本、设备的技术,使用和绘制各种地理教学地图、统计图表的技术,演示各种地理仪器设备的技术,野外考察的技术,教学评估的技术,调查(社会、学生)的技术,教学实验的技术等。研究各种地理教学技术的作用、规范、训练、评估等。地理教学艺术主要有语言艺术(不是一般的教学语言,而是艺术化的教学语言),写字、画图(主要指示意图)的艺术,电教软件制作和使用的艺术,与人(主要是学生和调查对象)说话的艺术,组织教学的艺术等。研究各种地理教学艺术的作用、审美培养、评估等。基于上述研究,进一步研究各种技术与各种艺术之间的互补关系。

### (七)地理教学评价研究

地理教学评价研究包括对地理教导评价的研究和对地理学习评价的研究。研究地理教学评价,要与研究地理教学目标相结合[①]。这项研究是与地理教学评价的实施同时进行的。首先是评价目的的研究,即研究为什么而评价,这是研究评价类型和评价标准的基础。评价类型研究是研究各种类型的评价功能及用途。评价标准研究,是研究各类评价的标准方案和使用中应注意的问题。评价方法研究,是研究评价具体做法,如何收集素材,由什么人参加评价,如何组织评价等。评价统计研究主要研究集体评价,研究统计指标体系的构建和统计方法。

### (八)乡土地理研究

乡土地理是学生学习地理知识的直观、生动的窗口,是提高学生地理素质的生动案例。从学科归属来说,乡土地理属于中小尺度的区域地理,主要研究省域及以下的市级县级的地理特征,包括人文地理和自然地理。因此,在乡土地理研究中,切入点是什么?在研学背景下,如何通过考察普及地理知识、认识家乡?都值得深入研究。

---

[①] 陈金赛.近三十年来我国中学地理教育研究的发展——基于主要期刊的论文分析[D].南京:南京师范大学,2012.

## 第三节　地理新课程的内容体系

### 一、初中地理新课程的内容体系

#### (一)初中地理课程目标

《义务教育地理课程标准(2022年版)》秉承"学习对生活有用的地理""学习对终身发展有用的地理"和"构建开放的地理课程"的理念,阐述了课程目标与课程内容,其课程目标的各方面有机整合,实施过程中使学生逐步形成人地协调观、综合思维、区域认知、地理实践力等。

通过地理学科核心素养的培养,从地理教育的角度落实立德树人根本任务。通过初中两年的地理学习,学生能够初步形成人类活动与地理环境正确的价值观。人地关系是地理学的核心内容。学生可初步认识两者相互影响的不同方式、强度和后果,理解人们对人地关系认识的阶段性表现及其原因,认同人地协调对可持续发展具有重要意义,形成尊重自然、和谐发展的态度;学生能够初步从空间区域的视角认识地理环境和人地关系,人类生存的地理环境复杂多样,将其划分成不同空间尺度、不同类型的区域加以认识,有助于学生初步建立地理空间观念,认识不同的区域特色,增强热爱家乡的情感和国家认同感,增进对世界的理解,逐步形成人类命运共同体意识;学生对地理事物和现象的空间格局有初步的认识和理解,通过综合思维的培育,有助于形成系统、动态、辩证地看待问题的思维方式,树立求真务实、开拓创新的科学精神;学生能够运用所学知识和地理工具获取一些简单的地理信息,解释生活中常见地理现象,在真实环境中运用适当的地理实践活动方式,观察和认识地理环境,在活动中做到知行合一、乐学善学、不畏困难。具体目标如下:

(1)掌握地球与地图的基础知识,能初步说明地形、气候等自然地理要素在地理环境形成中的作用以及对人类活动的影响;初步认识人口、经济和文化发展的区域差异;了解家乡、中国和世界的地理概貌;了解家乡与祖国、中国与世界的联系;了解人类所面临的人口、资源、环境与发展等重大问题,初步认识环境与人类活动的相互关系;掌握阅读和使用地球仪、地图的基本技能;掌握获取地理信息并利用文字、图像等形式表达地理信息的基本技能；掌握简单的地理观测、地理试验、地理调查等技能。

（2）通过各种途径感知身边的地理事物和现象，积累丰富的地理表象；初步学会根据收集到的地理信息，通过比较、分析、归纳等思维过程，形成地理概念，归纳地理特征，理解地理规律；运用已获得的地理基本概念和地理基本原理，对地理事物和现象进行分析作出判断；具有创新意识和实践能力，善于发现地理问题，收集相关信息，运用有关知识和方法，提出解决问题的设想；运用适当的方式方法，表达、交流地理学习的体会。

（3）增强对地理事物和现象的好奇心，提高学习地理的兴趣以及形成对地理环境的审美情趣；关心家乡的环境与发展，关心我国的基本地理国情，增强热爱家乡、热爱祖国的情感；尊重世界不同国家的文化和传统，增强民族自尊心、自信心和自豪感，理解国际合作的意义，初步形成全球意识；初步形成尊重自然、与自然和谐相处、因地制宜的意识及可持续发展的观念，增强防范自然灾害、保护环境与资源和尊重相关法律法规的意识，养成关心和爱护地理环境的行为习惯。

## （二）人教版初中地理教材的知识结构

### 1.教材的体例结构

人教版初中地理教材的体例结构见图1-1，可以看到，教材分为章、节、标题、课文。在节中分不同内容的小标题，而课文内容则采取叙述式或者活动式展示，因此具有大量的活动（详见第四节）。

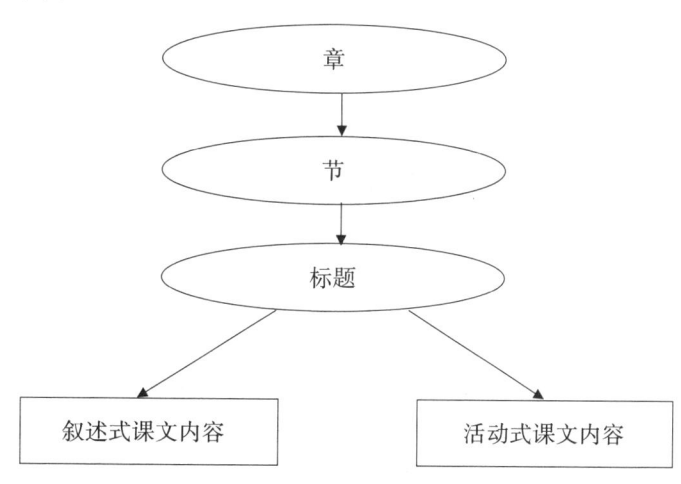

图1-1 人教版教材的体例结构

### 2.初中地理课程内容基本结构

初中地理教学内容分为地球与地图、世界地理、中国地理、乡土地理四大部分。但2022版课程标准从空间视角对地理课程内容进行划分,形式上由远及近构建"宇宙—地球—地表—世界—中国"教学顺序,由整体到局部,将地理课程内容分为"认识全球"和"认识区域"两大部分,内容上贯穿人与地球的核心主线,形成一个完整的课程体系(见图1-2)。强调应用地理工具和地理实践活动,突出地理课程的实践性[①]。

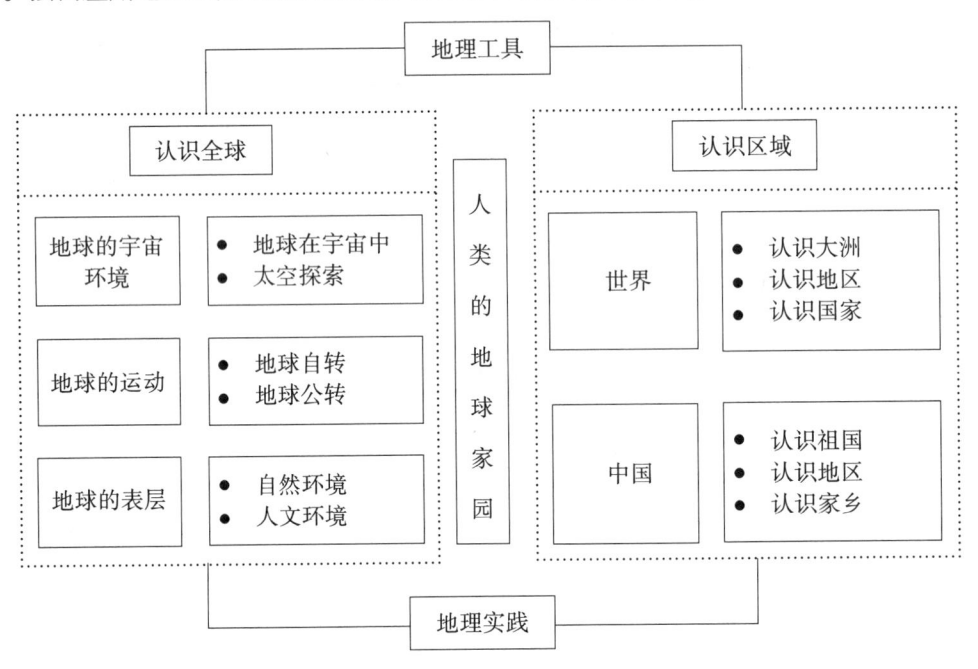

图1-2 人教版初中地理课程内容的基本结构

## 二、高中地理新课程的内容体系

### (一)高中地理课程目标

《普通高中地理课程标准(2017年版)》阐述了课程具体目标与课程内容,其课程目标的各方面有机整合,实施过程中使学生具备人地协调观、综合思维、区域认知、地理实践力等地理学科核心素养,学会从地理视角认识和欣赏自然与人文环境,懂得人与自然和

---

① 杨昕,段玉山,丁荣.《义务教育地理课程标准(2022年版)》的变化[J].地理教育,2022(9):4-9.

谐共生的道理,提高生活品位和精神境界,为培养德智体美劳全面发展的社会主义建设者和接班人奠定基础。高中地理课程是通过地理学科核心素养的培养,从地理教育的角度落实立德树人根本任务。学生通过学习,能够正确看待地理环境与人类活动的相互影响,深入认识两者相互影响的不同方式、强度和后果,理解人们对人地关系认识的阶段性表现及其原因,认同人地协调对可持续发展具有重要意义,形成尊重自然、和谐发展的态度;学生能够形成从综合的视角认识地理事物和现象的意识,对地理各要素之间的相互作用关系有较强的分析能力,并在一定程度上解释地理事物和现象发生、发展的过程,从而较全面地观察、分析和认识不同地方的地理环境特点,辩证地看待地理问题;学生能够形成从空间—区域视角认识地理事物和现象的意识,对地理事物和现象的空间格局有较强的观察力,并运用区域综合分析、区域比较、区域关联等方法认识区域,简要评价区域现状和发展;学生能够运用所学知识和地理工具,在室内、野外和社会的真实环境下,通过考察、实验、调查等方式获取地理信息,探索和尝试解决实际问题,具备活动策划、实施等行动能力。具体目标如下:

(1)获得地球和宇宙环境的基础知识;理解人类赖以生存的自然地理环境的主要特征,以及自然地理环境各要素之间的相互关系;理解人类活动对地理环境的影响,理解人文地理环境的形成过程和特点;认识可持续发展的意义及主要途径;认识区域差异,了解区域发展面临的主要问题和解决途径;学会独立或合作进行地理观测、地理试验、地理调查;掌握阅读、分析、运用地理图表和地理数据的技能。

(2)初步学会通过多种途径、运用多种手段收集地理信息,尝试运用所学的地理知识和技能对地理信息进行整理、分析,并把地理信息运用于地理学习过程;尝试从学习和生活中发现地理问题,提出探究方案,与他人合作,开展调查研究,提出解决问题的对策;运用适当的方法和手段,表达、交流、反思自己地理学习和探究的体会、见解和成果。

(3)激发探究地理问题的兴趣和动机,养成求真、求实的科学态度,提高地理审美情趣;关心我国的地理基本国情,关注环境发展的现状与趋势,增强热爱祖国、热爱家乡的情感;了解全球环境与发展问题,理解国际合作的价值,初步形成正确的全球意识;增强对资源、环境的保护意识,形成可持续发展观念,增强关心和爱护环境的社会责任感,养成良好的行为习惯。

(4)培养学生必备的地理学科核心素养。通过高中地理学习,使学生强化人类与环境协调发展的观念,提升地理学科方面的品格和关键能力,具备家国情怀和世界眼光,形成关注地方、国家和全球地理问题及可持续发展问题的意识;构建以地理学科核心素养为主导的地理课程。围绕地理学科核心素养培养的要求,构建科学合理、功能互补的课程体系,坚持基础性、多样性、选择性并重,满足不同学生自身发展的需要;精选利于地理学科核心素养形成的课程内容,力求科学性、实践性、时代性的统一,满足学生现在和未来学习、工作、生活的需求;创新培育地理学科核心素养的学习方式。根据学生地理学科核心素养形成过程的特点,科学设计地理教学过程,引导学生通过、自主、合作、探究等学习方式,在自然、社会等真实情境中开展丰富多样的地理实践活动;充分利用地理信息技术,营造直观、实时、生动的地理教学环境;建立基于地理学科核心素养发展的学习评价体系。准确把握地理学科核心素养的水平划分标准,以学业质量标准为依据,形成过程性评价与终结性评价相结合的学习评价体系,科学测评学生的认知水平以及价值判断能力、思维能力、实践能力等的水平,全面反映学生地理学科核心素养的发展状况。

## (二)高中地理教材的知识结构

高中地理教材内容较多,分为必修模块与选修模块(图1-3)。必修模块"地理1"主要阐述人类赖以生存和发展的自然环境及其对人类活动的影响,偏重自然地理学;必修模块"地理2"主要阐述人类活动对地理环境的影响,偏重人文地理;必修模块"地理3"则主要阐述如何在区域协调人地关系、实现区域可持续发展,更是学习选修模块的基础。从"地理1"、"地理2"到"地理3",就是一个理论应用于实践的过程,培养学生学以致用的能力,是地理教育特点的重要体现。选修模块则涉及地理新技术与当前国内的地理热点问题。

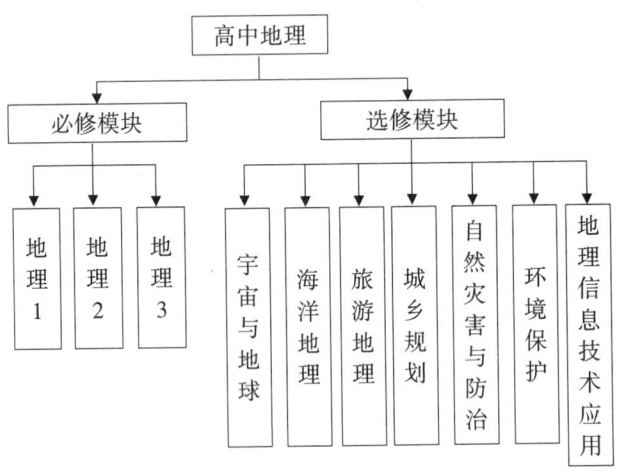

图1-3 高中地理教材的知识结构

# 第四节　中学地理教育活动

中学地理教育活动涉及地理教学活动、教师研究活动(详见第二节)等多个方面,每一个方面都需要对地理教师进行训练[1]。中学地理教育活动的内涵、特点、相应教学方法等均有一定的研究价值。

## 一、地理教育活动的内涵与特点

### (一)地理活动的内涵

地理课程标准中的"内容建议"由标准和活动建议两部分组成。标准是学生学习地理课程必须达到的基本要求,以行为目标方式陈述;活动建议是为开展教学活动提供的参考性建议,可根据条件选择,也可自行设计。

学生参与地理活动,在地理活动中学习、体验、发现和探究,从而培养收集和处理信息的能力、获取新知识的能力、分析和解决地理实际问题的能力,以及交流与合作的能力。地理活动为学生提供实践、体验的机会,不仅是改变学生地理学习方式的重要途径,也是实现地理课程目标的重要途径。

地理活动包括学生在课堂上的地理学习活动和学生在课堂外进行的地理学习活动[2]。课堂上进行的地理活动,主要是指学生除了被动听课以外的各种有助于地理学习的活动,包括阅读地图、阅读图表资料、阅读地理景观照片,观看视频、课件,读图、填图、描图、绘图、讨论、辩论、演讲、实验、表演、制作等。课堂外进行的地理活动,主要包括地理观测、地理课外阅读和写作、乡土地理调查、地理竞技、地理参观、地理旅游等活动,这些活动集中体现了地理学科特色,对于开展地理研究性学习、探索学习,培养学生的实践能力和创新精神,实现地理课程目标有重要的意义。

地理教科书中的地理活动是教材的辅助栏目,是教材系统的有机组成部分,是教材编写者依据课程标准和教学内容的需要而设计的,侧重对问题的分析过程,以启迪思维,培养学生自主探究能力。大部分属于课堂上进行的地理学习活动,要求利用课堂时间,

---

[1] 周振玲,范恩源.中学地理活动课指导[M].天津:天津科学技术出版社,2003.
[2] 邵志豪,王向东.地理活动的内涵、特点与设计原则[J].地理教学,2014(23):23-28.

运用本课学到的知识,联系实际,分析并尝试解决问题。

## (二)地理活动的特点

### 1.活动内容体现地理学科文理兼融、综合性特点

地理活动是地理教师为了使学科教学顺利进行而设计的活动,是地理教学的重要组成部分。活动内容要符合地理学科知识的逻辑,活动功能服务于地理教学的需要,即加深加宽认识,归纳演绎知识,巩固验证知识。

地理学科文理兼融、综合性的特点使得地理活动的内容丰富多样。地理活动设计的内容提倡贴近学生生活实际,表述详细,除为学生提出基本知识、基本原理外,还提供包括景观图、地图、表格和素描等图像内容,引导学生阅读地理图像,从地理图像上获取信息,进而分析问题、比较归纳。

地理活动内容和教科书内容应该融为一体,结合教科书内容,开展概念阐述、原理引证、实践应用和内容拓展等活动,活动内容呈现出"以问题为中心的学习"或"以项目研究为中心的学习"的特点。这样的地理活动在问题或项目的牵动下形成了一个综合的学习活动系统,适合开展探究式学习。教师可以从不同的角度引导学生去感知、体验,并进行充分交流,从认知和情感等方面进行内化,形成一组内容综合性强、功能逐步累积与放大的系列活动。

### 2.活动形式体现地理教学的双主体(教师与学生)特征

根据活动中教师和学生主体地位不同,地理活动可分为地理教学活动与地理课外活动两类。地理教学活动是教师在课堂教学中组织的地理活动,具有明确的要求,活动的步骤比较规范,学生在教师指导下开展地理活动。地理课外活动是在课堂外,由教师或学生负责组织,学生根据自己的兴趣自愿参加的地理活动,学生可以根据自己的爱好来确定活动内容和方式,具有一定的开放性。

义务教育地理实验教科书(湘教版)中地理活动的分类为:交流型活动、实践型活动、探究型活动、竞赛型活动、展示型活动和辩论型活动。普通高中课程标准地理实验教科书(湘教版)中地理活动分为三类,即思考性活动、实践性活动、探究性活动。不同的地理活动都体现出教师的指导性与学生的主体性。

从地理活动中教师和学生双主体入手,结合活动内容本身,可把地理活动分为辅助教学型、读图分析型、材料分析型、动手操作型、举例说明型、辩论研讨型、社会调查型、探究论文型等类型。

### 3.活动目标注重学生地理学科能力的培养

地理活动的设计针对性较强,从活动目标来看,为培养学生某些能力,在不同年级的地理教学中设计了多层次的地理活动。地理活动在内容上图文并茂,通过读图分析型、材料分析型活动,使学生通过活动增进分析、解决地理问题的能力,特别是对地理问题的探究能力和地理再学习的能力。

地理课程标准提出:倡导自主学习、合作学习和探究学习,开展地理观测、地理考察、地理实验、地理调查和地理专题研究等实践活动。地理实践活动中,学生能够获得丰富的感性认识和情感体验,这些认识和体验是学生心理发展的基础。

地理活动中学生围绕需要掌握的基本概念、原理,通过师生之间、生生之间的交流,以真实的个性和情感参与活动,讨论的过程是一个相互影响、相互促进、共同提高的过程。地理活动突出注重学生地理学科能力的培养,突出注重地理科学方法教育。

## 二、地理教科书中的"活动"与教学策略

### (一)高中地理教材中的"活动"

#### 1.高中地理教材中的地理活动与数量

新世纪地理课程改革中,高中地理教科书变化明显,由原来的"一纲一本"到现在的"一纲多本",在当前使用的"人教版""湘教版""中图版""鲁教版"共四个版本的高中地理教科书(必修1)中,分别设计和编写有不同的地理活动名称与类型[①]。为了研究的方便,在此统一界定如下:本节所探讨之活动,具体是指人教版教科书中的"活动"及"读图思考";湘教版中的"活动";鲁教版中的"导入问题"及"活动";中图版中的"探索""读表""读图""思考""实验""活动"及"讨论";教科书中的其他栏目,如中图版的课后复习题不作为活动统计,具体结果见表1-5。

表1-5 不同版本高中地理教科书必修1中"活动"类型个数统计

| 类型 | 人教版 | 湘教版 | 中图版 | 鲁教版 |
| --- | --- | --- | --- | --- |
| 封闭式 | 52(43%) | 89(50%) | 44(48%) | 14(26%) |
| 结构式 | 52(43%) | 64(36%) | 36(40%) | 32(59%) |

---

① 刘玉凤,李文田.新课标地理教科书中活动类型及教学方式探析[J].高等函授学报(自然科学版),2011,24(1):59-62.

续表

| 类型 | 人教版 | 湘教版 | 中图版 | 鲁教版 |
|---|---|---|---|---|
| 开放式 | 17(14%) | 24(14%) | 11(12%) | 8(15%) |
| **总计** | 121(100%) | 177(100%) | 91(100%) | 54(100%) |

括号内的百分数为在总数中的占比。

学生是地理活动参与的主体,教科书中的活动是为学生而设置的,也只有学生做了,才能体现活动的价值。每个活动问题对应教科书对学生的要求,据此,统计不同活动问题的数量和比重,结果如表1-6。

表1-6　不同版本高中地理教科书必修1中活动问题数量统计

| 活动 | 人教版 | 湘教版 | 中图版 | 鲁教版 |
|---|---|---|---|---|
| A.重复教科书中的信息 | 6(5%) | 17(10%) | 13(14%) | 0(0%) |
| B.处理不同来源的信息或者加工信息 | 46(38%) | 72(41%) | 31(34%) | 14(26%) |
| C.分析信息并提出问题 | 52(43%) | 64(36%) | 36(40%) | 32(59%) |
| D.提出可能超出教科书内容的问题及看法 | 14(12%) | 20(11%) | 10(11%) | 7(13%) |
| E.评价所给信息并对它的正确性提问 | 3(2%) | 4(2%) | 1(1%) | 1(2%) |
| 合计 | 121(100%) | 177(100%) | 91(100%) | 54(100%) |

注:其中A、B属于封闭式活动,C属于结构式活动,D、E属于开放式活动。

### 2.高中地理"活动"的教学策略

(1)学习教科书,落实封闭式活动

地理教科书是学生最重要的学习资源,是教师最重要的教学工具,新的教材观要求由"教本教材"变为"学本教材",并非忽视或降低教科书的价值,恰恰是彰显了教科书的价值,使教科书的功能更加充分地发挥。高中地理教科书作为最核心的中学地理教材,承载了中学生需要掌握的基本地理知识,地理教科书中的封闭式活动,比如"读图回答、填表、绘图、根据分布图总结地理分布规律"等或是以图释文,或是以文释图,图文转换,有助于培养学生对地理信息进行提取、简单处理的能力,以不同的图式,完成个体对地理知识的建构,同时也是对输入的地理信息进行重组、编码的过程,构建脑中的地理认知地图。

因此,作为地理教师,应认真研读地理教科书,寻找每个活动与所讲授地理知识的切合关系,设计活动的开展时间、开展方式(通过活动归纳地理知识,还是先学地理知识,再通过活动验证、复习、巩固)。教师适时指导,不必要过多设计其他活动而放弃开展教科书中的活动,封闭式活动具有直接的操作性,用好教科书即可。对学生而言,封闭式地理活动是最基本的地理活动,主要培养最基础的地理记忆力、观察力,简单处理地理信息的能力等,应该积极参与每个活动,根据教科书和教师提出的要求以及给予的指导,认真做好,在活动中学习地理知识。

(2)开发教科书,完善结构式活动

地理教科书中的结构式活动要求对教科书呈现的地理信息进行分析,提出以及解决地理问题。分析原因,总结规律,这正是培养学生的地理思维能力。结构式的地理活动提示了学生应该做什么,怎么做,不再是对教科书知识的复制,而是运用所学习的地理知识分析问题,解决问题,对知识的迁移运用,这个要求比封闭式活动要高。

教师需要认真研读教科书,做好"二次开发",对教科书中呈现的静态的图像进行加工,或是制作多媒体课件,或是通过绘图的方式,变静为动,向学生展示地理过程,给学生以直观形象的感知,进而促进理性思维。采用其他材料,对教科书素材进行补充。要求学生在教师提供的指导和帮助下积极开发地理思维,由感性上升到理性,有根据有逻辑地完成结构式活动。

(3)拓展教科书,创新开放式活动

教科书中的开放式活动,鼓励学生提出教科书以外的地理问题,或者评价教科书中所给的地理信息。思维是开放的,鼓励学生不拘泥于教科书所学知识,甚至敢于质疑批判某些观点,不唯书至上。例如:湘教版"自然地理环境的整体性"中的活动问题"经观察你认为保护斜坡上的土壤不被水冲走的最好办法是什么?"鲁教版"自然资源与人类"中的活动问题"你生活中所使用的物品与哪些自然资源有关?"这些活动问题是开放式的,要求学生给出教科书以外的答案,自然需要拓展教科书资源,充分开发教科书以外的课程资源,尤其注重学生资源的开发。教师应注重学情分析,关注学生的差异性,采用多种教学方式激活学生的内心地理体验,激发学生的参与兴趣和创造智慧。学生应主动开发课程资源,结合教科书活动的要求,寻找多元的解决路径,通过合作、探究等方式,对教科书进行"三次开发",变自身的生活体验为课程资源,创造性地做好开放式活动。

## (二)初中地理教科书中的"活动"与教学策略

### 1.初中地理教材中的"活动"类型与数量

人教版初中地理新教材设计安排了大量的"活动"栏目,"活动"设计有一定的层次,分梯度逐步深入,从七年级到八年级按照学生的认知程度逐渐加深"活动"的难度,拓宽学生的思维能力,这可以使学生在学习过程中逐渐深入,从身边的小事着手,从感性体验出发,逐步向理性思维过渡[1]。其活动数量见表1-7。

---

[1] 易乾勇.初中地理"活动"的类型及教学方法[J].新教育时代电子杂志(教师版),2019(22):92.

表1-7　2011年新课标"人教版"初中地理教材的"活动"统计

| 数量 | 年级 | | | | |
|---|---|---|---|---|---|
| | 七年级上 | 七年级下 | 八年级上 | 八年级下 | 合计 |
| 章数 | 5 | 5 | 4 | 5 | 19 |
| 节数 | 13 | 13 | 12 | 12 | 50 |
| 活动个数 | 38 | 45 | 36 | 34 | 153 |

(1)知识性活动

知识性活动强调的是对地理教材中无需教师帮助的,可以从图中直接获得地理信息的,或者是地理教材中已有辅助内容,结合层层递进的问题,对教材知识稍加拓展和延伸的活动,主要包括读图思考、阅读思考等类型。"读图思考题"如七年级上册第30页"在世界地图上看看哪些大洲是相连的,找出它们之间的分界线",主要目的是讲述培养地理思维的基础步骤,教材一般会给出地图或图像,将地理知识放在图表中,让学生通过地理图表和数据获得感性认识,直接解决地理问题,锻炼和加强地理技能。

(2)探究性活动

这类活动的设置通常和社会热点问题密切相关,具有拓展性和开放性的特点,学生可以集思广益,发表自己的见解,没有统一的标准,有助于学生发散思维的形成和创新能力的培养。例如环境污染、合理开发土地资源、城市交通等问题,学生通过讨论、交流、身临其境的角色表演等,最后提出解决问题的办法。活动不仅培养了学生的学习能力、实践能力进而形成地理问题解决能力,还能加强学生的人文素养,促进学生综合素质与社会责任感的提高。例如在人教版八年级上册中的"调查家乡的土地利用状况"这一活动课文中,通过对家乡的水资源利用情况的调查,学生通过收集资料、统计数据、分析比较等,不仅对家乡水资源的运用情况有了一定的了解,还根据实际情况,提出了节水建议。学生不仅得到了很好的锻炼,还增强了环保意识,这对学生核心素养的培养具有重要意义。

(3)实践操作

动手操作活动是学生体验式学习的有效途径,能够使学生通过亲身体验,获得生动的感性认识。在初中地理活动课中,动手操作的内容主要有演示、实验、观测、测量、制图绘图等,通过这些活动的设置,使学生探索自然现象的本质和规律,体验地理学习的快乐,满足学生的好奇心和个性需求。例如在人教版七年级上"气温变化与分布"的学习中,可开展对家乡气温观测的实践活动,学生通过观察和测量,了解气温的变化,对这一课的内容也有了更深刻的理解。读图、绘图活动是初中地理的重要环节,在活动课中占有相当的比例,教材中主要包括了行政图、地形图、资源图、人口图、景观图、地理统计图、地理示意图等等。通过读图、绘图，能够使学生更直观地理解他们所学的地理知识，促进学生抽象思维的形成和发展。在读图时应侧重于图所描述的内容的理论知识和根据图给的信息进行分析，提高学生对整体地理环境的认识。根据学生的实际接受情况，不断改进活动策略。

### 2.初中地理教材中"活动"教学策略

(1)以生为本，重视调动学生的积极性

根据新课改要求，活动课应以学生为主，在教学活动中明确学生的主体地位，使学生通过参与活动，更好地掌握知识，发展能力。在活动中体现自主学习、合作探究等教学理念。营造和谐轻松的活动氛围，调动学生的积极性和主动性。

(2)面向全体，充分肯定学生的闪光点

初中地理教材中活动课的设置，为学生提供了更多自主学习的机会，也使学生有了展示自己才华、彰显自己个性的平台，使学生更有存在感和归属感。通过一些小组合作的活动，增强了合作意识和集体观念，促进了学生良好心理品质的形成。在活动中，作为教师更应注意观察每个学生，了解他们参与情况，注重赏识教育，多去发现学生的闪光点，学生有了一点小进步，就适时抓住机会，给予表扬和鼓励，多用激励性语言，如"不错""很好""继续努力""有进步，加油"等等，也许教师的一句话，几个字，就会改变学生的一生。

(3)钻研教材，深刻领会编者设计意图

教师在教学中处于主导地位，教师的专业素质和自身修养直接关系到学生的学习能力培养和教学效果。因此，作为教师，应认真钻研教材，通过对活动课文的阅读和分析理解，领会编者的设置意图，妥善处理好活动式课文、编者意图、教学实践的关系。根据具体教学内容和学生实际情况，对活动内容进行适当增减、改进、创新，使地理教学更具趣味性和实效性。例如在人教版七年级上册"天气与气候"一章中，根据学生的现有知识和实际认知，适当选择一两个活动让学生加深对天气、气温、降水、气候对人类活动的影响等的认识就可以了，其他可以删减。教材在活动的类型设置上，更注重讨论型、观察型和实践型，实验类型的活动相对较少，而地理又是一门自然学科，有时需要用实验来得出基本概念、验证理论知识，因此教师可根据实际需求，适当增设一些实验型的活动设计，弥补单一化教学模式的不足，提高课堂教学效果。

(4)学教相融，充分发挥活动载体功能

活动的开展是为了更好地完成教学目标，因此，教师应注意把活动同具体的教学相融合，通过活动诠释和丰富教学内容，通过具体的教学内容为活动提供指导和依据。可根据教学内容的不同,融入演示、实验、讨论、观测、绘图等不同形式的活动。例如在八年级下册第六章"北方地区"第一节"自然特征与农业"的学习中,把"认识华北平原春旱的成因及其影响"的活动和课堂教学相融合,学生通过分析、谈论、收集资料等,了解华北平原春季的气候特点及对农作物的影响。既活跃了课堂气氛,又收到了事半功倍的效果。

(5)适当拓展,提高学生知识运用能力

在教学实践中,可根据学生的接受能力和具体教学内容,适当拓展活动内容,提高学生对知识的灵活运用能力。例如在七年级上册第四章"居民与聚落"第一节"人口与人种"中关于"人口、资源、环境和发展之间的关系"的活动,可以让学生展开想象力。目前在我国发展中需要解决哪些问题?"你能设计一种环保工具吗?如何通过信息技术及时了解到人口和资源的合理比例?"通过对问题的讨论,拓展了学生的思维,锻炼了学生理论联系实际、灵活运用知识的能力,提高了学生的学习能力。初中地理教材中活动课的设置,符合新教学理念的要求,也是顺应时代发展的必然选择。

# 第二章 地理教学设计及主要内容

## 第一节 地理教学设计概述

教学设计是20世纪60年代以来逐渐形成与发展起来的一门实践性很强的新兴学科,是教育技术领域中的一个重要分支。在地理教学中,课堂教学目的是否有效达成,关键则是看教学设计。

### 一、地理教学设计的含义

地理学是研究地表各种自然现象与人文现象的地域空间组合及其分布规律的科学,具有综合性和区域性特征,是自然科学和社会科学的综合,如气候属于自然科学部分,区域经济则属于人文学科范畴。地理教育一定要讲"理",所谓的"理"是科学的解释,另外,学生在获得客观知识的同时,要学会把原理运用于实践,从而进一步形成自身的三观。"立德树人"是新时代教育的根本任务,要求立足学科核心素养,促进学生全面发展,不仅要求学生要学习,还要会学习,其实就是要学生自主探索与发现式地学习,自身主动地去获取知识,而不是被动地接受。教育改革的关键是课程改革,课程改革的关键又是课堂教学的改革。基于基础教育改革和地理学科核心素养培养的需要,教师要转变传统教学观念,采用符合新课程理念的地理教学设计开展课堂教学,提高教学效率和教学质量,促使学生在单位时间内学会更多知识,更大幅度地提高学生各方面的能力,最终实现学生获得良好的发展。

地理课堂教学设计是教师根据地理课程标准的要求和教学对象的特点,为了顺利完成课堂教学目标而对教学内容的适当处理、对教材的合理整合、对教学方法的合适选择、对教学形式的设计,是达到良好的教学效果的设想和计划。因此地理教学设计就如一场电影,教师是导演,而学生则是演员,教师需要把这一场戏所涉及的各要素整合起来,然后撰写出剧本。

## 二、教学设计与传统备课的区别

传统备课是以教师为中心,知识为本位,撰写静态教案最终生成结果性评价,强调知识传授,强调教师作用,忽视学生能力培养。而新课程理念下的教学设计,着重突出学生在学习过程中的主体地位,着眼于学生的发展;教学过程实施形成教育者与受教育者之间互动、受教育者之间互动的"学习共同体";教学评价将过程与结果并重,有助于增强学生学习兴趣和教学工作的科学性,提高教学效率和教学效果。形象地说,教学设计就是教师在教学理论、学习理论与教学实践之间架设的一座桥梁。

教学设计与传统备课的区别在于:①教学设计注重优化教学过程,传统备课注重完成教学过程;②教学设计强调运用多种教学方法和手段完成教学任务,而传统的备课主要以教师的讲授为主,以"填鸭式"教学为主;③教学设计是以教师为主导,引导学生解决问题的过程,而传统的备课则是单指教学前的准备工作;④教学设计主要目的是促进学生多方面发展,传统备课以教师的课堂教学、书本内容为导向。简而言之,教学设计是以学生为主体,为了促进学生全面发展而设计;而传统备课则是以备教材、教学内容为主,两者的关注点与切入点不一样。

## 三、地理课堂教学设计应遵循的理念

课堂教学设计是以系统方法为基石的科学设计,它既以现代教育理论为依据,又具有指导实践的可操作性。因此,了解并掌握课堂教学设计所遵循的理念,对提高设计的科学性,寻求设计的最优化具有重要的意义。

### (一)以知识建构为出发点

建构主义学习理论是以"知识建构"为核心的教育与课程理念,建构主义学习观认为,学习的本质起源于主体的实践活动,是主体通过活动对体验的内化、知识意义的生成和人格精神的建构过程。按照建构主义的解释,教学不是将知识以成品的形式教给学生的过程而是学生通过自己与外部环境交互活动主动获得知识的过程,是学生通过自己独特的认知方式和生活经验对外在信息的独特理解、感悟、体验和特定情境下的心理加工。构建知识意义与价值理念的过程,是师生乃至同学之间在现实交往互动中探索生命意义、创造人生体验和生活智慧的生命活动过程。按照建构主义理论,教学活动包括五个环节:①创设情境;②确定问题;③自主学习;④合作学习;⑤效果评价。建构主义学习理论要求教师树立新的教材观。教材根据一定的课程目标而编写,它只是学生学习过程中获取知识的载体,而不是至高无上的知识权威和教学上的"圣经"。因此,新课程理念下的教学不可能像传统教学那样"只教教材",而应该是依据课程标准,利用教材和其他课程资源引导学生进行意义建构,学会灵活地运用教材去教,这就需要教师在课程标准的基础之上,创设一定的教学情境,利用合适的教学方法,选择合适的教学媒体,根据学生的兴趣和教材特点进行高效的教学。

## (二)以促进学生发展为目标

中学课程改革已进入以促进学生发展为本,培养学生学科核心素养的时代。地理教学应紧跟时代发展的步伐,促进学生"德、智、体、美、劳"等多方面的发展。学生的发展需要教师的引导,如果没有教师的充分引导与评价,以学生的知识水平,只会耗时耗力,不能得到真正的发展。教师不能只是简单地传递知识,而应该整合有利于学生发展的各方面条件,打造或者创造愉快的学习情景,让学生主动获取知识和技能,从而促进学生的全面发展。在这过程中,教师需重视学生对各种地理现象、原理、成因和规律的理解和应用,倾听他们的看法,洞察他们的不足,当发现学生的不足时,要及时引导他们调整认识,使学生在轻松愉悦的学习氛围中学习,培养健全的人格和正确的价值观。

## (三)以调动学生的主体性为中心

传统教学把教学过程看作是教师教的过程,教师在教学活动中就是主宰,而学生就是被主宰的人,丧失了学习的主动权。在教学活动中,学生只能跟随教师的步伐,教师讲一点,学生学一点,传统教学对于学生来说是僵硬的。在新课程理念下则强调学生在教学活动中处于主体地位,教师要以教学内容为媒介加强与学生的沟通交流,在交流中引导学生领悟知识,应用知识。教师要极大程度地激发出学生学习的积极性,主动参与课堂教学,充分体现学生为主体,老师为主导,从而促进学生核心素养的发展。

## (四)以多种教学方法组合为过程

在传统地理教学过程中,常常很单一地使用讲授法,或者孤立地只使用某种方法和手段,导致教学形式单调,教学效率低下。例如:以"讲授法"一讲到底的形式易造成填鸭式教学。现代教育技术的发展,为教学方法的多样性实施提供了技术支撑,其中影响最大的则数计算机网络的发展,不仅带来教学方式和手段的革新,还使得在教学过程中师生沟通和交流方式发生巨大变化,教学效率大大提高。因此,教师在教学过程中,应该依据课堂实际变化灵活地使用多种教学方法,优化组合,从而极大程度地提高课堂教学效率。

### 四、地理课堂教学设计的特点

成功的地理课堂教学设计,要以科学理论作指导,全面分析在教学中有利于促进教学发展的诸因素,充分考虑和利用各种教学资源,调控课堂教学活动,以实现教学过程的最优化。地理课堂教学设计通常具有以下特征。

#### (一)教学目标具体化

教学目标的设计是地理学科教学设计中的关键环节,其表述的行为动词必须是具体的,而不能是抽象的。教学目标指引着教学的向前发展,是学生学习的前提,是引导学生学习的灯塔,故教师在进行教学设计时,要充分考虑在教学过程中的基本规律和学情,以此来制定学生要达到的目标。在进行目标编写时,尽可能满足具体、明确、可量化、当堂实施、可操作性强的要求。

#### (二)教学内容生本化

教学内容必须为教学目标服务。教师应依据课程标准要求、结合学生认知水平、对比不同版本教材等,对教学内容的范围及深度进行确定,创造性地优化和整合教学内容,使自己的教学更加适合学生的学习和发展。另外,在教学过程中还要实时关注课堂生成并加以利用,从而更为有效地促进学生学习和发展。

#### (三)教学方法实用化

地理教学过程中运用的教学方法多种多样,每一种方法都有各自的用武之地,也各自存在不足。教学方法实用化就是要求教师在选择教学方法时,要综合考虑当前的教学目标、教学内容、教学对象,合理搭配教学方法,使得教学方法为教学服务,优化教学方式方法组合,以利于教学活动的顺利开展和学生对知识的理解。

### (四)教学环节有序化

课堂教学围绕新课导入、讲解新知、巩固练习、课堂小结和布置作业五大环节展开,是对预写教学设计的实施和检验。在实际教学中,教学步骤与时间分配必须合理有序,按照课前设计的教学情境、问题和活动开展教学,启迪学生思维、培养学生能力,促进教学目标的圆满达成。

### (五)教学评价多元化

教学评价是依据教学目标,按一定的方法与规则对教学过程及结果进行价值判断,其目的在于检测教师教学的效果和学生对知识的掌握程度。多元化评价包括教师评价、学生自评和互评、学生与教师互动评价以及将学校评价、社会评价和家长评价结合起来等,有利于不同特性的学生得到发展,有利于学生的全面发展。

## 五、地理教学设计的模式与流程

### (一)教学设计的模式

"从根本意义上讲,模式(或模型)就相当于理论。"教学设计模式是一种规范化、系统化地分析、把握、规划和安排教学活动的方法体系和步骤方案。[1]教学设计模式将教学的复杂过程形象化,并分成离散易处理单元,让实践者明确各个环节的任务并分别去完成它,同时实践者也很容易发现问题出现在哪个环节,从而有针对性地去解决。

### (二)地理课堂教学设计的流程

教学设计是一项系统的工程,它是由教材分析、学情分析、教学重难点、教学方法、教学用具、教学流程、板书设计、课后作业、教学反思模块组成,各个模块相互联系又相互独立。教学设计首先要研究教材和学生的基础,了解"课标"的要求,从而确定教学目标、重点与难点,根据教学目标选择适合的教学方法与教学用具,精心设计教学过程,从而确保

---

[1] 李康.模式、教学模式与教学设计模式[J].电大教学,2001(3):1-5.

教学目标的顺利实现。最后需要对学生学习的效果进行评价，根据评价得到的反馈，教师继续修改自己的教学设计。（见图2-1）

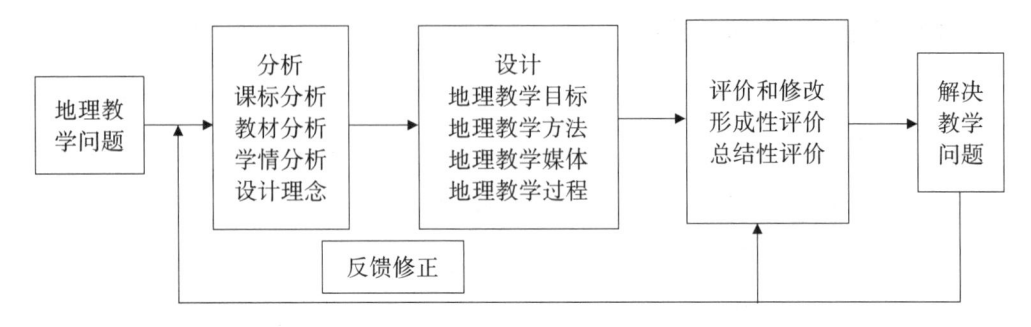

图2-1 地理课堂教学设计流程

# 第二节 地理教学目标及设计

## 一、地理教学目标的内涵及功能

### （一）教学目标和地理课堂教学目标的内涵

#### 1.教学目标的内涵

著名教育家叶澜将教学目标定义为在教育和教学过程中，教育者在完成某一阶段（如一节课、一个单元或一个学期）工作时希望受教育者达到的要求或产生的变化结果。可见教学目标是师生通过教学活动达到的结果或标准，是对学习者通过一段时间学习后能做什么的一种明确的具体表述，它主要描述的是学习者学习后预期将会产生的行为变化。

教学目标是教学活动的出发点和归宿，是整个课堂教学设计的灵魂，对教学策略设计和教学评价设计有着非常重要的作用。就具体课程来说，教学目标可划分不同层次，包括课程、单元、课堂教学目标。课堂教学目标又称课时教学目标，是教学目标体系中最低的层面，也是最具体的教学目标，是开展课堂教学活动和评价课堂教学效果的重要依据。教学目标是教师课程设计的指导,起着调控教学、课后反思教学的重要作用,是相关部门评估教学效果的主要依据,对于指导学生课堂学习也有不可忽视的作用,具体表现:

(1)为教材分析与教学活动设计提供依据。教师根据事先确定的课堂教学目标设计教学活动和实施教学。教学目标决定了教学方法、进行的步骤,对教师的教学活动具有很强的调节作用。

(2)帮助教师修正教学过程。在教学过程中必须依靠反馈才能进行自动控制,有了明确的教学目标,教师就可以此为标准,在教学过程中充分运用提问、讨论、交谈、测验和评改作业等方法得到反馈,并根据反馈的信息对教学过程加以修正。

(3)激发学生的学习动机。课前让学生了解预期的学习成果,使他们明确成就的性质,有助于激发学生的学习动机和内驱力,进行目标清晰的学习活动,并最终感受到获取认知、自我提高和被他人表扬的喜悦。

(4)为教学评价提供依据与标准。用教学目标作为编制测验题的依据,检验学生对知识的获得与掌握程度,可以保证测验的效度、信度及试题的难度和区分度,使教学评价有科学的依据。

**2. 地理课堂教学目标的内涵发展**

地理教学目标由高到低可以划分为地理课程教学目标、单元教学目标和课堂教学目标等三个层次。过去的地理课堂教学目标概括为以下三个方面:一是地理知识和技能目标,就是指一节课让学生获得哪些地理知识,形成哪些地理技能。二是地理能力目标,就是通过本次课内容的教学,要发展学生哪些智力与能力(即地理思维能力和地理观察能力等方面)。三是思想品德方面的目标,就是通过本节课的教学,结合教学内容对学生进行思想教育,培养学生怎样的道德品质。而地理核心素养包括人地协调观、综合思维、区域认知与地理实践力,将"三维目标"的知识与技能、过程与方法凝练为能力,将情感态度与价值观上升为品格,以培养"全面发展的人"为核心,对学生的思维有了更高的要求,要让学生从长远、整体的角度去考虑问题。从"双基"到"三维目标"再到"核心素养"的发展,体现了育人目标与学习方式的深度融合。

### (二)课程目标与课堂教学目标的关系

课程目标指为实现教育目的,在教学领域给教师提出的一种概括性和总体性的要求,因此具有理想性、方向性和长期性的特点。在《普通高中地理课程标准(2017版)》中明确"高中地理课程的总目标是通过地理核心素养的培养,从地理教育的角度落实立德树人根本任务"。课堂教学目标是目标体系中的基础层面,关注每堂课后学生的变化,其陈述是策略性的,可以被观察和测量。需要仔细观察学生的变化,以及要进行反思,判断自己的设计是否达到了要求,如果学生的掌握程度不好,或者是未达到预设的要求,需要在课程标准的基础之上及时地做出修改,由此来为自己的课堂教学服务。

### (三)地理课堂教学目标体系

教学目标是选择教学方法、选择教学媒体、评价和修改教学方案的依据,是教学设计的关键。在新课标理念下地理课堂教学四个方面的目标体系如图2-2。

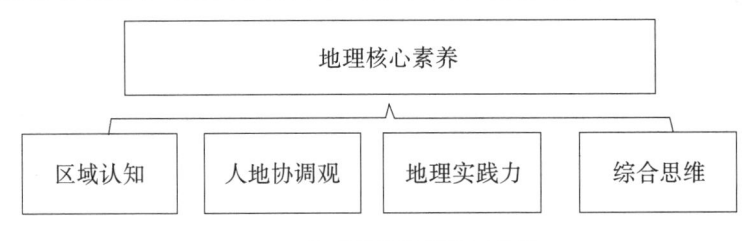

图2-2 地理课堂教学目标体系

### (四)地理课堂教学目标的功能

地理课堂教学目标是教师和学生进行一切教学活动的动因和根据,一旦课堂教学目标确立,整个课堂的教学活动都是为了达到教学目标而进行。

导向功能:教学目标是教师进行教学活动的指向标,对教师教学有导向和调整作用。它可以帮助教师迅速地整理和调整教学思路,也为教师选择合理的教学方法、教学媒体提供具体依据。教学目标的编写,需要教师认真钻研课程标准和教科书,查阅"课标、教材"之外的资料,提高教师眼界和知识经验水平,进一步提高教师的业务水平。综合而言,确定行之有效的教学目标,可以促进教学任务的有效完成。

激励功能:教学目标确定,学生了解本堂课要获得的知识、达到的程度后,产生要达到目标的愿望,可以激发自身的学习动力。故教师在进行教学设计时,需要研究学生的兴趣、动机、意志、知识和能力水平以及他们的个别差异,把握住学生学习的"最近发展区",突显学生的参与感,并在学生参与的时候,及时地给予学生客观的评价,从而激励学生努力学习。

评价功能:教学评价要以教学目标为依据,确定教师在教学活动中应达到的教学效果,评价学习者最后获得的成果,同时检测学生在本堂课中对知识的掌握程度。

反馈功能:依据教学目标对学生学习成果进行评价,教师才清楚学生对知识的掌握还有哪些不足,是否达到预定的目标要求,从而决定教师是推进教学进度还是放慢进度巩固复习。

## 二、地理教学目标设计的原则和要求

### (一)地理课堂教学目标的设计原则

(1)体现系统性。教学目标是一个由若干具体目标组成的系统整体。首先,应按新地理课程标准到地理单元教学目标,再到课堂教学目标的主线进行衔接分析,逐渐具体化,上下贯通,相互联系;其次,要在整体上分析课程标准、学习内容、学习者,按照系统论的有序原理,对前后关联知识进行分析,充分考虑学生认知、发展状况,在此基础上进行科学的教学目标设计。

(2)坚持全面性。一是教学目标要以所有学生发展为导向,面向全体学生;二是教学目标要促进学生发展智力,培养良好品德,增强学生体质,培养学生发现美的能力,促进学生的全面发展;三是教学目标要涉及课程目标的四个维度(人地协调观、综合思维、区域认知、地理实践力)。

(3)反映差异性。由于身心发展程度的不同,学生之间也存在着差异,因此在确定目标时,应该考虑到学生的个性差异与身心发展所能接受的范围。

(4)具有操作性。"新课标"要求下的教学目标应是可观测、可测量的,亦称学习目标。因此,首先应明确教学目标的行为主体是学习者,而不是教师,地理教学目标的陈述应以学生为主体,陈述学生学习的结果,体现"为学生而教、为学习而教"的理念。其次,教学目标的表述应明确、具体,避免含糊不清和不切实际。最后,要促进学生核心素养的发展。

### (二)地理课堂教学目标的设计要求

在教学开始之前,要用语言描述学生在教学活动结束之后所能达到的标准,以便于教师在后面的教学过程中对教学目标的执行,如果有偏差,教师也可以及时修正。在教学目标的设计过程中还涉及很多要求。

**1.教学目标设计的基本要求**

(1)全面且重点突出。教学目标设计要全面体现核心素养,不能只着眼于知识传授的数量,而忽视通过教学培养学生能力,使其形成正确的价值观。重点突出,就是在课堂上落实知、情、行的各项目标过程中,应该有所侧重。在教学上,不仅要关注学生基础知识掌握程度,学生对知识的运用能力,还要看学生在精神上的感悟是否得到提升,从而培养和发展学生核心素养,落实立德树人的任务。

(2)注意层次性和联系性。课堂教学目标是教学目标中层次最低的,也是最具体、最具有操作性的。单元目标、课程目标等都是需要通过课堂教学目标落实的。简单说,没有课堂教学目标,其他的地理教学目标就无法落实,地理教育目的也就无法实现。因此,地理教师在确定教学目标时,必须从地理课程的总目的出发,在明确阶段、单元目标的基础上,不仅要考虑教学目标体系的横向作用,而且要考虑各层次的纵向联系,使各单元教学目标之间、课时教学目标之间具有一定的连续性和递进性。

无论是地理认知还是地理技能领域的教学目标,都应该考虑学习的难度与学生的接受能力。一方面,如果在课堂教学中,内容比较晦涩难懂,教师可以降低对学生的要求;另一方面,如果教师制定的目标超过学生接受能力范围,也会打击学生的学习积极性,所以在制定目标时要有层次感,制定高低不同层次的目标。

(3)体现科学性和适应性。教学目标是针对学生最终学习结果设计的,因此,教学目标设计只有符合学生学习特点与规律,才能体现出为了学生的发展。教学目标的设计还要考虑学生已有知识的实际情况,不能把学生已掌握的内容定为本节课的教学目标,也不能把教学目标定得过高,让学生达不到。由于学生的兴趣爱好,知识水平参差不齐,如要制定一个十全十美的教学目标几乎是不可能的,但教学又必须围绕一定的教学目标来开展。因此,应确定教学目标的下限,使目标有一个弹性范围,在一定幅度内波动,这样既可以满足对大部分学生学习要求的规定,又可使每一个学生在自己原有知识水平的基础上得到发展。

(4)目标可操作性。教学目标是评价课堂教学效率和学生学习效果的关键,是可以测定和看到的。为了保证教学目标的实操性,需要注意以下几点要求:①教学目标的行为主体必须是学生而不是教师;②教学目标必须要用教学活动的结果与学生发生的变化来描述;③教学目标的行为动词必须具体而不能抽象。"具体"是指这一动词所对应的行为或动作是可观察的,例如学生能"说出、区分、解释、使用、分析、归纳、设计、绘制"等,要尽可能地避免使用模棱两可的行为动词。

### 2.地理教学目标设计的特殊要求

地理学是研究地表各种自然现象与人文现象的地域空间组合及其分布规律的科学。地域性、综合性是其两大基本特征,此外,实践性也是其重要特点之一。地理教学目标的设计既要符合一般教学目标设计的要求,还应特别体现以下几方面的地理学科特有的价值功能。

(1)突出情感教育功能强的特点。地理新课程提倡学生掌握知识技能,提升认知、实际操作、协作、分析、创新等多方面能力,发展自身特长;形成地理审美情趣、地理爱国情操、人文地理情愫、民族自尊心自信心及地区差异观点、因地制宜观点、人地协调观点等;形成健康向上的人生态度、地理辩证思想,尊重异国文化、学会国际合作与交往等。真正达到"立德树人"的目的。

因此,教学设计要体现素质教育中——智能、德育、美育等多方面的要求。引导学生关注国际问题,以及我国在历史发展进程中发现的重大地理问题,弘扬地理学精神,培养创新意识和拓展能力,增强社会责任感与形成正确的价值观、人口观、环境观、资源观;从而使学生正确地认识人类与自然的关系,形成社会与自然相互协调的可持续发展观念。

(2)注意培养学生的空间思维。在教学中要特别注重学科的独特点。地理学作为一门人文与自然交叉的学科,与其他学科的不同之处就在于它的空间性和时间性,地理学是从空间与时间的演化来研究地球表层系统的。地理教学内容具备很强的区域性,要求教师在地理教学过程中,着重培养学生的空间思维能力,慢慢地帮助学生建立空间思维概念,学生在逐渐掌握空间分析能力之后,会慢慢地把自己身边的地理事物联系起来,从空间的角度去寻找地理问题,然后加以分析,从而解决地理问题。因此,地理教学设计应关注学生地理空间思维能力的培养,有效体现地理教学的学科特点。

(3)重视培养学生的综合思维能力。地球表面的各种地理事物,不论是自然的还是社会的,都是相互作用或相互联系的,所以它是一个综合作用的结果。在自然地理方面,其主要要素包括大尺度的气候、各种地形、在地形与气候综合影响下的水文与植被;人文地理要素主要有资源、农业、工业、交通运输、人口、城市等,这些要素相辅相成,共同构成区域地理环境的整体特征。由于影响地理事物的要素繁杂,而且其中很多要素空间跨度大,因此,地理教学过程中对地理事物因果关系分析上特别强调综合性。地理学不仅关注区域的现状,还重视了解区域的过去、预测区域的未来。地理学科的这种多要素集成、与时空有机结合的研究方式,有助于学生抓住地理事物的本质和问题的关键,进而养成全面看问题的思想方法,发展综合思维能力。因此,在地理教学设计中应将培养学生的综合思维能力作为一项重要内容。

(4)注重培养学生的创新精神。地理教学在培养学生的创新精神方面具有一定的优势。由于现实世界中很多地理事物都是经过漫长的地质时期发展演变而来,人类活动参与自然发展变化,使得每个地理事物的发展变化方向存在很多不确定的因素。另外,一些与社会生产生活息息相关的现实问题,在地理教材中没有直接答案或有争议,例如全球环境变化原因、气候的演变等等。这些内容为发展学生的创造性思维提供了非常好的素材。

中学生的创新意识表现为发现问题、积极探求问题、力求得出结论的心理趋向。在地理教学过程设计中,教师通过有意识地组织学生对一些尚未有结论的地理事物的演变过程做出自己的判断和推理,或对指定地区的地理环境进行评价,或对指定地区的地理资源开发、区域发展规划提出合理化建议,或预测评价人类的行为对地理环境可能产生的影响等,有助于引导学生积极思索,发表各自见解,培养他们的创新精神。

### (三)设计地理教学目标应注意的问题

地理课程标准、地理教科书和学生情况是地理教学目标的设计依据。地理课程标准是国家制定的指导性文件,它是确定中学地理教学目的、任务、内容、教学过程的进度及评判学生学习之后所获得变化的依据,故"课标"在地理教学中起着指导作用。教科书是确定教学内容和选择教学方法的基础,也是设计教学过程的重要依据。因此,地理教学目标的设计不能脱离地理课程标准的指导,需要根据具体的教学内容特点,考虑到学生已有的知识基础和接受能力的差异,并注意以下几个问题:

(1)不能以地理课标的"内容标准"代替地理课堂教学目标,两者不能画等号。地理课堂教学目标是地理课程标准的具体细化,是学生在完成学习后所要达到的基本要求。在制定地理课堂教学目标时需要考虑教学内容、学生学情,以及要考虑到学校硬件设施是否支持,设定的目标是否能够实现。因此,不能以课程标准中"内容标准"来直接代替相应的课堂教学目标,而应依据地理课程标准的"内容标准"和教学实际来设计课堂教学目标。

(2)一则教学目标中尽可能只有一条要求。在设计地理教学目标时,避免在一则教学目标内,含有多条教学要求,当学生没有表现出教师所期望的行为时,如果含有多条教学要求,教师较难根据此教学目标进行评价。

(3)协调好教学目标设计与实施的关系。教学目标设计是"对学生的学习行为"进行表述,是以分析方式进行的,即按照地理学科素养分别设计出若干个目标,在实施教学目标时,往往是将"人地协调观、综合思维、区域认知与地理实践力"四个方面目标整合在一起进行教学,叙述时需要逐条分析,目的是全面具体地把握教学目标,综合地实现教学目标,因而在设计教学目标时,还必须考虑到实施。

## 三、地理课堂教学目标的制定与叙写

### (一)制定与叙写的一般流程

课堂教学目标制定的一般流程见图2-3。

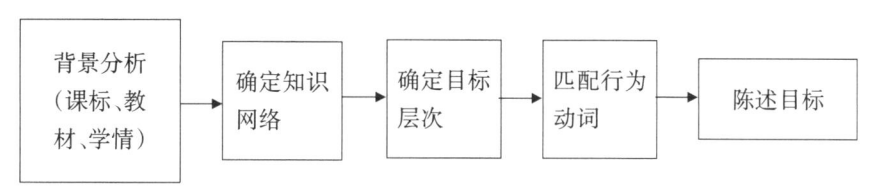

背景分析(课标、教材、学情) → 确定知识网络 → 确定目标层次 → 匹配行为动词 → 陈述目标

图2-3 课堂教学目标制定的一般流程

### (二)具体步骤

第一步:进行目标陈述前的背景分析。

①课标分析。课标是指导教师地理教学的文件,解读课标能明确本节内容的目标总方向。当分析课标时,要看其中的要求,如学生学习了之后能出现的行为和表现,教师根据课标要求,进一步确定教学目标。

②教材分析。包括教材内容分析、内容在教材中的地位和作用、与其他学科知识的内在联系等分析。它不仅要说明教科书内容之间的联系,还要对选择出来的教学内容进行加工,最后,要对教科书内容选择与组织进行判断评价,如果觉得教材内容不能达到课标的要求,设计者还要对相应的内容进行补充完善。

③学情分析。因为学生是一个独立的个体,在制定目标时需要分析学生现有知识储备、接受程度、智力因素、非智力因素、性格、班级学习风气、生活体验、生理心理特点等。学情分析是教学设计的基础,同时也是实施教学的依据之一。教学设计者在进行教学设计时,考虑学校、班级学生学习基础的差异性,一般把学生视为他(她)所在学校的常模水

平。

第二步:列出知识网络,确定知识点。

知识点有不同的种类,其划分有粗有细,有需要学生重点掌握的,也有只是了解即可的,故在制定教学目标时,需要根据课程标准、教材、知识点的特性,将课时教学内容分解成知识点,根据各知识点之间的联系建立知识网络,再定教学目标。

第三步:将知识点类型与目标层次、行为动词进行相应匹配。即把学科的知识点作为纵轴,把学习水平作为横轴,然后确立某个知识点应达到哪一级学习水平,形成教学目标二维表。

第四步:匹配相应行为动词,科学规范地陈述地理教学目标。

## 第三节　地理教学内容及设计

### 一、"教学内容"概念的理解

成功的教学离不开教学内容的有效落实,教学内容不等同于教材内容,教材内容为教师教学提供基本范围与知识之间的结构,为学生的学习提供指导。教学内容是教学过程中服务于教学目的、同师生发生交互作用、动态生成的素材及信息,是从社会文化、学科知识等课程内容当中选择并结合学生学习经验,不仅包括教材内容,还包括了引导、动机、方法论、价值判断、规范概念等师生在教学过程中实际活动的全部。为完成教学任务,教学内容包含了师生共同活动中采用的各种活动形式、教学方法及学生学习的方法,由此看出,教学内容的内涵是多方面的,它具备了教材内容所无法包含的其他方面,如学校的设备媒体、学生的性格特征等。众多因素的影响使教学内容存在很大的变数,从课程内容→教材内容→教学内容之间,存在着大片的开阔地带供教师自主发挥,教师也因此不得不面对教学内容选择的问题。①

教学内容设计是教师根据对课标、教材、学情的分析以及自身经验,把需要学生学习的知识进行加工重组的过程,主要就是为了教学活动能顺利进行与完成。教学内容设计

---

① 丁生军.再谈高中地理课堂教学内容的选择[J].教学与管理(中学版),2016(1):49-51.

的关键在于教师结合自己对知识的认识与理解,选用合适的教学方法将各项知识、技能和能力、师生双边活动精心地编排,为教学流程的实施奠定基础,这个过程就像导演拿到剧本之后,对剧本中涉及的台词、演员进行安排,所有的安排都是为了拍出精彩的电影而打基础。

## 二、教学内容选择的原则及要求

### (一)教学内容选择的原则

地理课堂教学内容的分析选择,是为了确定学生学习知识的框架与深度,学生学习的各项知识、技能及其之间的联系,为实施教学打下坚实的基础。因此,教师要对教学内容及来源出处等做出思考并选择。另外,教学内容的选择必须有利于科学价值与人文价值的实现,要为课堂教学目标的达成打下基础。因此,需要遵循以下原则。

#### 1.紧扣课程目标的实现

教学内容从某一程度来说,更多的是教师教学的个性和创造性的体现,但追求特色和个性也必须要有前提。因此,教学内容无论怎样改编与选择,都不能脱离地理课程标准规定的框架内容,必须以地理课程标准规定的框架内容为导向。教学最终的目的是学生获得知识,为了学生能得到全方位的发展,教师在选择教学内容时,必须以地理课程标准为导向。比如在准备"地球的圈层结构"的教学内容时,必须对地理课程标准中"运用示意图,说明地球的圈层结构"要求进行认真的解读,从而设定合理的教学目标。"认识地球的圈层结构"是"课程标准"教学的主要知识目标;通过"画示意图"体现培养学生的"地理实践能力",对"地球内部圈层结构"的识别,有利于培养学生探索自然奥秘的精神。经过以上分析后,围绕上述教学目标的实现去选择合适的教学内容。

#### 2.体现地理科学的本质

地理科学是自然和人文学科综合的一门交叉学科。其主要阐释地球上出现的某些地理事物,以及这些地理事物随时间的演变而发生的变化。地理学的研究范围广、研究方法多。我国颁布的《普通高中地理课程标准》指出"地理学是研究地理环境以及人类活动、人类活动与地理环境关系的科学,具有综合性和地域性等特点"。因此,地理教学内容的选择一定要紧扣人地关系主线,注意地理事物的空间分布,还要突出观察、研究的地理视角。在"地球的圈层结构"教学内容选择时,应当选择那些能够体现地球内部圈层与地震波的关系、人类活动与地球外部环境相互联系的典型案例,以帮助学生理解地球圈层结构的地理背景。比如:2008年5月发生的汶川大地震给我们带来灾难,使得很多人失去了亲人和生存的家园,灾难发生的过程中,地震波也给我们带来了了解地球内部结构的机会。在此次地震中,汶川各地受灾情况不一样,有的地方受灾严重,有的地方受灾轻微,这是因为地震波在地球内部传播有所差异而导致的,借此实例向学生解释地震波与地球内部圈层结构之间的关系。不仅让学生体会到了生命在自然界面前很弱小,要珍惜生命,同时,也教会学生如何去区分地球的内部圈层。

### 3. 突出地理知识的基础性

华东师大的陈澄教授指出,"地理学科的内容应该是地理科学中公认的基本概念、原理、事实和最近成果,并且地理学科的内容还受制于社会的需要和学生身心发展的需要"。这就要求教师在选择教学内容时,要选择地理学科中的基础部分(主要是一些地理客观事实和学生可以接受的地理基本原理)作为教学内容。通过这些内容的学习,让学生能够知晓地理现象,又能进一步探索地理现象背后的实质,促进学生地理知识的生成与地理核心素养的提升,也使学生把观察地理事物的目光转向观察自己,从而实现地理观念(人地协调、可持续发展等)的养成,这种"基础性"已经站在了传统"双基"的肩上,将学生的学习态度、地理观念等基础素质也收纳其中。

就"地球的圈层结构"的目标达成而言,地震波的特点、地球内部圈层结构与地球四大圈层特点等是基础性知识,这样的内容选择及其组织顺序既符合知识本身的逻辑性与整体性,又符合学生的认知心理特点。强调地理知识的基础性,是为了对选择范围进行必要的思考,以避免"知识超纲"。

### 4. 突出教学内容的生活性

地理新课程改革就是为了促进学生的德智体美劳发展,还要服务于学生的生活。学生在教学活动中处于主体地位,所以,教学内容选择需要尽可能接近学生生活实际,选择"生活化"的教学材料,并根据课堂教学目标、学生身心发展规律、个性特点等,选择学生身边的地理事物作为教学案例,将教学内容与学生生活联系起来,使之生活化。如"农业区位"的教学内容选择,应更多地从学生身边的农业发展现象入手,可以是本区域内的特色农业发展,也可以是当地某个区域的规模化农业生产的案例等。

**5.增加教学内容的吸引力**

盛群力教授在《现代教学设计论》一书中指出：教学的有效性应该包括三个方面。一是教学的效果，通常以学生的成绩水准作为判断的依据。二是教学的效率，以效果与学生的学习时间及教学的付出相比较而得出判断。三是教学的吸引力，一般以学生对继续学习的倾向性做出判断，反映学生的学习意愿、动机、毅力等方面的态度情感。科学家爱因斯坦也说过"兴趣是最好的老师"。课堂上增加教学的吸引力，学生对知识产生兴趣，就可能引发对问题的思考。假设教师在教学过程中，讲述内容晦涩难懂，就无法吸引学生，如果在教学中突出地理学科的思维特点，让学生在了解地理概念的基础上，通过演示、分析等方法进一步去探索地理真理，就能够让学生在轻松愉快的氛围下掌握地理知识。例如：在"地球的运动"教学中，教师可以准备实验器具让学生分小组自行演示，讲解地球自转和公转的特点，然后对学生的讲解进行点评。演示讲解活动的开展，不仅锻炼了学生的动手能力，增强了学生分析、表达的能力，还增强了学生学习地理的兴趣。

**6.符合学生的心理特点**

初中生在课堂上，注意力集中时间有限；观察地理事物一般都只能看到表象，很难透过表象看到实质；对于知识的学习，不会理解记忆，一般都是重复机械记忆。高中生身体机能与初中生相比要更成熟一些，课堂上注意力保持时间要久一些；对事物不仅对表象认识有关注，他们也会拓展思维，加入自己的思考；获得知识不全是靠机械记忆，而会进行理解性的记忆。因此，地理教师在教学内容的选择上应充分考虑学生的心理特征，就"地球的运动"教学而言，初中课堂只需学生了解知识点"是什么"，而在高中的内容上则需要强调"为什么"。从学生生活实际入手培养学生正确的地理观念，他们就不会有陌生感和抽象感，在潜移默化中帮助他们养成科学的人地协调观。

综合起来，教学内容的选择直接影响到教学活动的完成，它是课程内容的具体化，必须考虑与教学活动相适应，选择的内容既有具体的实例，也有理论模型的建构，包含从具体到抽象的一般思维顺序。

## （二）教学内容选择的相关要求

**1.在教学中做到"用教材教，而不是教教材"**

学生是不以教师的意志为转移的客观存在，是具有独立意义的人，不可以由教师任意捏塑。如果教师一味给学生灌输书本上的知识,采用"填鸭式"的教学易使学生疲劳,甚至会引起学生的厌学心理。学生是学习的主体,教材是学生学习知识的媒介和桥梁,教师在选择教学内容时,不能对教材内容采用"眉毛胡子一把抓"的做法,教师要根据需要对教材内容进行删减和必要的更新及补充,选择适合学生的教学内容。教师如果不跟上时代的步伐及时调整教学内容,仍然是围绕教材进行教学活动,则会对教学效果和学生学习质量产生极大的负面影响。因此,教师在教学中要利用教材教,而不是教教材。

### 2.容量、深度、广度要适宜

初高中学生每节课接受知识的量是有限的。在教学过程中,教师选择教学内容的量要适合学生,选择过多或过少都不利于学生的发展:知识选择过多,超过学生接受的范围,会使学生烦躁而产生厌学心理;选择的内容过少,低于学生接受的量,会使学生的学习得不到满足。如果教师不考虑学生现有知识水平,认为多给学生补充知识,就能让学生学习到更多的知识,其实不然,教师传授的知识超过学生的能力范围,会打击学生学习的积极性,从而产生恐惧,害怕学习;而教师选择的教学内容过于简单,则不能满足学生学习的需求,学生又会不屑于去学习,从而又会阻碍学生的发展。例如:人教版七年级上册第一章第四节地形图的判读,课程标准只要求学生在等高线地形图中能判读山峰、山谷、山脊、鞍部和陡崖等几种常见的地形即可,如果教师对其把握不住,对等高线中的绝对高度和相对高度差进行大讲特讲,就会加大知识的容量、难度和广度,学生学习起来就感觉困难,从而导致教学效率不高,学生丧失学习的信心与激情。

### 3.直指教学重点和难点

教师要对相应的课程标准和教材进行分析,确定教学目标和教学内容后,准确无误地确定教学重点和难点,避免"看似重点却无重点"和"难点不细讲,一带而过"的现象发生。教学重难点的讲解一是直接体现在题目中。学生通过做题,对重点进行巩固,对难点进行分析,从而解决难点。二是体现在教师的讲解中。重点的讲解,设计应丰富,应该加以强调,提醒学生要掌握该知识;难点的讲解,需要安排相对足够的时间,教师要选择合适的设计策略,尤其要给予学生充分的时间消化、吸收,以帮助学生突破难点。在对待教学重难点问题上,教师应该采取正确的设计策略,把学生学习困难的知识点进行分解,引导学生逐个解决。而在现实教学中,教师容易出现"教学重难点不突出,甚至出现偏移"的现象。例如在讲解必修一(人教版)大气的水平运动中,如果教师在讲解气压梯度力、摩擦力和地转偏向力时大讲特讲,很大程度地偏离地理知识,转向对物理知识的讲解,就会加大知识的难度,增加学生学习的难度,学生的自信心易受到打击,从而丧失学习的兴趣与积极性。再例如教师在讲解人教版必修一中自然界的水循环时,花了大量的时间去讲解各种相互联系的水体,而讲解水循环过程及其意义的时间很少,学生就会掌握不到重点知识。

#### 4.教学内容选择要符合知识的内在逻辑性

关于地理教学内容的顺序安排需要注意:一是教师要研究教材,把握知识的框架结构。例如(人教版)高中地理必修课程的两本书知识结构有所联系,同时又有所区别。必修一主要偏重自然地理部分,必修二侧重于人文地理部分。因此,教师在进行教学内容设计时,要判断该教材由哪几个章节组成,每个章节在教材体系中的地位、作用及各个章节之间的相互联系程度。二是研究每课知识点的层次。包括教材中所给的概念、原理、图表等等。研究这些是为了设计教学内容的排序符合地理知识的内部系统顺序和逻辑,继而达到讲解的知识由浅入深、由易到难、由简到繁,知识间前后相互联系的目的,使得学生对地理知识的理解和认识更加深入,进而学会运用地理知识解决生活中的实际问题。

#### 5.教学内容的选择要符合学生发展特点

初中学生对地理知识有了一定积累,只是还意识不到,与理论知识联系不起来,需要教师将教学内容的设计与学生的生活实际联系起来,提高学生学习地理知识的兴趣。如果教师忽略学生的心智发展特点,给学生讲解超纲的知识点,就会把简单的知识变得复杂。例如在七年级上册地理(人教版)第一章第二节"地球的运动"中,在讲解地球自转产生的地理现象时,会讲到经度时差,假设教师把如何计算两个地方的地方时纳入教学内容中,将"地方时"大讲特讲,无形中增加了知识的难度,学生学习起来很是困难,不符合学生心智发展规律。只有教学内容的选择,符合学生心智发展规律,学生才会对知识感兴趣,反之,学生理解知识感觉困难,就会打击其学习的积极性,阻碍其发展。

#### 6.教学内容的呈现既要便于教,又要利于学

地理知识的内容通常可以划分为四种类型:事实、程序、概念、原理。在进行教学设计时,地理教师要对教学内容进行分类,不同的教学内容选择不同的教学方法和教学媒体,运用不同的教学行为策略。概念性知识一般比较抽象,学生理解起来很是困难,这时,教师就需要转换知识呈现的方式,提供学生熟悉的事物,帮助学生加以理解。例如在

讲解地球的公转时,地球在自转的同时围绕着太阳自西向东的运动称为地球的公转,此概念在学生的脑海中没有印象,所以学生理解起来就比较困难,因此教师在讲解过程中可以利用地球公转的动图,形象而生动地直接展示给学生,学生直接进行感官体验,理解地球的公转就较容易。如果教学目标是要求掌握程序性知识,首先应确定学习任务的简单形式,即要想办法简化过程,把程序性知识简单化。例如,在初一上册地球自转部分,讲解地球自转所产生的昼夜更替现象时,先讨论地球不透明,地球上产生昼夜现象(假设地球没有自转,地球上有一半的区域全是白天,有一半全是黑夜),然后加上地球的自转,此时,地球上昼和夜的区域相互更替变化,从而就由地球不透明和自转运动分析出昼夜更替的原因。(见图2-4)

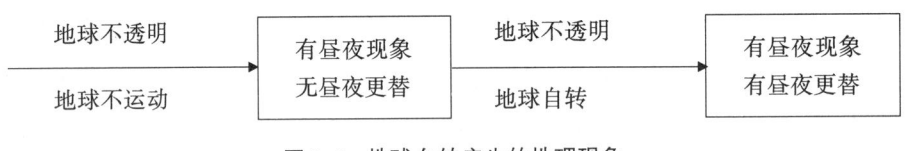

地球不透明 ─┐                           地球不透明 ─┐
             ├→ 有昼夜现象                            ├→ 有昼夜现象
地球不运动 ─┘   无昼夜更替   地球自转 ─┘   有昼夜更替

图2-4 地球自转产生的地理现象

总之,从学生的生活实际以及学生所感兴趣的问题入手,培养学生正确的地理观念,学生就不会有陌生感和抽象感,从而极大程度上激发学生学习的兴趣与积极性。由此,我们可以看出,在教学活动中,对于教学内容的选择准备过程很重要。

# 第四节　地理课堂教学过程设计

## 一、地理教学过程的内涵

教学过程是教师与学生以课堂为主渠道的交往过程。教学过程,即指教学活动的展开过程,是教师根据一定的社会经济发展要求和学生身心发展的特点,在可以实施的条件下,从旁引导学生通过所准备的教学内容去认识世界,从而使得其自身得到发展的过程。地理课堂教学过程中地理教师做好教学前的准备工作之后,把这些准备活动付诸实际,在这个过程中,学生获得了基本的地理核心素养和地理基础技能,从而形成正确的地理观念。

## 二、新课程背景下的地理课堂教学过程主要模式

新课程强调地理课堂教学过程要全面体现地理课堂教学目标和地理教育的育人价值与实用价值,课堂教学内容要突出人地关系和可持续发展的地理教育思想,突出对学生地理思维能力和实践能力的培养,由此可见在教学过程中,教师不仅要向学生传授知识,更要引导学生养成自觉地寻求知识,获取知识的能力,要实现素质教育的基本要求,我们必须在教学中采用突显学生主体地位的课堂教学模式。

地理课堂教学过程模式是指在一定的教学思想指导下,用以组织和实施具体教学过程的教学方法策略体系。新课程重视"师引生探究",强调课堂教学中,教师进行知识引导,而学生在教师的引导下对知识进行探究,使课堂教学不仅成为学生自主探究、接受知识的过程,更使课堂的探索成为学生发现问题、分析问题、解决问题的过程。

新课程倡导的地理课堂教学过程模式主要有:

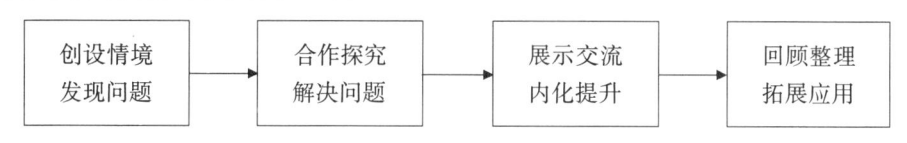

①讨论式教学过程模式。讨论式教学过程模式是让学生参与到教学全过程,主要包含三个方面:学生自行的主动探究、教师与学生一起讨论、学生之间互相讨论。在讨论的过程中学生全程参与到教学中,从而有利于培养学生的动手实践能力、讨论分析解决问题的能力、表达能力以及合作意识。在这一模式中教师的作用主要是引导学生之间的讨论,时不时帮助学生修正讨论问题的方向,从而帮助学生解决遇到的问题,教师不必过多地干预。其程序流程为(见图2-5):

创设情境发现问题 → 合作探究解决问题 → 展示交流内化提升 → 回顾整理拓展应用

图2-5 讨论式教学过程模式流程图

②探究式教学过程模式。探究式教学过程模式是指教师在教学过程中引导学生自己进行探究,从而进行知识建构,引导学生自己发现问题,鼓励学生在面对困难时,要勇于面对,通过自己的探索获得问题解决方法的一种教学模式。其程序流程为(见图2-6):

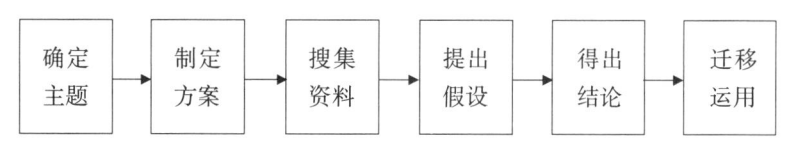

确定主题 → 制定方案 → 搜集资料 → 提出假设 → 得出结论 → 迁移运用

图2-6 探究式教学过程模式流程图

③角色扮演教学过程模式:角色扮演教学过程模式是指教师根据教学内容模拟各种真实的工作与生活情境,由教师与学生或学生与学生共同扮演情境中的角色,使教学内容紧贴生活,从而使得生活情景现实化,以了解社会中的实际问题及其人际关系。学生也能很容易寻找出具体的解决问题的办法,它适宜不同层次的学生同时学习,有助于学生发现自己的才能。其程序流程为(见图2-7):

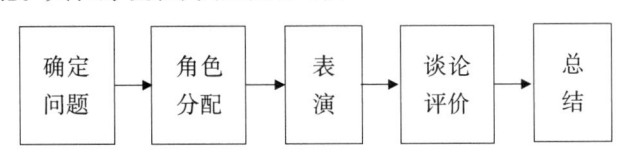

确定问题 → 角色分配 → 表演 → 谈论评价 → 总结

图2-7 角色扮演教学过程模式流程图

④"翻转式课堂"教学过程模式:翻转课堂是一种新型教学模式,对网络信息的要求较高,该种教学模式会让学生主动去学习,教师只是在旁引导问题探究,打破了传统的教学模式,充分发挥了学生的主动性。在这个过程中,学生可以学习他人的观点,获得更多的知识,在中学地理翻转课堂模式的教学中,将情境教学法融入其中,可以达到事半功倍的效果,翻转课堂教学过程模式可细分为课堂小翻转和大翻转,其程序流程分别为(见图2-8):[1]

小翻转:

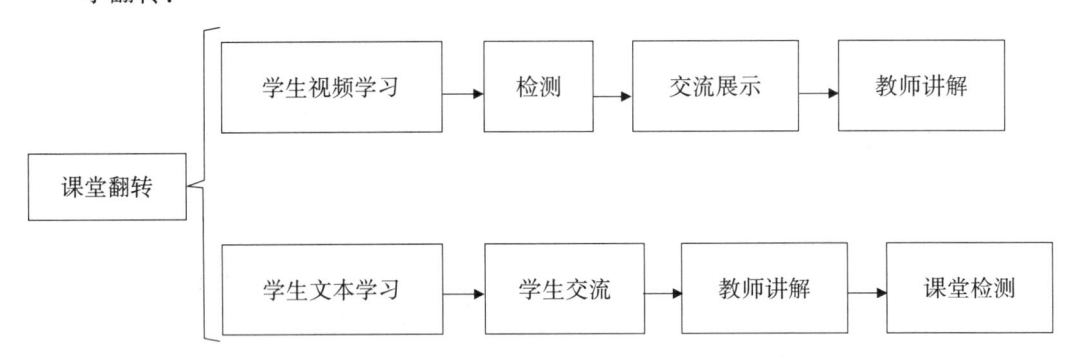

课堂翻转
├ 学生视频学习 → 检测 → 交流展示 → 教师讲解
└ 学生文本学习 → 学生交流 → 教师讲解 → 课堂检测

图2-8 翻转课堂教学过程模式流程图

---

[1] 陈桂城.翻转课堂教学模式在地理教学中的实践与思考[J].基础教育论坛,2019(4):26-27.

大翻转：

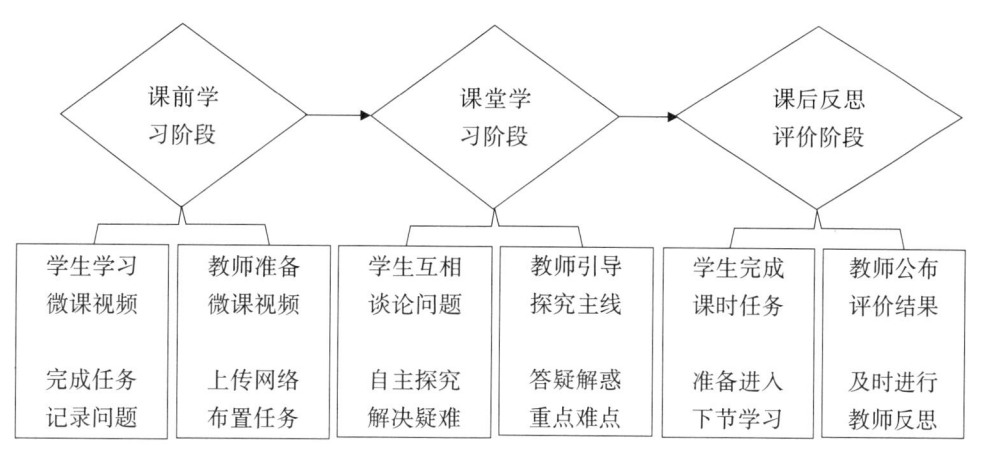

```
课前学习阶段  →  课堂学习阶段  →  课后反思评价阶段
```

| 学生学习微课视频 | 教师准备微课视频 | 学生互相谈论问题 | 教师引导探究主线 | 学生完成课时任务 | 教师公布评价结果 |
|---|---|---|---|---|---|
| 完成任务记录问题 | 上传网络布置任务 | 自主探究解决疑难 | 答疑解惑重点难点 | 准备进入下节学习 | 及时进行教师反思 |

图 2-8（续）

## 三、地理课堂教学过程的设计

地理课堂教学过程大体上可以分为两个方面：一是地理单元教学过程；二是地理课时教学过程。单元教学过程以单元为单位，通过多个课时的学习让学生相对完整地完成一个知识单元的学习，与课时教学过程相比整体上联系性更强，更为系统化。表 2-1 是对单元教学设计和课时教学设计的简单比较。

表 2-1　地理课堂教学过程设计类别表[1]

| 设计类别 | 课时教学设计 | 单元教学设计 |
|---|---|---|
| 教学内容 | 节/知识点 | 单元/章 |
| 教学安排 | 一个课时 | 多个课时 |
| 教学形式 | 多个课时 | 多种 |

## （一）单元教学过程设计

单元教学过程设计是教师在研读课程标准、教材后从学生实际出发，根据学生具体情况和特点，从整体上对一个单元（或一章）的教学内容进行教学任务的分析，开发和重组新的教学内容。进行单元教学设计，可以打破知识点间相对单独学习的状态，让学生能更加紧密地将所学知识联系起来，帮助学生建构知识体系；有利于教师理清单元教学

---

[1] 刘昌荣.地理主题学习单元教学初探——以《认识区域：环境与发展》为例[J].中学地理教学参考,2019(13):48-51.

内容的顺序,合理安排教学课时,对单元教学内容做到心中有数,从整体上把握教材,提升教师的专业素养。单元教学过程的设计一般可从以下几个方面着手:首先要确定单元教学目标,确定单元教学目标不仅是对课程目标的分解,还是对课时教学目标的一个总揽,对教学过程设计具有重要作用;其次是划分课时,确定课时教学顺序;最后是课时教学目标的确定和具体课时的安排。

### 案例:鲁教版高中地理二"人口与环境"单元教学设计

1. 教学目标

(1)运用资料,认识人口是区域经济发展中的重要因素,形成科学的人口观。

(2)运用资料,描述中国及世界的人口空间分布特点,说明影响人口分布的因素。

(3)结合实例,了解中国及世界人口在时间与空间上迁移的特点,说明影响人口迁移的因素。

(4)结合实例,了解资源环境承载力与人口合理容量的区别,说明影响资源环境承载力的因素和谋求区域人口合理容量的措施。

2. 教学重难点

本单元的重点是环境对人口的影响。难点,一是影响人口分布与人口迁移的因素(包括自然和社会经济两方面),在具体区域描述人口分布特点及分析人口迁移的原因;二是区域资源环境承载力及其影响因素,为保持区域人口合理水平而采取的举措。

3. 教学方法

采用读图、数据与案例分析、学生探究学习的方法。

4. 教学过程

课时1 人口分布;

课时2 人口迁移;

课时3 人口合理容量;

课时4 学用专题地图。

### (二)课时教学过程设计

课时教学过程设计则是在单元教学过程设计的基础上,对每个课时教学过程的各个环节进行具体安排和预设,一般而言,地理课时教学过程设计包括以下内容:

①教学内容分析和学生知识能力水平的分析；
②确定课时教学目标；
③确定教学重点和难点及处理方法；
④确定教学策略、方法和教学媒体的使用；
⑤板书设计；
⑥教学活动(或事件)的开展顺序；
⑦练习。

## 案例："自然地理环境的差异性"教学过程①

一、复习导入

1.复习提问：何谓地理环境的整体性？

2.教师小结：整体性表现在地理环境各要素协调一致，形成统一的地理环境；某地理要素改变则会牵一发而动全身，最终导致整个地理环境的改变。

【设计意图】复习旧知识，为学习新知识做准备。

整体性与差异性作为地理环境的两个基本特征，是密不可分的。因为纬度位置和海陆位置不同，不同地区形成了不同的水热组合。气候又影响到地理环境其他各要素不同，最终形成了不同的地理环境。

二、通过实例，认识地理环境的差异

| 地区 | 气候特点 | 植被类型 | 土壤 | 典型动物 | 水文 | 典型地貌 |
|------|---------|---------|------|---------|------|---------|
| 长江三角洲 | | | | | | |
| 塔里木盆地 | | | | | | |

1.教师在中国地图上显示长江三角洲和塔里木盆地的位置。

2.学生根据自己掌握的知识，对比长江三角洲和塔里木盆地的各地理要素的差异。

【设计意图】调动学生已有知识与经验，认识到地理环境存在差异。形象感知地理环境的差异，形成表象。

三、探究地理环境差异的成因，掌握自然概念

1.教师小结：通过上例，我们认识到不同地区的地理环境有差异。

2.提出问题：为什么不同地区的地理环境有差异？

---

① 王晨光."自然地理环境的差异性"教学过程设计[J].地理教学，2011(20)：8-10.

3.观察"海南椰风海韵与东北林海雪原"景观图,小组合作分析造成两地差异的主要因素。

4.知识运用:具体分析长江三角洲和塔里木盆地地理环境差异的成因。长江三角洲纬度低,热量丰富;靠近海洋,受夏季风影响大,降水丰富,形成了夏季高温多雨、冬季低温少雨的亚热带季风气候。新疆地处内陆,距海遥远,形成了全年降水少,冬冷夏热的温带大陆性气候。在不同的气候条件下,发育了不同的植被,形成了相应的地理环境。

【设计意图】通过比较海南与东北、上海与新疆,掌握探究思路。

四、运用陆地自然带分布图,探究地理环境的分异规律

1.沿亚洲东部从赤道到北极,依次经过哪些自然带?为什么有这样的变化?

2.沿40°N纬线,从亚欧大陆东部沿海到内陆旅行,依次经过哪些自然带?为什么有这样的变化?

3.填写下表,归纳地理环境的水平地域分异规律。

| 地域分异规律 | 分布特征 |||主导因素|根本因素|典型地区|
|---|---|---|---|---|---|---|
||延伸方向|更替方向|图示||||
|水平地域分异规律|||||||
||||||||

4.展示交流、反思总结。

【设计意图】设置情境,指导学生运用地图探究地理环境的地域分异规律。

五、通过趣味活动,认识自然带的差异

1.根据自然带的某个自然要素,说出自然带名称。

2.人类活动深深打上了自然的烙印,根据人类活动的情况判断所处自然带。

六、师生共同构建知识体系

七、学以致用

徐州某学校搞校园绿化,从南方引进棕榈树,没过几年都死了,请你分析原因。说说这件事带给我们什么启示。

【设计意图】培养学生形成人类活动应该因地制宜,遵循自然规律的意识。

八、课后活动

物竞天择,适者生存,不同自然带的动植物对其自然环境有独特的适应性。

比如沙漠里的动物往往具有耐旱、昼伏夜出、善于奔跑或打洞的本领。请你在课后搜集相关有趣的例子,介绍给同学。

【设计意图】在有趣的活动中进一步认识自然带的差异与地理环境的整体性。

## 四、地理教学板书的设计

在地理教学中,正确的黑板板书是必不可少的,运用板书可以调动课堂气氛、突出教学重难点,扩充地理课堂教学的深度和广度、提高地理课堂教学的效率,使得课堂教学的节奏灵活、富有生气,依次呈现课堂教学的重点和难点,激发学生学习的积极性,升华地理课堂教学,板书可以是整节课的提纲或教学要点。随着多媒体辅助教学在课堂中的推广,新兴多媒体技术给传统意义上的黑板板书带来了极大的冲击。许多教师青睐多媒体,在课堂教学中放弃使用黑板板书或者偶尔使用黑板板书,黑板板书逐渐成为"配角"。实际上,黑板板书不仅是地理教师进行教学的重要媒体,更是地理教师的专业素养和教学技能水平的侧面反映。

### (一)板书的优缺点

黑板板书是教师在实施课堂教学之前,对知识点进行总结,反复思考,从而设计出来的讲解提纲与知识要点。具备以下优点:一是板书书写便捷、自由,教师在书写时可根据学生反馈随时更改;二是板书书写和教师讲解相结合吸引学生注意力;三是黑板板书在教学中较为常见,学生容易接受;四是黑板板书成本低、经济实惠。黑板板书不足之处:板书设计过程中,信息数量和形式会受版面限制;在擦写板书的过程中,会产生大量灰尘影响教师身体健康。

### (二)地理教学板书设计的原则

(1)科学性原则

地理教学板书设计的科学性主要体现在两个方面:一是文字、符号、内容等准确,避免给学生带来错误的认知;二是地理是一门科学性极强的学科,在地理教学中板书的设计既要条理清晰又要反映一定的科学性。

(2)整体性原则

板书设计要突出知识点之间的联系,不能人为地导致知识点之间的联系出现断层,呈现给学生零散的知识点。还要注意在书写板书时,要合理规划版面,可根据教学内容将版面划分为主要板书、次要板书所用区域,布局要顾全整体。可以根据教学内容的主次将黑板区域分为主要板书和次要板书两部分:主要板书是整个课堂教学板书的主体部分,一般整节课保留,反映教学的主要过程和内容;次要板书是对主要板书的补充说明,常需要随机呈现一些关键词和短语,其位置一般安排在主要板书的两侧,当次要板书的作用达到之后,可以擦除。此外,黑板板书的内容不宜过多,也不宜过少,要突出教学内容的难点和重点,做到繁简得当。

(3)启发性原则

板书设计要对学生有一定的启发引导作用,易于激发学生思考,发展学生智力,使他们能够通过所学知识进行分析比较、归纳总结,培养学生解决问题的能力。

(4)美观性原则

地理板书要做到美观,要求教师在书写时,文字工整清晰、符号美观、大小匀称,结构合理,布局恰当;丰富的色彩可以刺激学生的感知,也可根据教学内容适当加入板画。黑板板书字体要求工整规范、结构匀称、大小适宜、疏密有序。板书时速度应与口头语言表述一致。黑板板书设计要求注重艺术:一是时间艺术,教师在板书时,一定要掌握板书的最佳时机,与学生的思维保持同步;二是空间艺术,事先设计好板书,内容出现在黑板上时,内容出现的顺序,怎么写,又写在黑板的什么位置,教师都要了然于胸;三是色彩艺术,学生厌倦了色彩单调的板书,鲜艳的色彩就是一个个兴奋点,学生也会随之精神振奋,思维活跃。

## (三)地理教学板书的类型

长期的地理教学中,广大的地理教师创造了多种多样的地理板书,从书写的板书内容上其可分为主板书和副板书两部分;从类型上看,常见的板书类型包括纲目式板书、框图流程式板书、图解式板书、表格式板书。

### 1.纲目式板书

纲目式板书主要以文字表达为主,逻辑清晰,结构分明,有助于学生理解知识点之间的内在联系。

例:人教版七年级地理第四章第二节"世界的语言和宗教"。

(一)世界的语言

1.主要语言:汉语、英语、俄语、法语、阿拉伯语、西班牙语

2.分布

(二)世界三大宗教

1.三大宗教:佛教、基督教、伊斯兰教

2.分布

### 2.框图流程式板书

多利用符号、线段将地理知识间的因果关系、从属关系表现出来。

例:人教版七年级地理第一章第三节"地图的阅读"。

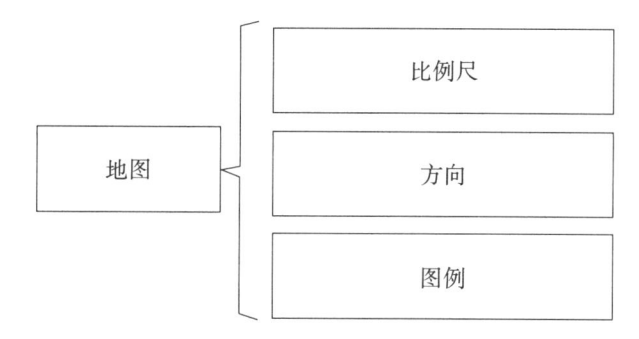

```
         ┌─── 比例尺
   地图 ──┼─── 方向
         └─── 图例
```

### 3.图解式板书

图解式板书将板书和板画结合起来,图文并茂,生动直观。

例:人教版高中地理必修1"海陆风"

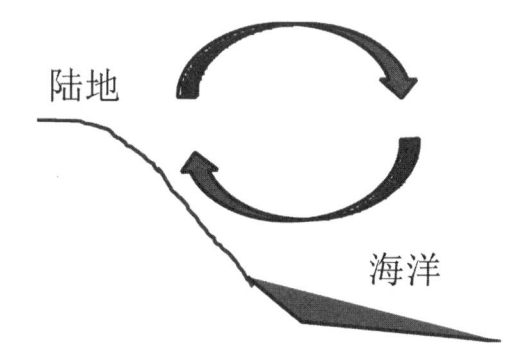

陆地　　⟳　　海洋

### 4.表格式板书

表格式板书适用于两种及以上地理事物的比较,便于学生区分易混淆的知识点。

例:人教版高中地理必修1第一章第三节"地球的运动"。

| 类型 | 自转 | 公转 |
|---|---|---|
| 绕转中心 | 地轴 | 太阳 |
| 周期 | 以同一恒星为参考点,则一日时间为23小时56分4秒(地球自转真实周期),叫一个恒星日;以太阳为参考点,则一天24小时,叫太阳日 | 一年时间长度为365日6时9分10秒,叫恒星年 |
| 地理意义 | 昼夜交替现象、时间东早西晚、地转偏向力(北半球右偏,南半球左偏,赤道不偏) | 四季变化、五带划分、昼夜长短变化 |

## 五、地理课堂教学过程设计实例

新课程理念下,课堂教学过程应看作是教学者为了实现教学目标与学习者为了完成某种学习任务,二者围绕教学内容,相互沟通,相互交流,以任务达成的方式完成教学活动的过程。有效的地理课堂教学过程模式设计应以围绕教学内容,落实知识点、突破教学重难点、培养学生能力为落脚点,以师生、生生互动为特色,提升学生学习效果。

### 【案例】人教版高中必修1"3.2大规模的海水运动"教学过程设计

| 教学过程 | 教师活动 | 学生活动 | 设计意图 |
|---|---|---|---|
| 导入新课 | 播放玩具鸭漂流视频,引出洋流。提问,是什么原因使得这些散落在太平洋中间的玩具鸭穿过白令海峡再经过北冰洋,然后再到美国的东海岸和欧洲的西海岸呢?<br>板书:第二节 大规模的海水运动 | 观看视频,引入洋流形象 | 将洋流以形象的方式导入进学生脑海,激发学生兴趣 |
| 概念及分类 | 让学生自主阅读书本第57—58页内容;并提问洋流的概念,按性质进行分类。<br>板书:一、世界海洋表层洋流的分布<br>1.海水的运动形式<br>2.洋流的定义<br>3.洋流的分类 | 学生自主阅读书本第57页读图思考题 | 锻炼学生自主学习的能力 |

续表

| 教学过程 | 教师活动 | 学生活动 | 设计意图 |
| --- | --- | --- | --- |
| 洋流的判断 | 板书：4.洋流的判断<br>然后PPT出示图,让学生理解洋流的概念,学会判断暖流和寒流并总结。暖流：由水温较高海区流向水温较低海区；寒流：由水温较低海区流向水温较高海区。 | 给学生自主看图时间,其能根据自己的理解到黑板讲解并依据洋流性质,画出暖流和寒流流向 | 锻炼学生口头表达、画示意图的能力,同时加深对寒、暖流概念的理解,并掌握判断方法 |
| 难点易混点突破,在具体的局部简图上判断洋流的性质 | PPT出示上图,提问上图中ＡＢＣＤ四幅图中的洋流性质是什么；点评学生回答不足之处,并依据学生回答给予充分讲解：如何根据等温线判断南、北半球的方法。 | 给学生自主充分探究时间,让不同学生来回答ABCD的不同,学生和老师一起判断图中各洋流的性质 | 初步掌握南、北半球洋流的判断方法,让学生对易混点加深印象,锻炼学生读图、表达自己观点的能力,主动寻求与他人合作的能力 |
| 合作探究：观察找出世界洋流的分布规律(重点) | PPT出示世界洋流分布图<br>板书：5.世界洋流的分布<br>学生看图讨论课本57页的读图思考题并回答,讨论时间5分钟,先让学生自己相互点评,老师补充总结(学习层次较高的班级可以让学生总结)洋流分布,重点强调北印度洋季风洋流 | 小组合作,学生自由讨论并回答,生生互评,老师总评 | 调动学生的积极性,学生既要动脑,充分表达自己的观点,又要学会与他人合作讨论 |
| 过渡 | 提问：为什么南北半球洋流的流向差异会很大呢? 引出盛行风是洋流运动的主要动力,洋流前进时,受陆地形状的限制和地转偏向力的影响,运动方向会发生改变。并引导学生掌握世界主要洋流的形成原因 | 针对提问有目的地发言 | 发散思维,训练学生找问题、分析问题、解决问题的能力 |

续表

| 教学过程 | 教师活动 | 学生活动 | 设计意图 |
| --- | --- | --- | --- |
| 互助合作环节（课堂提升） | 1.将几张世界洋流图发给各小组,给两分钟让他们写出图中各箭头代表的洋流,并抽签让小组一名成员到黑板展示,再抽签让其他组成员点评,老师总评<br>2.让学生解答课堂导入时提的问题 | 快速画图两分钟,然后上黑板展示 | 加深学生对世界洋流分布图的记忆,并能画出洋流示意图简图 |
| 课堂总结 | 鼓励学生自主回顾本堂课所学内容,不完整的让其他同学补充,还不完整老师再总结提升 | 自主归纳总结 | 锻炼学生总结归纳重要知识的能力并形成知识体系 |
| 练习 | 精选层次递进的练习题,具体运用本节课知识点的基础题和提高题(最好是高考真题) | 学生积极做题 | 巩固知识,提高学生运用知识解决问题的能力 |

# 第三章　地理课堂教学方案的编写

## 第一节　地理课堂教学方案的基本要素与格式

### 一、地理课堂教学方案的基本要素

地理课堂教学方案的编写主要包括教学内容（教学课题）、教材分析、学情分析、教学目标、教学重难点、主要教学方法、教学媒体、课时分配、教学过程（教师活动、学生活动、各阶段设计意图）、板书设计、课后评价与反思等内容，下列举数点进行阐述。

**1.教材分析**

说明教材使用版本、第几册、第几课等，分析具体的教学内容及其地位和教育功能。教师在分析教学内容时，可以从以下几个方面进行分析。①背景分析：剖析该部分知识点产生、发展的过程，与其他知识之间有怎样的关联，在生产实践、社会活动还有科技中有哪些应用。②功能分析：剖析该部分内容在整个地理教学中的地位与作用以及对培养学生的科学素养有什么价值。③结构分析：重点分析该部分内容的地理核心素养。④资源分析：分析本节课涉及的所有教学资源，用以查看教学资源是否满足教学需求。因此，教师在进行教学设计时，要对教学内容进行各方面的综合分析。

**2.学生学习情况分析**

在不同年龄阶段的学生，遗传、环境和经历的不同，导致了学生知识水平、知识需求不同，教师在进行教学设计之前，要对学生大致情况进行认识与了解。每节课的上课内容是学生所学知识网络中的某个点，与已学过或未学过的知识有着千丝万缕的联系。教师在教学设计过程中，要了解学生对于旧知识的掌握程度，思考怎么帮助学生建立起新知识与旧知识之间的联系。根据学生现有知识基础进行教学设计，可以提高教学的有效性，易达成课堂教学目标。

### 3. 教学目标

对于教学目标的设计，对比不难发现，在2003年版本中，高中地理课程的总体目标是要求学生初步掌握地理基本知识和基本原理；获得地理手段，发展地理思维分析能力，从而掌握研究地理问题的方法；增强家国情怀，树立正确的人口、资源、环境和可持续发展观念。在2017年版本中，高中地理课程的总目标强调的是通过对地理学科核心素养的培养，从地理教学的角度落实立德树人根本任务。从中可以看出，两个版本对课程标准的阐述不同，但是其中心思想是相同的，都是需要学生掌握先辈积累下来的知识经验，从而结合生活实际，把从书本中学到的理论运用到生活实际，解决生活中的实际问题，继而进一步促进自身能力的发展。

### 4. 教学重点与难点

教学重点指的是"课程标准中要求学生必须掌握的基础知识与基本技能"。例如地理教材中呈现的基本概念、原理、公式等，这些都是随着社会经济水平的发展，先辈们研究总结出来的经验，属于基础性知识，也是学生必须要掌握的关键性知识。地理教学中的重点涉及实际生活中的方方面面，学生掌握了这些概念、原理，才能更加深入地了解世界的本质，解决生活中遇到的实际困难。教学难点是学生在学习过程中，易产生困难和障碍的知识点，或者是由于自身水平有限，学习起来难以理解的知识。对于教学的难点，教师要对学生现有的知识水平和能力有一个大致的了解和认识，从而在进行教学内容处理时，对学生难以理解的知识进行精细加工，将其分解成简单的模块，以帮助学生掌握和理解。在高中地理教学中，"地球的运动""气压带和风带的形成""洋流"等知识较为抽象，虽然其影响到生活的各个方面，但是学生不易感知，因而在学习的时候难以理解，学习起来比较困难。因此，教师在处理这些知识点时，要多利用图片和视频，将其转化为直观的知识点，帮助学生学习和理解。教师还要注意区别教学重点和难点，有时教学重点和难点是相同的，有时又是不同的知识点。教学重点是学生在学习中必须掌握的知识，而有的教学难点没有强制性地要求学生掌握。

### 5. 教学方法

教师通过分析教材，对教材的知识脉络有一个清晰的认识，从而罗列出要教授给学生的知识,结合课程标准对课本知识的顺序逐一进行排列;同时分析学生存在的问题,了解学生现有的知识水平高度,从而进一步确定教学的难点。确定教学重难点之后,选择合适的教学方法,把知识传授给学生。

### 6.教学用具分析

地理学是研究地理环境以及人类活动与地理环境关系的学科。并且地理学科具有综合性、区域性、多样性的特点,是自然科学与人文科学的交叉学科。而地理学科自然地理部分,学生在生活中很难见到,从而是比较抽象的,所以教师在教学过程中,需要利用一定的地理教学模具、器具,把自然地理中抽象的知识形象具体摆在学生眼前,这样有助于学生理解与学习,同时又可以提升学生学习的兴趣。例如:初一上人教版地理中的地球运动部分,这一节分为地球的自转与地球的公转两部分,而这两个部分,学生在现实生活中没有见过,较为抽象,难以理解,学习起来比较困难,这时候就需要利用地球的模型——地球仪,利用地球仪在课堂上演示自转和公转运动,形象直观地让学生理解、学习。因此在地理教学过程中,教师需要巧用教具,辅助突破教学的重点、难点。

### 7.教学过程设计

教学过程设计指根据教师前期的准备工作,如教材内容、学生学情和教学媒体,把教学过程的各个环节描述出来。在这个过程中会用到各种教学方法和教学组织形式,主要目的是注重学生在学习过程中的体验,学生在教学活动中自主、合作、探究地学习;在地理教学中,在注重地理学科基本能力的培养和基础知识掌握的同时,又要融合学科的科学素养,反映地理学科前沿以及与科学、技术、社会的联系。对地理教学过程的设计,教师要注重在教学过程中较好地评价学生,重点体现和突出指导学生学习;另外教师在进行教学设计时,还要突出教学内容重难点,内容安排合理有序,容量安排合理,在对教学媒体的使用中,也要适时、适量、适度,如果不适量适度,容易引起学生的学习疲劳。

### 8.板书设计

地理教学板书包括板书设计和地理板画设计。板书是教师必备基本技能素养之一,良好的地理板书不仅可以突出教学的重难点、揭示知识的内在联系,还可以激发学生的学习兴趣、便于学生课堂理解和课后复习。其类型包括纲目式、表格式和结构式等,各种类型各有其优缺点,这就要求教师在设计时,要根据教学的内容来选择设计。板画设计是地理学科特有的一种板书设计,对于比较抽象的地理知识,可以利用简图的形式帮助学生学习和理解。例如在讲解自然界中的水循环时,教师就可以在黑板上边画水循环的示意图边给学生讲解,使得学生跟上教师的思路,认识各个循环之间的联系,抽象知识变得直观起来,方便学生的理解和学习。同时,板画的设计,是教师个人魅力的展现,一个好的板画,会极大地激发学生学习的兴趣和积极性。

9.教学反思

教学反思是教师把自己从教学活动中抽离出来,以第三者的身份,回过头来思考自己的设计,从中找出教学活动中好的方面与不足之处,其行为是一种用来提高自身业务水平,改进教学活动与提高教学效率的重要途径。教师的教学反思有很多种类型:①个体反思。在进行教学设计之前,教师不妨转化角色,把自己当作学生,考虑学生是否能够接受该知识;结合同行优秀教育者的教学经验进行反思,在教学中,每个教师传授知识的方式不一样,这时教师就可借鉴同行教师的教学方式,完善自身的教学设计;根据学生在课堂上的反应进行反思,在课堂教学中根据课堂的氛围是否浓厚,学生回答问题是否积极等来反思自己的教学方式,如果教学中,学生的反应和教学氛围不是很好,此时教师应该反思自己是哪个环节出了问题,再进行修改和完善。②集体反思。是指所有的同类学科教师对某种教学案例进行分析研究,针对某个教学问题,集体讨论,提出可行的解决方案。不管是自己反思还是集体反思,其都有相通的地方,教师之间是可以共享的。因此,著名学者波斯纳把教师的成长总结为一个公式:经验+反思=成长。教师只有不断地反思自己教学中存在的不足,及时补齐短板,才能不断地完善自己的教学设计,提高自身的专业技能素养,从而快速地促进自身的发展。

## 二、地理教学方案的作用、原则及注意事项

### (一)作用

(1)编写地理教案的过程是对地理教学内容进行剖析、加工、重组的过程。通过对地理教案的编写,教师以自己的认知来理解、分析教材的客观知识,然后按照学生现有的知识水平与接受能力重新进行组合、表达。在此基础上理清思路,进行精简,由此及彼、由表及里,将内容加工升华成易于传递、传授的信息。

(2)地理教案的编写过程也是地理教师备课过程的反映,是其把知识传授给学生的重要依据,也是保证地理教学活动有序、有效进行的工具。

## (二)原则

### 1.科学性

科学性是指教师要认真贯彻课标的精神,按照教材的内在规律,从学生实际情况出发,确定哪些知识是学生必须掌握的,又有哪些知识学生了解即可,由此来确定教学的重难点。教学设计一定要符合地理课程标准,不能任意提高教学要求,脱离教材的完整性和系统性。

### 2.创新性

教材是死的,不能随意更改,但教法是活的,课想要上得好就要发挥教师的聪明才干,在教案设计过程中可以参考借鉴优秀教师的教学经验,根据学生的实际情况在此基础上创新发展,写出自己的教案。

### 3.差异性

教学工作是一门创造性的工作,而不同的老师,他的教学经验、专业知识、个性特点以及特长都是不同的,所以每个老师在编写教案时都要结合自身的特点,发挥自己的聪明才智和创造力,这样写出来的教案才不是千篇一律的。

### 4.艺术性

教案的艺术性是指构思巧妙,能使得学生在接受地理知识的同时,也能欣赏艺术的美,从而在获得知识的同时也能感受到学习的快乐。

### 5.可操作性

教师在编写地理教案的时候,要从实际情况出发,要充分考虑从实际出发的需求,要考虑教案的可操作性和可行性,需要复杂的地方就复杂,需要简单的地方就简单,但是删除、简化内容时一定要保证其合理性。

### 6.变化性

学生是具有独立意义的人,独立存在于教师头脑之外的人,是不以教师的想法思维为转移的人,教师不能把自己的想法强加给学生。在教学过程中常常会出现不同于教案预想的情况,因此教师不能死抠教案,抑制学生思维的积极性,要根据学生的实际情况改变之前的教学计划,启发学生的思维,对学生的问题进行引导。在设计教案时教师就应该从多个方面考虑学生的差异性,确定好教学重难点,保证教案在实际教学过程中的可行性。

### (三)注意事项

(1)教师在编写地理教案时,要清楚中学地理教案中的要素。地理教案的内容包含了教学活动中的各个环节和具体的流程。编写教案时不能流于形式、走马观花。精心、细致是编写一份优质教案的关键,而教案的品质好坏直接影响到后面教学的效果。

(2)要选取适当的教案格式。教案格式是指编写教案的式样要求,也就是用以组织教案中各个项目的形式,但是由于教师个性、习惯以及学校要求的不同,每个教师教案呈现方式也会有所不同。

(3)要充分发挥地理课程标准的指导作用。在备课之前,作为教师要深入研究分析地理课程标准,教材中的某些学生必须掌握的知识,在课程标准中都有说明,这也就为教师确定教学重难点提供了条件,因此教师需要深入熟悉地理课程标准,让其为自己的教学提供指导。

(4)要深入研究教材内容。教师要在教学活动中提升教学效率,就必须对教材进行深入研究,把教材吃透,并且加入自身的理解。教师只有深入研究了教材,对教材很熟悉,才能编写出好的教学设计。

(5)对不同的教学内容选择适合的教学方法。教学方法很多,但采用哪种方法要根据教学内容和教学任务而定。

(6)要考虑活动的安全性。这个问题比较重要,设计教学活动的时候,一定要考虑安全性的问题,因为安全是主要的,这关系着学生的切身利益。

(7)在编写教案时要充分考虑到学校现有的条件和教具配备情况,不能脱离学校实际,主观臆造,盲目设计,要充分利用学校已有的条件,使教学内容和形式更加丰富。

## 三、如何编写地理教案

### (一)地理教案的内容构成

一个完整而又科学的地理教案应当包括:课题、教材分析(课标、教材)、学生学情分析、教学目标(学科核心素养)、教学重点和难点、教学方法、教学过程、板书设计和教学反思等九个部分。

#### 1.课题名称

课题名称就是在教学活动中所用的标题,是一个单元、一节课的题目,或者是练习课、复习课、总结课的名称。

#### 2.教材分析

①对教材地位的介绍(依据教学大纲所规定的教学原则和要求,在整体把握教材知识体系和编写意图的前提下,分析教材内容特点,确定其在学科教学中的地位);②对教材内容的分析(明确教材地位后,具体分析教材内容,包括教材知识结构体系、教材的教学目的和要求、教材的特点、教材重点和难点,并确定课时安排);③对教材作用的分析(在明确地位和主要内容后,分析新旧知识的联系,确定其在学科教学中的作用)。

#### 3.学情分析

充分地进行学情分析是为了给设计教学目标打下基础,促进学生全面发展的落实。在学情分析中,要分析、了解班级学生所喜欢的地理事物,结合学生熟悉的地理事物来选择教学内容,会达到事半功倍的效果。同时对学生现有知识水平进行分析,配合学生接受知识能力的程度,这样设计出来的教学内容才更加利于学生接受。

#### 4.教学目标

在充分地分析学生的特点的基础上,从地理教学目标中的人地协调观、综合思维、区域认知与地理实践力四方面来制定课时教学目标。除了在国家课程标准的指导下制定,教师同时要认真阅读课本内容,针对学生学习的最近发展区来制定。综合考虑后制定出来的教学目标更加准确全面,也更有利于操作。

### 5.教学重难点

教学重点和难点是地理教案中需要明确体现和教师重点考虑的教学内容。教学重点是教学内容中学生必须要掌握的基本的原理与概念;而教学难点,是指在教学过程中,学生学习起来有困难,或者难以理解的知识,可为本节课教学难点。这部分内容对于新手教师来说,往往很难区分开,两者会混为一谈。在这要注意区分的是教学重难点之间的关系,有时某一知识点是学生必须要掌握的知识,学生理解学习起来又有一定的难度,此时教学重点与教学难点就是同一个,但有的教学难点,学生了解即可,不需要学生掌握,这时教学的重难点就不能等同;教学的重难点可以在考试当中体现出来,学生必须掌握的知识点,在考试中出现的频率会很高,这类知识往往是学生必须要掌握的,即教学的重点;对于经常出现在考试中,学生学习起来很困难的,这类知识点大概率是教学的重点加难点。

### 6.教学方法

教学方法其实就是教师把教学内容准确高效传授给学生的手段。在教师做完前面的工作之后,需要思考利用何种方法把准备的知识传授给学生,可以说教学方法的选择很大程度上会影响教学的效率与效果,也关乎学生是否能较容易地掌握课堂教学上的内容。故教师在选择教学方法时,需要综合考虑。

### 7.教学过程

教学过程是地理教案的重要部分,也是教案的主要内容。教学过程的设计要按照学生掌握知识的顺序来展开,首先要进行新课导入的设计,一个好的导入在进入讲解知识环节前就会紧紧地抓住学生的眼球,激起学生的求知欲;其次,到了新课讲解的环节,前面所做的工作,可以说都是为了这部分的内容能顺利地被学生接受;接着教师在讲解完一个知识环节时,需要进行一次总结,此环节是为了让知识在学生印象中形成闭环,等着整节课的内容讲授完成后,又进行一次课堂总结;然后到了反馈检测的环节,当完成课堂总结之后,教师还需要对学生进行检测,目的就是检测学生对本堂课所学习的知识到底掌握了多少,教师通过检测反馈的结果,再进行调整;最后一个环节就是对学生知识迁移程度的检测,这环节体现在课后作业的完成上,如果学生课后作业完成效果较好,说明学生对知识的掌握、迁移很好,如果完成的效果不佳,说明学生对知识的掌握理解不够,这时教师需要在讲解课后作业的过程中,再次加深学生对知识的印象,帮助学生扫除知识盲点。在教学过程中的各个教学环节之间是有联系的,它们之间相互渗透,教师要灵活运用这些教学环节,具体的环节在后面有具体阐述。

### 8.板书设计

地理教案中的板书设计既要简明扼要地概括出本节课的知识要点,同时又要培养学生的思维能力;设计时,形式要多样化,丰富多变具有新鲜感,版面安排合理,布局美观恰当,字迹工整规范,这样可以极大程度地避免学生出现审美疲劳;在板书设计中,教师可以根据地理学科的特点,能用地图的地方尽量不要用文字,当然,图文结合、文字与表格结合更好。另外,利用思维导图式板书有利于学生对知识结构的掌握,有利于形成系统学习的习惯和思维。

### 9.教学反思

在教学活动全部完成之后,教师要站在第三者的角度进行总结,总结、反思本节课好的地方与不足之处,对好的地方要保持,对不好的地方,教师要进行原因分析。教案在设计实施过程中,由于面对的对象是各式各样的学生,会存在很多不确定的因素,会使得教学活动不按照设计进行,会遇到很多突发问题。所以课后教师要及时反思与总结,分析自己的不足之处与原因,不断改正自己的缺点,为下次课堂教学能够更好地指导学生做准备。同时进行教学反思也对教师个人专业知识素养的提升起到非常重要的作用。

## (二)教学过程的几个步骤

在教案的编写过程中,教学过程是关键,它包括以下几个步骤。

### 1.新课导入

新课导入形式有很多种,例如复习式导入、情景式导入、素材导入等。虽然导入的方式很多,但是导入也要依据课本内容,结合学生的实际情况,选取设计贴合内容主题并且能够吸引学生注意力的导入方式。

### 2.讲授新课

新课讲授是本节课的主要步骤,在讲授新课时,针对不同教学内容选择不同教学方法,强调突出教学重点,教学难点要化难为易,帮助学生理解。在教学过程中要凸显学生主体地位,可设计一些活动来提升学生课堂活跃度,提高学生的学习兴趣。

### 3. 巩固练习

练习设计要结合知识点，着重突出教学重难点。问题设计要精巧，有层次、有坡度，计算好练习的时间，讲解练习时要注意归纳总结。

### 4. 归纳小结

要设计好怎样进行归纳小结，是教师归纳还是学生归纳，以及归纳需要的时间，一定要突出本节课的重要知识点。

### 5. 作业安排

布置作业时要考虑知识扩展性和能力性，讲解清楚内容和具体要求，有需要可进行一定的提示或解释。

## 四、地理教案的一般格式

地理教案格式没有统一规定，常见的有两种形式：叙述式和表格式。

### (一)叙述式

根据叙述式教案的详细程度，分为详细教案和相对简略教案两种。

#### 1. 详案

又称详细式教案，其特点是把教学要求、教学内容、教学方法、教学用具以及整个教学过程都按时间顺序写在教案上，甚至把课堂上所要说的每一句话，包括学生回答问题或可能出现的情况等都写在教案上，近似于"剧本"（见教案示例）。这种教案格式对刚刚走上工作岗位的青年教师更有利，可以避免在讲课时就出现"卡壳"现象，它增强了课堂教学的预见性和计划性。

#### 2. 简案

又称略案或纲要式教案，即用简明的语言，把课堂教学的主要内容，按教案编写的一般步骤，写在教案上。这是目前教师较为普遍采用的一种格式，也称常规教案。

## （二）表格式

表格式教案具体形式很多。设计表格式的教案，要求教师把教案的基本内容予以合理组合，对应地填入表中。其中，表格的栏目设置、位置安排等可视具体情况而调整。教师在编写教案一览表时，要求简明扼要、纵横联系，有所创新。有的教案最后还设有备注一栏，可用于教学过程中的补遗或备忘记录。教师可以根据个人的需要设计出适用的地理教案格式。教师上课对照一览表，其可起到提示的作用。对于新教师来说，教案一览表可以作为对详案的一种提纲挈领的总结。

# 第二节　地理课堂教学方案编写实例

## 一、新授课

教师讲授的内容是学生之前没有接触过的知识就属于新授课，通过新授课教学，教师有目的、有计划、有组织地引导学生获得文化科学知识和相关技能，促进学生素质提高，新授课是教学中最基本的课型之一。在中学地理教学中，新授课时数占学科总课时七八成左右。

新授课的特点是"新"，教师要采取一切有效的方法，让学生正确感知、理解和运用所学知识，并培养起良好的学习习惯。教师要抓住新旧知识的结合点，使之有机地衔接，在此基础上开始新内容的教学，既可巩固旧知识，也有利于新知识的识记。教师要语言表达清晰、示范清楚，让学生正确、清楚地感知新的知识材料；教师要注意让学生眼、耳、口、脑并用，即让学生看看、听听、想想、说说，在视、听、说协同活动中来加深对知识的感知和理解，教师要特别注意在新材料的引出过程中，不能一讲到底。新授课一般由组织教学、导入新课、讲解新知识、总结归纳、巩固操练与布置作业等环节组成。

## 二、绪论课

地理绪论课是指地理学科正式教学开始前的导入课,其内容主要是对该学科进行综合性的概括和介绍,使学生对这门学科有一个总体的、大概的认识。主要内容包括对地理课程总结性的概括,让学生提前了解本门课的基本内容和学习目标,对这门课有一个初步的认识。同时,教师加入自身对本门课程的独特见解,将本门课的特点、学习方法等提前向学生进行介绍,可以为今后的教学打下良好的基础。

## (一)绪论课的特点

### 1.纲要性和概括性

在新课程开始之前,教师要向学生介绍本门课程的内容与学习目标。这需要教师深入钻研教材,弄清、弄懂教材的内容,明确教学的目的,在这些都做到的前提下,迅速对教材知识进行概括,形成提纲,便于向学生介绍。

### 2.抽象性和浓缩性

在绪论课上,教师需要对课程里涉及的概念、定理等进行概括,大致地向学生介绍,这就等于向学生介绍结果"是什么"而并非介绍"为什么",学生只知道其结果,而不知道其原因,这就导致了绪论课讲解的知识较为抽象,学生较难理解。同时,绪论课又具有浓缩性的特点,上绪论课的时间是有限的,在有限的时间内把整个课程内容讲解完是不现实的,教师只有对课程内容进行缩减总结,才能在有限的时间内向学生介绍清楚本门课程的大致知识脉络。

### 3.简单性和枯燥性

教师由于需要在有限的时间内介绍全部的课程知识,往往只能向学生讲结论而无法讲清楚原因,为了避免知识重复讲解,故绪论课的知识讲解都较为简单、较为抽象。如果教师在绪论课教学中不提前钻研教材,不注意其授课方法,就会把绪论课讲解得枯燥无味,这样就很容易打击学生学习的积极性,从而使其丧失学习的兴趣。

## （二）绪论课的设计策略

针对绪论课纲要性和概括性、抽象性和浓缩性、简单性和枯燥性的特点，教师要在教学中采取以下几条应对措施。首先，教师在设计地理教学时，要在地理课程标准的指导下进行设计，加强教学的针对性；其次，教师对涉及的具体问题要利用相关理论来加以分析，注重理论与实际问题相结合；最后，要注意突出本学科在生活中的用途与联系。因此不管是哪一门学科，绪论课就是要向学生讲清我们为什么要学习这门课，我们学习这门课之后对我们有何重要意义。

## （三）绪论课的重要性

首先，每门课的绪论都是对该课程教材内容的高度浓缩和概括，对教材的学习起到引领、提示、导向等作用，是建立学科整体观念的开始；其次，绪论课是教师给学生上的第一节课，是师生第一次见面交流，在绪论课的教学过程中，教师可充分向学生展现自身的人格魅力与丰富的学识，充分地向学生推销自己，做学生的良师益友，和学生构建良好的师生关系，为今后的教学工作打下良好的基础；最后，绪论课也是培养学生学习兴趣必不可少的重要环节。俗话说"兴趣是最好的老师"，学习兴趣对学生来说非常重要，教师可在绪论课中回答为什么学、学什么、怎么学这三个问题。为什么学？学习地理对我们的知识视野、人格塑造、人生三观都具有其重要的意义；学什么？地理课程包括了人文地理和自然地理两个大的方面，涉及我们生活中的方方面面，对我们极其重要；怎么学？对于地理课程涉及的这两个方面，学生需要用归纳总结等方法去学习，学习起来才较为容易。教师在绪论课中解释清楚了这三个问题，学生有了明确的学习思路和目标，学习兴趣自然而然地就可以被激发。

## （四）地理绪论课的内容组成

### 1.教师的自我介绍

地理绪论课是师生在地理课堂教学中的第一次见面，教师与学生彼此都还很陌生，这时正是教师向学生展示人格魅力，构建良好师生关系的时候。如地理教师张老师是这样自我介绍的：我姓张，同学们注意，我很讲究卫生的，所以是"弓""长"的张，不是形容邋遢的那个"脏"；对于学生来说，他们都喜欢轻松的课堂氛围，该种介绍方式可以马上拉近教师与学生的距离，让学生觉得教师很和蔼可亲，这样可以为以后成为学生的良师益友打下基础。另外,教师在进行自我介绍的时候,要注意的是不能很夸张,必须要实事求是地介绍,在陈述介绍中加入自己的幽默与特长,由此引发学生对老师的佩服而产生对教师的敬重。

### 2. 地理知识的系统概括

教师在绪论课备课之前要认真分析教材,对全书知识体系做一个概括,并以示意图的形式向学生展示知识之间的联系,学生可以借助示意图初步了解教材的内容,基础好的学生,甚至可以借助这一示意图自学某些简单的地理知识。教师通过这种方式,可以初步给学生建立起一个知识框架,建立起一个整体的概念。如在高中地理绪论课中,教师可以向学生介绍鲁教版(2019)的两本必修课本的知识框架(见图3-1),必修第一册主要介绍自然地理的知识,包括了从宇宙中看地球、从地球圈层看地表环境、从圈层作用看地貌与土壤、从人地作用看自然灾害四个章节;必修第二册主要介绍人文地理的知识,主要包括人口与环境、乡村与城镇、产业区位选择、环境与发展四个章节;如果时间允许,教师还可以介绍每个章节中所包含的具体的小节内容。

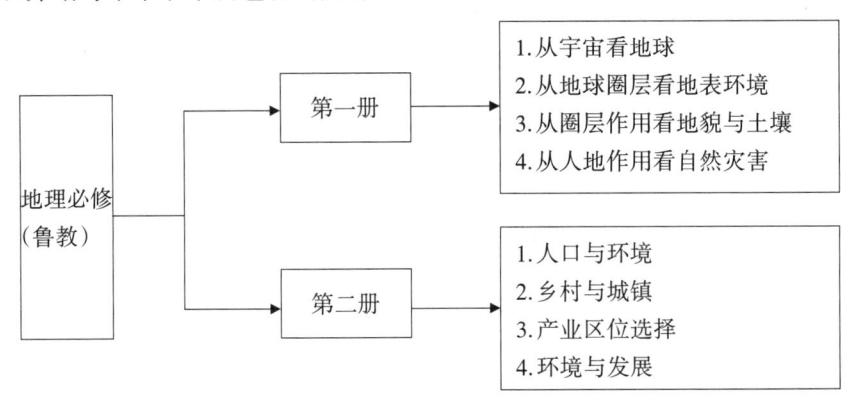

```
                                    ┌─ 1. 从宇宙看地球
                      ┌─ 第一册 ──→ │  2. 从地球圈层看地表环境
                      │             │  3. 从圈层作用看地貌与土壤
                      │             └─ 4. 从人地作用看自然灾害
    地理必修 ─────────┤
    (鲁教)           │             ┌─ 1. 人口与环境
                      │             │  2. 乡村与城镇
                      └─ 第二册 ──→ │  3. 产业区位选择
                                    └─ 4. 环境与发展
```

图3-1 鲁教版(2019)必修教材知识概况

### 3. 对地理学习兴趣的培养

教师在准备绪论课之前,需要查阅大量的资料和生活案例,将地理知识与生活、现实紧密结合起来,使学生觉得学习地理对生活会产生巨大的现实意义和作用,从而激发其学习地理课程的兴趣。教师可以讲解饮食与地理、服饰与地理、住房与地理、出行与地理的关系;也可利用太阳东升西落这一地理规律,解决夏季(热)上午乘车去学校和下午乘车回家,应该坐在公共汽车哪一侧才不会晒到太阳的问题;还可以利用气温在大气对流层的垂直变化规律,解释为什么夏季登山可以避暑等。[①]让学生感觉地理在自己的日常

---

① 符永权.好的开始是成功的一半——谈初中地理绪论课教学[J].教师,2008(1):127-128.

生活中无处不在。

#### 4.介绍地理学习方法

在绪论课中,除了和学生构建和谐的师生关系、向学生介绍课程结构与培养学生的兴趣外,教师还应把自己的教学形式、进度安排告知学生,同时向学生介绍学习地理的有关方法,让学生做到心里有数。

## 三、复习课

复习课是一种课型,主要是把所学过的知识设计成课,再一次把知识在学生眼前重现一遍,以帮助学生加深对知识的印象。在教学中,复习课有很明显的时间节点,一般是在某个章节、模块完成之后,再把学习过的知识拿出来帮助学生重温一遍,加深印象,复习课主要有以下形式。

### (一)微专题式复习

微专题式复习是一种"以点探究面,关注学生思维能力与推理能力培养"的复习模式,主要运用于高三地理复习中。在高三地理的复习中,学生需要把高一、高二所学过的知识复习一遍,所以对知识点,学生需要复习的知识量很大,这时候就需要提高复习的效率,学生对知识点的复习就需要有侧重点,重点复习高考的常考知识点。而考试常考的知识点中,有些是学生学习的难点,这时候就可以利用微专题复习模式,选择一个比较简单的点切入,慢慢地覆盖整个难点,以此来帮助学生攻破知识的难点,从而实现高效的复习。

### (二)思维导图式复习

思维导图(Mind mapping)又称为"心智图"或者"脑图",是英国心理学家、教育学家托尼·巴赞(Tony Buzan)于20世纪70年代开发的一种思维工具,是他在研究人类认知的本质时,针对解决问题、培养创新思维运用能力及能力发展所提出的。随后他研究了心理学、神经生理学等科学,并受到达·芬奇笔记的启发,发现其笔记方式是将文字与颜色的技巧合用,这有助于大大增强记忆力。思维导图式的复习一般可以运用于课堂教学或者单元教学完成时,一个章节的学习,是由各个小节组成的,对于学生来说知识点就比较杂,不成系统和体系,所以学生对某个章节的某个知识点会出现遗漏的现象。利用思维导图的形式把每个小节的知识串起来,有助于学生全面地掌握一个章节的知识点(见图3-2)。

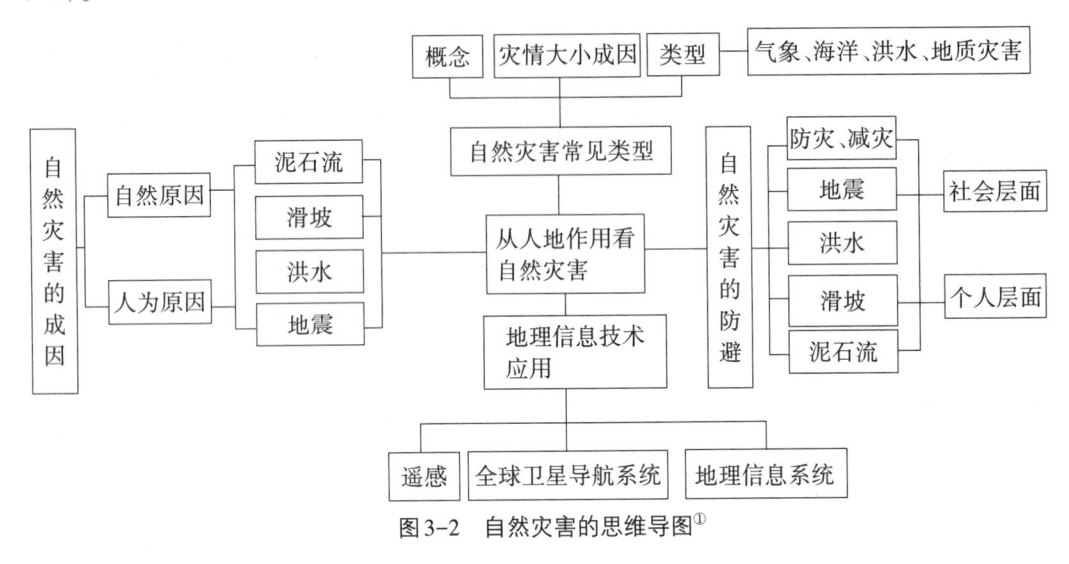

图 3-2 自然灾害的思维导图①

## 四、习题课

习题课一般是安排在新授课之后,以讲解新课相关习题为主要内容,用以检测学生知识掌握程度。在新授课之后,对传授给学生的新知识,需要利用相关的题目给学生练习,以达到巩固新知的目的。

### (一)习题课教学设计原则

#### 1.遵循教师主导,学生主体原则

在教学中,学生是教学的主体,教师为主导,对于二者的定位要清晰。如果定位不清,会导致习题课成为教师的独角戏,习题课会失去应有的作用。

#### 2.互动性原则

在新课讲授的时候,由于学生存在个体差异,导致知识接受能力也不尽相同,所以对于习题课的设计,就是要与学生互动,让学生自己把没有学懂的知识主动讲出来,教师收

---

① 摘录自张泉主编《世纪金榜——鲁教版(地理必修一)》.

到学生的反馈后,有意识地将学生没有学懂的知识以另外的方式教给学生,这就实现了师生互动。通过这个环节,学生把新课上没有听懂的知识又学习了一遍,从而查缺补漏,补齐了知识上的短板,所以,教师设计习题课的过程一定要有互动环节。

### 3. 全体性原则

教学要面向全体学生,不能忽略学生现有知识水平。在进行练习课设计的时候,挑选的习题难度不能太高,否则会导致学生析题、解读困难,从而打击学生学习的积极性,如果过于简单,又不能满足高层次水平学生的学习需求。所以,教师在设计习题课时,选择的题目需要有层次性,既要有拔高题,也要有中等、基础题,这样习题课才能真正意义上面向全体学生,使学生都能得到提高发展。

### 4. 评价促进原则

在讲解练习过程中,学生在展示成果时教师要抓住时机,给予适当的评价,评价的方式要保持多样性,评价的主体要多元化,评价的学生主体需要有差异性。特别是对基础较薄弱的学生,教师在评价时,应多用正面鼓励的方式,这样可以激发这部分学生的学习积极性,尽可能地促进这部分学生的发展。

## (二)习题课教学设计应注意的事项

(1)习题课中教师应避免通篇讲,要给学生发挥的机会。在上习题课时,很多教师会把准备好的习题从头讲到尾,教学方法以讲授为主,而这种教学方法在习题课中的教学效率很低,通篇大讲,学生听起来枯燥无味,容易疲劳,从而会抑制学生的学习兴趣和思维的发散。在这种情况下,对于简单的题目,教师应该给学生发挥的机会,最好让学生自己做,自己讲,自己总结,最后达到获得知识的目的,而教师就好比一场戏的导演,学生为演员,教师在旁引导,学生自由发挥。这样,学生才能真正地把新知识运用到题目中,真正学懂知识,吃透知识。

(2)习题课中选的题贵在精而不在量。在习题课中,主要授课内容为练习题,对于练习题的选择要有目的性。很多教师唯恐落下某个知识点,完全不考虑学生的感受,明面上讲很多,学生听进去的却很有限,对于这种情况,教师需要在新课讲解的过程中,精准把握教学的重点和难点,选择的题目偏向攻破教学重点和难点,所以,题贵在"精"而不在"量"。

# 第四章　地理教学方法与媒体的设计

## 第一节　地理教学方法设计

学生与教师之间沟通的桥梁无疑就是书本知识,而教师与学生这两个教学要素之间如何产生联系,很大一部分取决于教师运用什么方法与学生沟通。而教学方法则是把教材中的知识与学生联系起来,将其变成学生掌握的知识与经验,对学生的学习会产生非常重要的影响。

### 一、地理教学方法与分类

教师怎么把知识传递给学生,这取决于教师使用的教学方法,而教学方法运用是否得当,对于教学效率的高低、学生智力的发展乃至人格的形成情况都具有重大的影响。各学者对教学方法所持的观点并不一致,在黄成林主编的《地理教学论》中,教学方法是指教师和学生为了实现共同的教学目标,完成共同的教学任务,在教学过程中运用的方式与手段的总称;在王明主编的《地理教学论》中,教学方法指的是在教学过程中,为完成教师的"教"与学生的"学"相关任务,实现教学目的而采用的符合教育和认识规律的手段和方式。综合来看,教学方法的中心主旨是教师怎么把书本上的知识传递给学生,学生如何理解和运用教师教授的知识,教师和学生如何完成共同的教学目标。

不同学者对地理教学方法有不同的分类(见图4-1)。以语言传递信息为主可以分为讲授法、谈话法、板书笔记法和读书指导法四种;以直观感知为主可以分为演示法与参观法两种;以实际训练为主的可以分为联系法、实验法、实习作业法和实践活动法;以情感陶冶为主又可以分为欣赏教学法和情境教学法;以探究为主又可以分为探索法和研究法[1]。学者王树声则是这样分类的,一是根据各种教学方法所能完成的教学任务与职能

---

[1] 参考修改自王月莲.教学个性的实然现状与应然追求[D].内蒙古:内蒙古师范大学,2005.

分为讲授方法、引导方法、直观方法、逻辑方法、练习方法、复习方法和成绩考核方法；二是根据学生获得地理知识的来源分为语言运用法、直观法和联系法三种；三是根据地理知识体系中的地位和作用分为地理教学的一般方法和地理教学的专题方法等。在各种方法中，没有一种方法是完美无缺的，只有综合各方面条件，同时教师根据自身的条件与学生身心发展规律，选择适合的教学方法，这才有益于教学效率的提高以及学生学习水平的提高。

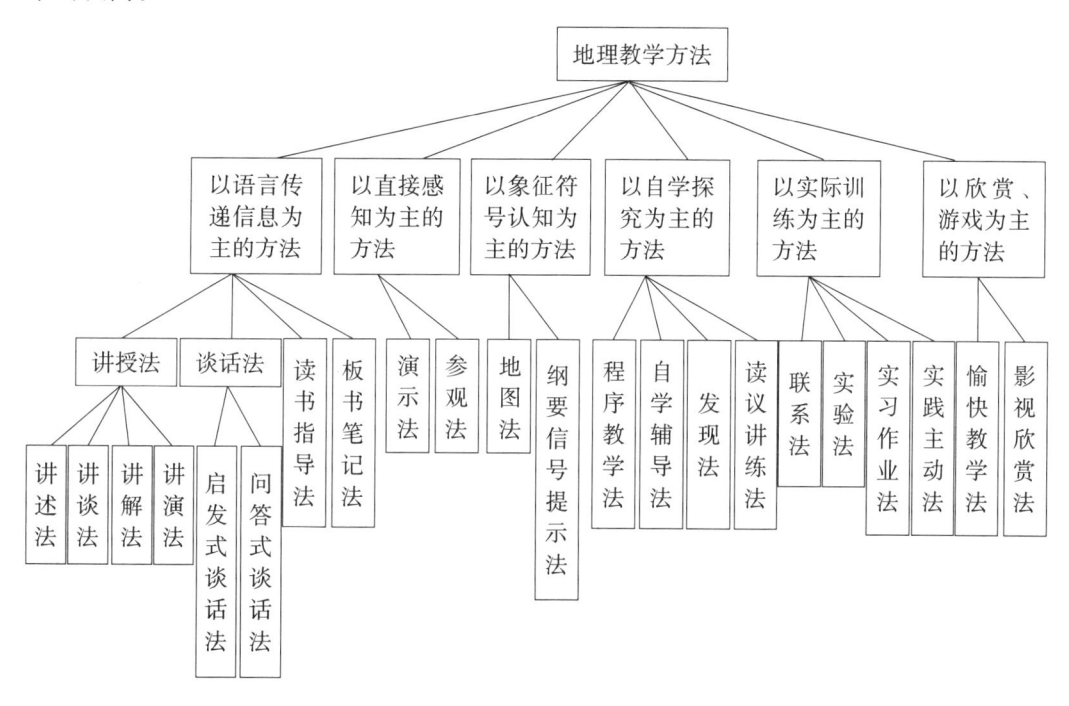

图4-1 常见教学方法的分类

## 二、常用的地理教学方法

### （一）讲授法

《教育大辞典》定义的讲授法是：以口述进行课堂教学的教学法，教师把要讲授的内容转化为自己的语言，经过加工后以口头形式表达出来，让学生理解、接受并掌握的教学方法，即"教师口头说，学生听"的一种教学方法。它有讲述、讲解、讲读和讲演四种表现形式[1][2]。①讲述:它是指教师运用形象生动的语言叙述教学内容,该种方法一般在讲授人文地理知识的时候常常用到。②讲解:指教师对书本知识用通俗易懂的语言进行解释、演绎、论证的一种讲授方法。例如:地理教师在讲解等高线知识的时候,会给学生解释等高线是如何得来的,线与线之间称为等高距,等高线密集代表地形坡度较陡,等高线稀疏代表地形坡度较缓,从而逐渐向学生讲解等高线的特点。③讲读:它是把要讲述、讲解、阅读的材料充分结合起来,读、练、思结合的一种教学方法。该种方法是在语言类学科教学中常常运用到的一种方法。④讲演:又称演讲或演说,是指在公众场合,以有声语言为主要手段,以体态语言为辅助手段,针对某个具体问题,鲜明、完整地发表自己的见解和主张,阐明事理或抒发情感,进行宣传鼓动的一种语言交际活动。教师在做学术论文报告时常常运用该方法。在上述方法中,讲授法是教师教学中采用的最基本的一种方法。

## (二)案例教学法

对于案例教学法的定义,现如今还未有一个统一的定义。在学术界,每个学者都有不同的看法与观点,但是每个学者定义的案例教学法都有类似的地方。例如教学案例就是关于一个实际情境的模拟再现,它不能用杜撰虚构的故事来代替;案例教学强调师生共同参与、师生互动;案例教学不仅意在传授知识,而且还有着深层次能力培养的功能。在地理教学中运用案例教学法时,要有序地使用该种方法,一般使用的程序为:确定教学内容、选择案例、分析案例、教师评价、学生获得知识。例如在讲解湘教版《地理》(必修3)中荒漠化的危害与防治时,可以采用下列案例:

有资料表明,土地沙化使得我们可以有效利用的土地面积正在急剧缩减。许多地方因沙漠化趋势导致土地退化,土壤结构破坏,土壤养分流失。而土壤肥力的自然恢复需要数十年、数百年,甚至数千年时间。如果用人为措施恢复土壤的肥力,需要的投入量难以计算。沙漠化对农业的危害特别大。每年4到5月正是春播季节,在沙漠化地区,往往是种子和肥料被吹走,幼苗被连根拔出,土壤水分散失,禾苗被吹干致死或被掩埋。有的地方要反复补种,甚至误了农时。沙漠化引起的草场退化,使适于牲畜食用的优势草种逐渐减少,甚至完全丧失。牧草变得低矮、稀疏,产量明显降低,草场载畜能力大为下降。沙漠化造成河流、水库、水渠堵塞。黄河年均输沙量为16

---

[1] 陈稳占.后方法时代外语教学法回顾及展望[J].延边教育学院学报,2019,33(04):106-108.
[2] 张桂贤,林玲.新课程理念下讲授法在心理学教学中的有效运用[J].吉林省经济管理干部学院学报,2014,28(03):91-94.

亿吨,其中就有12亿吨来自沙漠化地区。全国每年有5万多公里的灌渠常年受风沙危害。沙漠化在一些地区造成铁路路基、桥梁、涵洞损坏,使公路路基、路面积沙,迫使公路交通中断,甚至使公路废弃。沙漠化导致的沙尘天气,影响飞机正常起飞和降落。风沙活动破坏通信、输电线路和设施,由此产生的灾害威胁居民安全。根据监测,我国城市空气污染物主要是微小颗粒物,这与沙漠化密切相关。沙尘污染着广大地区人民的生产生活环境,影响了人民健康。沙漠化加深了贫困程度,扩大了地区差距。据调查,全国农村人口的四分之一生活在沙漠化地区,其人均农业产值仅为全国平均水平的34.2%,是东部地区的五分之一。沙漠化地区贫困程度加剧,发展差距扩大,有的地方已经喊出"要生存就要治沙"的口号。(选自新华社文章,有改动)

通过该案例,可以让学生认识到荒漠化对我们人类的影响,从而激发学生保护环境的意识。

## (三)情境教学法

情境教学就是从"情与境、情与辞、情与理、情与全面发展"的辩证关系出发,创设典型的场景,激发学生情绪,把情感活动和认知活动结合起来所创建的一种教学模式[①]。

创设问题情境有这么几种方法:①联系实际展现情境。例如在讲解"气温与气温的变化"这节内容时,就可以联系现实生活中的登山,登山员明显感觉,山脚的温度明显比山顶的高。教师就可以利用生活中的这个情境给学生讲解气温的垂直变化。②实体演示情境。把书本中的知识用实物模拟演示出来。例如在讲解人教版《地理》必修1第一章中"地球的运动"时,利用两个球体分别代表太阳和地球,以太阳为参照物,模拟地球的公转和自转。由此可以把书本中的抽象知识转化为实体模型,形象生动地出现在学生面前,帮助学生理解和掌握知识。③多媒体再现情境。由于地理学科具有区域性的特点,学生在接受书本知识的时候,书本知识有时不是学生所在区域的知识,这时学生就很难理解,这就需要把书本中的区域知识转化为图片、视频、音乐的形式传递给学生。例如在讲解"西北地区的风蚀地貌"中的风蚀蘑菇时,如果不是西北地区的学生,那学生的认知结构里就没有对风蚀蘑菇的印象,这时就需要把风蚀蘑菇的形象转化为图片,用多媒体呈现给学生,进一步帮助学生理解风蚀地貌。④角色体会情境。学生选择角色,去扮演地理知识要素中的某一角色,这样有助于加深学生对地理知识的理解,也能极大地激发

---

① 李吉林.为全面提高儿童素质探索一条有效途径——从情境教学到情境教育的探索与思考(上)[J].教育研究,1997,18(3):33-34.

学生的积极性和兴趣。例如在讲解"工业区位因素"中,对技术指向、能源指向、动力指向、劳动力指向、原料指向和市场指向型产业的区位选择,可以让学生扮演某种产业的老板角色,深入认识、体会工业区位选择的条件[1]。学生融入教学情境,扮演角色,贴近地理知识,理论知识与生活实际相联系,深刻体验角色的内涵。

## (四)分组合作学习讨论法[2][3]

地理教学中的"分组合作学习讨论"模式是指在教师指导下,由学生组成若干学习小组,通过自由组合、合作探究等形式,解决地理问题,使学生的地理知识、地理素养、学习方法、学习潜能、情感体验等都得到较大发展的一种教学模式。小组讨论教学有几种常见的形式,例如地理课堂上的辩论课、课堂任务分组和以分组形式为主的头脑风暴等。例如,将地理辩论赛中的全班同学分为正方、反方两大组,而围绕若干中心发言人,又可在每个大组内分出若干小组,作为"主要辩手"们的小小智囊团,为其搜集辩论资料,献计献策。这样,虽然辩论赛中不是人人都有机会发言,但仍可使每位同学都有机会参与到对地理问题的思考和探讨之中。

## (五)探究式教学法[4][5]

探究式教学法是将科学领域的探究引入课堂,使学生通过类似科学家的探究过程理解科学概念和科学探究的本质,并培养科学探究能力的一种特殊的教学方法。探究式教学法不是以一般的知识掌握为目的,而是以问题解决为中心,以学生为主体,注重学生的独立认知活动,通过探索、研究来获取知识,着眼于培养创造性的思维和能力,训练自主学习的能力,但探究式教学耗费时间较长,对个别差异性的适应性不强,适合程序性知识和策略性知识的教学,要求学生也必须要有一定的知识储备才能进行。探究式教学法只适合地理学科部分内容的教学,而且还要和其他教学方法配合使用,才能有良好的教学效果。

例如,在讲"人口增长的模式及地区分布"这一节内容时,就适合运用探究式教学法。

---

[1] 李文彬.人文地理区位教学的"六析"策略[J].地理教学,2013(01):14-15+18.
[2] 戴丽君.新课改背景下高中地理"分组合作自主学习"教学模式初探[C]//北京中外软信息技术研究院.2015第一届世纪之星创新教育论坛论文集,2015:222.
[3] 周红杰.论地理课堂小组合作探究学习的实施[J].成都教育学院学报,2005,19(02):71-73.
[4] 胡波.初中物理课堂探究式教学初探[J].陕西教育(理论版),2006(09):224-225.
[5] 朱乾红.地理课堂探究式教学模式初探[J].科学咨询(教育科研),2010(14):111.

有位老师是这样设计的。①首先呈现给学生一段关于天津人口增长的信息资料,然后让学生思考相关问题:近年来天津人口增长趋势如何?天津人口增长途径有哪些?为同学创造了一个学习情境。②让学生从书中找到人口自然增长率的公式,算一算,依据计算结果分析、讨论世界人口的增长取决于什么因素,还受哪些因素影响。③向学生提供世界"60亿人口日"的资料图片,"1999年10月12日0时2分,一名男婴在波黑降生,联合国秘书长安南专程到医院看望母子二人",然后思考问题:为什么一名普通男婴的出生惊动了联合国秘书长?为什么世界"60亿人口日"备受重视?④让学生阅读课文内容,参考世界人口增长图回答:世界人口增长的总趋势是什么?世界人口增长的"拐点"出现在什么时间?为什么?观察折线图,分析世界人口增长的特点。⑤向学生演示三个不同的水池进水与出水的示意图和人口增长的阶段图,观察实验:A.指出A、B、C三个水池中水增长速度有何不同,并说明原因。B.若将实验环节比作人口出生率、死亡率及自然增长率,说出其对应关系及特点。C.人口增长大致经历了几个阶段?各阶段人口增长的特点是什么?⑥读图讨论,观察:人口增长的转变从哪个指标下降开始?死亡率的下降打破了高位静止的均衡,使人口增长出现了什么变化?哪个指标的变化使人口迅速增加的势头得以遏止?在实现死亡率和出生率低位均衡后,人口增长会出现什么状况?⑦读图释说明文字,并思考:为什么同一国家(地区)不同时期人口增长处于不同阶段?近代世界人口增长模式主要分布在哪些阶段?⑧小组合作,完成人口增长模式及特点、分布地区、经济发展水平、出生率、死亡率、自然增长率、典型国家的表格,并思考其中有何规律①②。

## (六)启发式教学法③④

德国教育家J.F.赫尔巴特倡导以启发儿童已有的经验和知识作为学习的出发点,这种方法称为启发式教学法,它不仅是一种教学方法,更是一种教学思想,是教学原则和教学观。启发式教学法是一种以学生为主体的教学方法,需要教师根据教学目标进行问题情境设置,引导学生主动学习和思考,开拓学生创造性思维,进而实现教学水平的提升,其关键核心在于激发学生的学习兴趣。启发式教学法的实质在于调动学生学习的积极性和主动性,激发学生积极思考,使学生融会贯通地掌握知识,并发展智力,随着现代科学技术的进步和教学经验的积累,启发式教学将不断得到丰富和发展。例如,在学习水

---

① 王晓.新课程背景下高中地理课堂提问的有效性研究[D].桂林:广西师范大学,2012.
② 向志强.试论人口转变完成的标准[J].人口学刊,2002(01):3-7.
③ "启发式综合教学"课题组."启发式综合教学"的综合理论[J].物理教师,1994(6):1-3.
④ 邓秋柳,邓秋枝.探析启发式教学法在"社会保障学"课程思政改革中的运用[J].教育教学论坛,2020(17):275-276.

循环一节的内容时,教师可以先问学生:"地势的高低不平会导致河流的流向如何变化?"接着,教师又可以问学生:"既然河流是从高到低不断地注入海洋,那为什么河流一直会有水流源源不断地注入海洋呢?"然后再问:"既然有降水等给河流进行补给,那降水又是从哪来的?"最后得出水循环的示意图。启发式教学法就是需要教师创设具有引导性的问题,一个问题引出一个知识点,到提问结束时,学生的知识结构也随之建构完成。

### (七)复习法

复习教学法是教师带领学生回忆前面学习过的旧知识,让学生把学习过的旧知识从记忆中提取出来的教学方法。该种方法常用于教学计划开始之际与一个教学单元结束时,这种方法可以使得学习过的知识在学生脑海里得到强化,使得知识的感觉记忆向长时记忆过渡。例如在学习人教版《地理》(七年级上)"分层设色地形图"时,可以这样导入,"同学们在上一节课已经对我们的地图进行了学习,知道了我们地图的比例尺、图例、指向标三个重要的要素,通过这三个要素,同学们就可从地图中找到我们自己所需要的信息,那么这节课我们就来学习另一种地图(分层设色地形图)"。这样在学习新课之前,复习上一节课的知识内容,不仅给学生重温了一遍旧知识,加深了记忆,还为学生学习新知识奠定了基础。又如,在一个学年计划结束时,教师留出一定的时间给学生复习整个学年所学的知识,带领学生画整个学年的知识框架图,使学生的知识体系更加完善。

### (八)练习法

练习法是指学生在教师指导下运用知识去完成一定的操作,并形成技能、技巧的方法。学生在获得知识经验后,需要反复地练习,加深知识在记忆中的印象,从而能够熟练运用知识。由于学生能力水平不同,练习法可分为多种形式,在地理教学中运用到的练习方法有运算练习法、模仿练习法、独立练习法与创造练习法等。例如,模仿练习法指在掌握知识原理的前提下,可以让学生充当生活中的某一角色,利用角色所做的工作进行知识运用。例如在讲解人教版《地理》(七上)"多变的天气"时,可以让学生先对各种天气符号进行学习,掌握了各种天气符号之后,就可以让学生模拟天气预报员进行天气预报,从而加深学生对天气符号的了解与认识。

## (九)实验教学法[1][2]

地理实验教学法是指学生在教师指导下,通过实验得出结论,从而完成既定学习任务的教学方法。通过实验演示,把抽象知识转化为直观知识,化难为易,易于学生的学习和掌握,是使学生获得地理知识的重要手段之一。实验教学法可以使学生获得一定的直接经验,使学生受到规范的实验锻炼,更重要的是使学生认识到在科学研究中实验是获得科学结论最为重要的途径。地理实验教学有利于培养学生的学习兴趣,有利于突出学生的主体地位,有利于充分挖掘学生的潜力,培养其创新能力。在选择实验教学法时,教师要考虑到自身的专业素养,以及学生现有的知识水平与现阶段的身心发展规律,确保实验教学的可行性。

例如,在讲解"地球运动中的昼夜更替现象"时,要把地球运动的抽象知识转变为直观知识,可利用手电筒充当太阳光,地球仪作为地球,在相对黑暗的环境下,利用手电筒的光照射地球仪,从而先把地球是不透明的球体的知识传递给学生,然后再拨动地球仪,让学生知道昼夜更替的规律。

## (十)作业法[3]

作业法是每个学科都会涉及的教学方法,主要有课堂作业、课后作业与假期作业等,此方法主要是检验学生对知识的掌握程度、巩固学生所学知识。课堂作业常见于教师在讲解完某一知识后,给学生相关的题目,让学生完成,教师根据学生完成的速度、质量等,及时调整课堂教学任务和内容。课后作业是在课堂结束后,给学生安排一定的任务,让学生课后完成。学生在完成课后任务时,需要联系课堂上学习到的知识,这就使得学生学习的知识得到了巩固,加深了知识在学生脑海中的印象。

## (十一)地理观察法

地理观察法就是对各种地理事物和现象进行有目的、有计划的感知,这种感知分为定性感知与定量感知。此方法一方面是为了促进学生对知识的理解、巩固与运用;另外一方面,让学生观察相关的地理事物,可以培养学生的观察能力与学习地理的兴趣,从而促进学生对理论知识的掌握和运用。地理观察方法可以分为直接观察与间接观察两种。

---

[1] 张谦.新课程呼吁中学地理实验教学法[J].新课程(教育学术),2011(01):45-46.
[2] 李淼,余开朝,孔令波,等.工业工程专业《生产运作管理》实验体系设计与实践[J].价值工程,2016(01):242-244.
[3] 朱菊萍.新课改背景下初中地理课堂作业设计的优化[J].中学教学参考,2013(36):72.

地理直接观察是让学生在野外直接观察地理事物,直接感知地理事物,对促进学习和激发学生学习兴趣有很大的推动作用,但也有着耗时长、存在一定危险系数等缺点。而间接地理观察是指以某种事物(照片、视频、标本、地理模型等)为载体,利用现代媒体技术展现给学生,从而让学生间接地观察。对于要观察的事物,教师可以从网上收集图片或视频资料,直接播放给学生观看,由此避免了直接观察的缺点,但是教学效果没有直接观察地理事物的效果好。因此,教师在选择这两种方法时,要根据实际情况来确定。

## 三、地理教学方法的选择与设计

### (一)地理教学方法的选择依据

教师如何选择教学方法,直接关系到教学的成败,因此在选择教学方法时,可以根据以下条件来选择。①根据教学的目标和任务来选择。针对不同的教学目标和任务应选择不同的教学方法,例如,对于知识与技能基础目标,一般是要求学生掌握地理学科中的一些相关概念、事实、原理等,此时就应选择讲授法,给学生解释性讲解相关的概念和原理。②根据课程的性质和特点来选。地理学科分为自然地理、人文地理、区域地理及乡土地理部分,对不同的部分也需要选择不同的教学方法,例如自然地理部分的内容包括了许多地理实验,就可以选择地理实验教学法。③根据学生的年龄来选。学生从出生到接受学校知识开始,身心就一直有规律地发展,在初中阶段,根据皮亚杰的认知发展理论,此阶段的学生处于具体运算阶段,已经具备了一定的抽象思维与逻辑推理能力[①]。因此,教师在选择教学方法时,可以选择一些实验教学法,根据实验的步骤得出一些结论,由此进一步培养学生的逻辑推理能力。④根据教学的时间、学校的设备、环境条件来选。每个学校都有自身的独特与不足的地方,例如在设施、设备配备上,各个学校就不一样,因此,教师在选择教学方法时,要考虑到学校自身的条件,确保教学顺利完成。⑤根据教师的业务水平和能力选。刚入职的新教师与工作几年的老教师之间,能力水平是不一致的,对于经验丰富的老教师来说,他们对教学方法的把控有一定的经验;而对于刚走上岗位的新教师来说,由于经验的不足,业务水平与能力还没有老教师高,因此,新教师应该根据自身情况,选择自己比较熟悉的教学方法,有效的方法易于引起学生学习兴趣、激发学生自主学习、提高课堂教学效率,利于学生学习地理知识和掌握地理技能,教学方法使

---

① 姜燕.高二学生原电池学习认知现状测查与分析[D].芜湖:安徽师范大学,2015.

用不当,会影响教学的效率。各式各样的教学方法,没有孰优孰劣之分,每种方法都有自身的优点与不足。因此,在具体应用时要对教学目标、教学内容、学生特点、教师特征、教学条件等加以综合考虑,进行合理选择。选择的依据如图4-2所示:

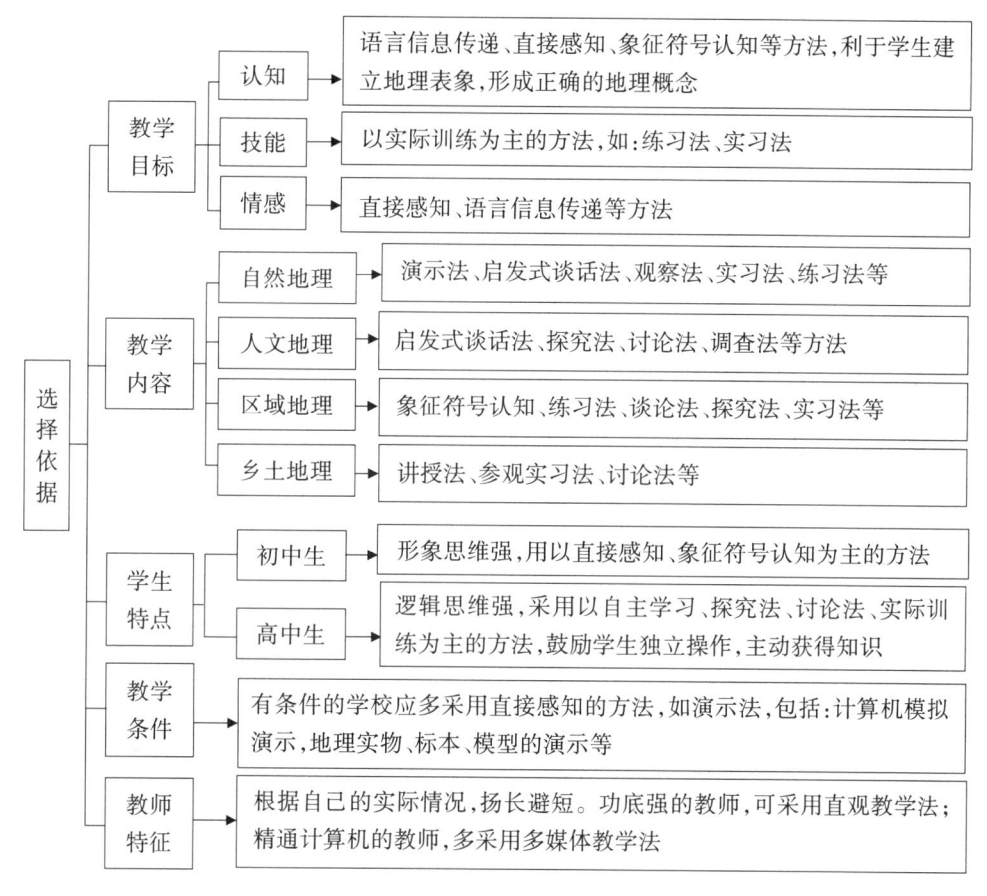

```
                    ┌─ 认知 ── 语言信息传递、直接感知、象征符号认知等方法,利于学生建立地理表象,形成正确的地理概念
         ┌─ 教学目标 ─┼─ 技能 ── 以实际训练为主的方法,如:练习法、实习法
         │          └─ 情感 ── 直接感知、语言信息传递等方法
         │
         │          ┌─ 自然地理 ── 演示法、启发式谈话法、观察法、实习法、练习法等
         │          ├─ 人文地理 ── 启发式谈话法、探究法、讨论法、调查法等方法
选择依据 ─┼─ 教学内容 ─┤
         │          ├─ 区域地理 ── 象征符号认知、练习法、谈论法、探究法、实习法等
         │          └─ 乡土地理 ── 讲授法、参观实习法、讨论法等
         │
         │          ┌─ 初中生 ── 形象思维强,用以直接感知、象征符号认知为主的方法
         ├─ 学生特点 ─┤
         │          └─ 高中生 ── 逻辑思维强,采用以自主学习、探究法、讨论法、实际训练为主的方法,鼓励学生独立操作,主动获得知识
         │
         ├─ 教学条件 ── 有条件的学校应多采用直接感知的方法,如演示法,包括:计算机模拟演示,地理实物、标本、模型的演示等
         │
         └─ 教师特征 ── 根据自己的实际情况,扬长避短。功底强的教师,可采用直观教学法;精通计算机的教师,多采用多媒体教学法
```

图4-2 选择依据

## (二)地理教学方法的组合使用

由于地理教学方法类型多样,并各有优缺点,教学中需要搭配使用,使教学效果达到最大化。教学方法组合使用时,需要考虑以下方面:①明确教学方法的选择依据,是进行教学方法选择与组合的最基本要求。只有全面掌握选择依据,才能综合考虑、全面权衡,选好教学方法并加以合理组合;否则就会在选择教学方法时无所适从,也就谈不到对所选取方法进行组合使用的问题。②扩大教学方法的选择范围,可供选择的教学方法越多,就越有利于教师进行最优的选择与组合。而为了使可供选择的方法增多、选择范围

扩大,就必须从提高学生地理的知识水平和组织纪律水平,提高教师自身的素质修养,改善教学设备条件,经常变换地理课的课型等方面下功夫,其中以教师自身素质的提高为主要环节。此外,教师在平时注意搜集、学习、借鉴、移植各学科教学教法,并在地理教学实践中大胆创新,也是扩大教学方法选择范围的重要途径之一。③深入钻研教材,了解学生特点,教师在选择适当的教学方法进行组合使用之前,必须认真细致地钻研教材,分析教材内容的特点,明确其中的重点和难点所在,才能对不同的内容选用不同的教学方法。另外还要根据学生的年龄特征和班级差异来选择几种教学方法的组合。一般来说,对年级越低以及地理知识水平和组织纪律水平越低的班级,越需要在一堂课中经常变换不同的教学方法,把学生的听、看和各种运动知觉吸引到学习活动中来,否则就会因活动单调使学生的学习兴趣减退,影响教学效果。④根据教学的目标来选择,综合考虑。教学活动的好与坏,最后要看是否达到了预设的教学目标,教学目标又分为三个方面,知识与技能、过程与方法及情感态度价值观,不同的方面选用的教学方法要慎重,要看选择的方法是否利于目标的实现,因而为了实现不同方面的教学目标,要选用合适的教学方法[1]。⑤进行全方位的比较和筛选。对于教学方法的选择和组合,在地理教学实践中,要比较各种教学方法的适用范围和运用条件,要根据课堂教学及指导课外活动、实践教学的实际情况,对在既定的教学目标、教学内容和教学时间条件下的整个教学过程进行精心设计,对每一个教学环节、每一个知识点的教学都要拟定相应的教学方法,比较不同教学设计方案的教学效率和教学效果,从中选出该堂课最优的教学方法组合形式。

---

[1] 宋娜.中学物理教学中实施分层次教学的探讨[J].考试周刊,2015(41):149.

### (三)地理教学方法选择的案例

以人教版《地理》高中必修1"大规模的海水运动"教学方法设计为例,教学方法设计可参考图4-3。

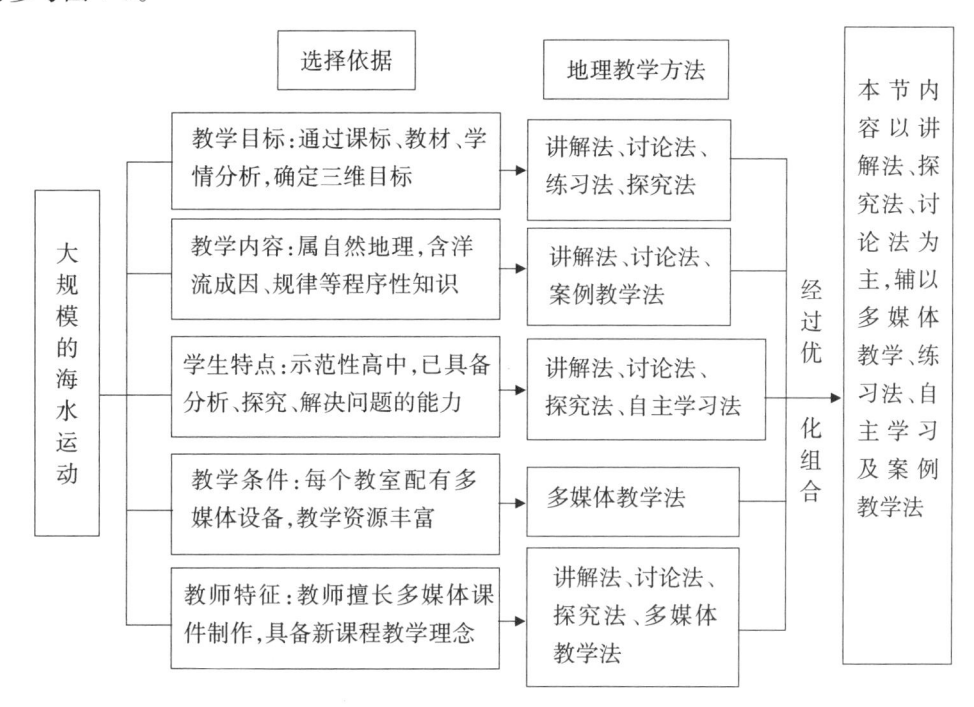

```
                    选择依据                      地理教学方法
            ┌─ 教学目标:通过课标、教材、学  ─  讲解法、讨论法、
            │  情分析,确定三维目标            练习法、探究法
            │
            ├─ 教学内容:属自然地理,含洋  ─  讲解法、讨论法、
  大规模     │  流成因、规律等程序性知识       案例教学法                     本节内容以讲
  的海水    ─┤                                                  经过优化    解法、探究法、讨
  运动       ├─ 学生特点:示范性高中,已具备 ─ 讲解法、讨论法、    组合        论法为主,辅以
            │  分析、探究、解决问题的能力     探究法、自主学习法              多媒体教学、练
            │                                                                习法、自主学习
            ├─ 教学条件:每个教室配有多  ─  多媒体教学法                      及案例教学法
            │  媒体设备,教学资源丰富
            │
            └─ 教师特征:教师擅长多媒体课 ─ 讲解法、讨论法、
               件制作,具备新课程教学理念    探究法、多媒体
                                            教学法
```

图4-3 大规模的海水运动

## 第二节 地理课堂教学媒体

媒体一词来源于拉丁语,音译为媒介,是指信息在传递过程中,从信息源到受信者之间承载并传递信息的载体或工具。教学媒体是指那些能够传播教育信息的黑板板书、图片、模型或模具、计算机课件及计算机网络软件等,课堂教学媒体在课堂教学过程中具有存储、传递地理教学信息和控制课堂教学过程的重要作用和功能。根据教学媒体的发展过程,可以将教学媒体分为传统教学媒体和现代教学媒体两类,教师可以根据教学目标的不同、教学内容的不同及授课对象的不同灵活选用教学媒体。

## 一、传统地理课堂教学媒体

传统地理课堂教学媒体是指在地理教学中,为传递更丰富的地理教学信息而采用的一些简单的媒体材料。诸如黑板板书、地理图册、地理标本和模型等。传统地理教学媒体具有使用简单、方便、资源丰富、价格便宜、易被学生接受等特点。

### (一)地理教材中的"阅读材料"

当前,地理教材中的"阅读材料"备受教师关注,其作为教材内容的重要组成部分,不仅知识量大、取材广泛,而且配备大量的图片、形式新颖,为教师教授地理,学生吸收、掌握地理知识提供了重要的辅助。可见,地理教材中的"阅读材料"也是地理课堂教学的重要媒体。

#### 1."阅读材料"的基本类型

具有以下几种类型:一是地理知识型"阅读材料",该类型所占的比例相对较大,且作为地理基础知识的一部分,是教材主体内容的延展和补充。二是补充延展型"阅读材料",一般是针对地理教材主体内容(如地理术语、地理现象、地理规律等)的补充、说明和佐证解释等,其能增进学生对地理术语、地理现象或者地理规律等内容的理解和掌握,提升学生对这些地理知识内容的感性认知,在一定程度上可以提高教学效率和质量。三是激励探究型"阅读材料",其不仅能够紧跟教材的主体内容,对主体内容做进一步的补充和说明,而且能够更好地调整课堂氛围,激发学生探究的积极性。另外,该类型"阅读材料"具备丰富的科学史和教育内涵,可以培养学生的科学探究精神。四是技能方法型"阅读材料",其具有鲜明的地理技能和地理技巧特征,不像上文中的地理知识型、补充延展型和激励探究型,而是偏重于提升学生解决实际问题的能力,同时也具有增进学生对中学地理学习的兴趣和信心的作用。五是参考资料型"阅读材料",是对地理教材中主体知识内容更进一步的解析和说明,可以辅助学生对主体内容的理解,进一步拓展中学生的视野,提升其地理学习兴趣。

#### 2."阅读材料"的教学原则

不管哪种类型的"阅读材料",都与地理主体教材联系密切,这些"阅读教材"不仅可以使学生更好地学习中学地理知识,而且可以进一步提升和培养学生的地理空间思维能力,对于中学地理教学质量和效率的提升大有裨益。在中学地理教学中,为了更好地把握"阅读材料"的教学原则,教师可以根据阅读材料的具体类型和特点,来寻找其与教材主体知识的结合点,进而实现对材料的高效利用;还应结合教材内容和学生现状及需求,对"阅读材料"进行有详有略的讲解和指导。除此之外,还需要遵循创新性原则和实际性原则。

### 3."阅读材料"的运用途径

怎样高效利用"阅读材料"？教师可以参照"阅读材料"的具体类型和特点,从三个方面对"阅读材料"的运用途径进行剖析。

其一,以"阅读材料"为依据的课堂总结是中学地理课堂教学过程中的一个必要环节,其不仅可以让学生准确学习和把握"阅读材料"的教学重点,而且能够深化学生对课堂内容的理解。客观地说,"阅读材料"具有对教材章节内容知识的总结、检查和巩固功能。因此在实际教学中,如果教师可以充分依据"阅读材料"的内容来设计课堂总结,则既可以发挥课堂总结的指导作用,又可以提升学生学习地理的思维能力。

其二,以"阅读材料"为原型,营造探究氛围。教师以"阅读材料"作为原型,可以为学生设计一个适合探究的问题情境,在探究中既可以激发学生的学习兴趣,又可以培养学生的探究思维能力,还有利于加强学生的素质教育。

其三,以"阅读材料"为基础,打造分工策略。地理新课标指出,要"满足学生不同的地理学习需求",要求广大中学地理教师在引导学生学习"阅读材料"时,要充分结合不同学生的不同认知特点和基础来实施教学。从教育学理论来看,对于不同类型的学生,一个学科给他们的印象和观念也各有不同。地理学科也是一样,对于不同类型的学生而言,对地理学科的认知既可以侧重于生活中的地理,也可以侧重于文化中的地理,还可以侧重于科学中的地理。这就要求教师在进行"阅读材料"的讲授时,关注每个学生的学习需求,各有侧重地指导学生开展地理学习。比如,侧重生活中的地理,对应的是有着生存需求的学生以及注重实践操作的地理学习。

综上所述,"阅读材料"对整个地理教材知识的学习具有重要的促进作用,广大教师应重视、利用中学地理教材中的"阅读材料",引导学生更好地学习和掌握地理知识[1]。

## (二)地理图册

地理图册是地理教与学必不可少的工具,图册中有非常丰富的地图、图表、照片等,

---

[1] 章建红.中学地理教材中"阅读材料"的教学研究[J].中学地理教学参考,2017(18):6-7.

是很好的地理资源库,开发和运用地理图册辅助教学,能更好地达成教学目标,培养学生学科素养。

**1. 地理图册在教学过程中的作用**

地理图册是地理知识一种形象、直观、综合的表达,也是地理学科独有的语言。地理图册作为课例资源,可以培养学生爱国爱乡情怀;作为课件素材,可以培养学生地理思维习惯;作为情境材料,可以培养学生发现问题的意识;作为探究活动图像,可以培养学生获取地理信息的能力;作为预习练习材料,可以培养学生读图分析能力;作为复习案例,可以培养学生图文转换能力。

**2. 如何利用地理图册提高教学效果**

地理课堂教学中,应充分利用地理图册,开阔学生视野,拓展教科书知识。在教学中正确认识地理图册的价值,用好地理图册,有助于激发学生兴趣,对提高教学效果具有积极意义,而选图和指导学生读图、识图是进行有效教学的关键。

指导学生阅读地理图册时,应教会学生看懂地图上的经纬网坐标,理解各种符号注记的含义,掌握比例尺和实地距离之间的换算方法,理解地图上符号代表的地理事物的内在关系和相互联系,要求学生由看懂地图到熟悉地图(在头脑中形成地图表象),由熟悉地图到能分析运用地图。教师指导学生阅读地理图册时,应注意将课本内容和地图紧密结合起来,凡是课文中出现的地名及地理规律原理,基本上都应在地图中找到其位置或了解分布特点,能在地图中直接获取的地理信息,也应尽可能先在地图中获取然后再在课本和有关参考材料中进行验证,全面、系统地了解其全貌和各项特征。

①教给学生读图的方法

部分地理教学内容比较抽象,因此可以通过读图、识图帮助学生加深对知识点的把握和理解。读图、识图时,应先读图名、图例,再读正图。因为图名代表着一幅图的主题和要点,先读图名有着开门见山、排除干扰、直奔主题的作用。图例是一幅图中地理事物的象征,阅读和熟记重要的图例是轻松获知图中信息的基础。掌握了图名、图例,再指导学生在地理图册上找相关的地理事物,并用不同颜色的笔做好标注或记号,以加深印象。这样反复练习并及时鼓励,让他们慢慢熟悉地图并喜欢上看地图。如此循环往复,以教师示范性读图、引导学生读图为主,挂图与地理图册配合为辅,充分发挥地理图册的作用,可以有效提高课堂教学效果。

②引导学生从会读图到学会画简图

在读图训练基础上,引导学生对照地图册自己画简图,加强识图能力训练。通过画简图,不仅提高了学生画图、识图能力,而且充分发挥了学生挖掘图中隐性信息以及提炼、加工、整理信息的能力,同时使学生在画图的过程中体会到了地理学习的快乐,可谓事半功倍。因此,教师教学中应多画一些示范性的简图,并及时表扬鼓励那些画得好或者有进步的学生,以此来激发他们读图、画图的兴趣,做到心中、脑中有地图,有效促进地理教学。

③指导学生通过画图复习相关知识

不同学生从地图册上提取信息的能力不同,因而画出来的简图以及文字描述也不尽相同,而"跟简图'说话'",既可借助简图回忆课文内容,同时还可使地图与课文内容相互印证、补充,通过综合分析,整理、总结所搜集到的地理信息,实现从图到文的相互转化,达到所学知识融会贯通的目的。

总之,在教学过程中要教会学生使用地图的方法,注意把知识点附于图上,借助地图把形象思维和抽象思维巧妙结合起来,使学生养成读图、析图、用图的习惯,提高学生地理学习能力[1][2]。

## (三)地理标本和模型

### 1.地理标本

地理标本在地理教学中有很多作用,实现这些用途的基础是对地理标准的判断和识别。地理标本包括水、矿物、岩石、土壤、植物等多种类型,正确判断和识别这些地理标本是学生应掌握的基本能力。上述地理标本的最佳获得途径是师生亲自采集,这样不仅可以锻炼学生的地理实践能力、团结协作精神,同时还可以帮助学生加深对相关知识的巩固[3]。

### 2.地理实物模型

模型是实物的替代物,它可以保留实物的全部细节或者进行某些简化,甚至可以拆解或打开一部分,以展示内部结构和模拟运动变化过程。小型地理实物模型是一种很好

---

[1] 纪芸,黎明德.让地理图册与有效教学同行——以中图版必修1"地球的圈层结构"为例[J].地理教育,2014(05):26.
[2] 艾黑提·阿布拉.地图册在地理教学中的重要作用[J].赤子(中旬),2014(04):93.
[3] 周维国.自然地理标本在中学地理教学中的应用研究[D].上海:华东师范大学,2015.

的直观教具。实物可为学习者展示最真实、最基本的具体形象。模型可以为学习者提供形象表达，专门设计的套件模型还可让学生自己安装和拆解，以帮助学生正确地观察和理解地理事物，或训练动作技能。

地理实物模型具有以下几个方面的特点：其一，地理实物模型具有直观、具体、真实的特点，便于学生现场观察；其二，可以由师生亲自动手制作和操作，容易激发学生对地理学习的兴趣，可以明显提高地理课堂教学效果；其三，便于教师向学生揭示地理现象背后的成因和机理。

当然，地理实物模型中不是任何实物都可以拿到课堂上作为教具使用的，因为有些实物难以获取，也难以制成模型。此外，地理实物模型在教学中使用时必须注意使用得当，否则可能分散学生的注意力[①]。

### 3.地球仪在地理教学中的应用

地球仪是缩小了的地球模型，用来表示地球表面的地理事物和现象。借助地球仪可以直观地获取地理信息，增强学生的感性认识。因而利用地球仪进行教学具有直观性、准确性，可以帮助学生建立空间概念，培养学生的空间想象能力，激发学生学习兴趣，因此地球仪的应用在中学地理教学中具有不可低估的重要作用。

地球仪作为学习地理的工具，它在以下地理知识的传授中发挥着重要作用。

(1)建立经线、纬线、经度、纬度等地理事物概念。

经线、纬线、经度、纬度及地轴在地球上并不真实存在，但这部分内容的教学是地理教学中的重点，也是难点。学生真正理解起来有一定难度，但借助地球仪，对上述空间概念的理解就变得相对容易。

使用方法：教师轻轻拨动地球仪，让它自西向东绕地轴转动，可引出地轴、两极、赤道、经线、纬线等地理事物概念。让学生学会在地球仪上找出这些地理事物，并在地球仪上观察从赤道向北、向南排列的纬度，从本初子午线向东、向西排列的经度的变化规律。并将经线、纬线、经度、纬度等概念列表进行对比分析，总结出这些概念的几何形状特征及其作用。帮助学生对这些空间概念建立直观的感知，了解这些概念之间的区别与联系。以此培养学生的观察能力，将复杂知识简单化，便于学生理解和掌握。

(2)演示地球自转、公转运动。

地球本身是个不透明的球体，同一时段里，被太阳照亮的一面是白天，没被太阳照亮

---

① 周文江.地理实物标本的收集、整理和运用[J].中学地理教学参考，1993(07)：26.

的一面是黑夜,由于地球的自转运动,产生了昼夜交替。

使用方法:教师拿着地球仪,使地球仪不停地自转,在这一过程中把北极点指向学生,学生观察后得出结论,从北极上空看地球自转方向,为逆时针旋转。同理,在自转的同时,把南极点面对学生,从南极上空看,地球自转方向,为顺时针旋转。地球在自转的同时,还围绕太阳做公转运动。可让一学生充当太阳,地球仪绕学生做公转运动,让学生参与演示活动,充分发挥学生的主体参与性。

(3)解释半球的划分。

东西半球的划分是地球教学的难点,教师可以将抽象的东西变成直观的东西,便于学生理解知识,对知识的掌握也会更加牢固。

使用方法:首先让学生在地球仪上找出南北半球和东西半球的划分界线,确定赤道和西经20度与东经160度组成的经线圈。其次引导学生利用地球仪观察0度经线穿过英国及非洲大陆,理解东、西半球划分的意义,即为了避免把英国、非洲大陆的一些国家和地区分割在不同的半球上,造成生活上的诸多不便。

(4)展示世界海陆分布。

地球仪是记录和传递地理信息的工具,从地球仪上可以获取很多地理知识,在需要地理信息时可借助地球仪。地球仪是中学阶段获取地理信息的主要手段,使用地球仪进行教学也是学习地理的一项基本技能。

使用方法:教师利用地球仪引导学生观察南半球(南极点面对学生)和北半球(北极点面对学生),东半球(东半球面对学生)和西半球(西半球面对学生)的海陆分布,并进行对比,学习世界海陆的分布特点——不均衡性。充分利用地球仪,让学生学会描述四大洋的位置,培养学生初步了解描述地理位置的方法以及地理归纳能力[1]。

## 二、现代地理课堂教学媒体

现代地理课堂教学媒体主要指记录、存储、传送、再现和加工信息的实体工具,如报纸、杂志、广播、录音机、录像机、计算机及软件、电视机及多功能专用教室等。媒体的差异性具体表现在存储力、加工力、传送力、重现力、表现力、交互力上。不同媒体产生于不同时期、应用于不同领域,因此具有不同的学习特性。总的来讲,越是新近媒体,综合特性越广、越大。

---

[1] 王淑敏.地球仪在地理教学中的应用[J].课程教育研究,2014(11):184-185.

## （一）现代教学媒体的功能[①]

能有效地传播信息是教学成功的因素之一。现代教学媒体比传统教学媒体更生动形象、更直观可理解、效率更高，对地理课的教学，有着很大的辅助作用。

### 1.能生动形象地代替传统板书

传统教学通过板书和教师口述以及课本来传播信息，能传播的信息量有限，而板书要花费很多时间，并且一些教师的字迹不工整，使学生难以辨认。而现代化媒体教学，教师几乎不用板书，只要鼠标轻轻一点，就能把丰富多彩的文字、声音、图像信息展现给学生。现代化媒体教学不仅能提高教学信息传递的效率，还能传播更丰富的教学内容。

### 2.能直观可理解地代替枯燥的课本

现代化教学媒体能集中学生注意力，营造良好的学习氛围。实验研究表明，人们接收图片、声音、音频信息的速率比接收文字信息的速率快，使用现代化媒体教学，学生更容易学得懂。与枯燥的课本相比，现代化媒体传播的信息丰富有趣，使学生更愿意学习，使学习变得轻松有趣。

### 3.能系统有机地帮助学生形成知识体系

对学生系统地、有条理地把握知识有很大的帮助。通过多媒体对教学内容的展示，能把知识条理化地传递给学生；还可以变换几个不同的屏幕，使学生把这几个不同的屏幕上出现的信息联系到一起，方便学生在脑海中构建知识框架，从而有条理地把握知识。

### 4.能帮助教师优化教学内容

利用现代教学媒体，传播优秀的教学信息。通过这样的方法，可以省去课下学生自己去百度搜索与课有关的内容的时间，让学生自学更简便。例如，老师可以在QQ空间或班级QQ群，发一些与课程相关的网络文献资料的链接、自己教学时用到的课件、其他学校授课的视频等，方便学生课下深层理解知识。此外，利用现代教学媒体，可以引导学生自主拓展学习内容，帮助学生养成自主学习的习惯。因此，在课堂教学中，教师可在课堂上提纲挈领地讲完教学大纲规定的内容，把讲课的重心放在重点、难点上，引导学生在课堂上掌握重点和必要的基础知识，课后再利用现代教学媒体自主查阅拓展知识，从而达到对课本非重点内容触类旁通的效果。

---

[①] 周紫玲.现代教学媒体的教学功能研究——基于高校思想政治理论课[J].辽宁科技学院学报,2017,19(01):50-51.

## (二)使用现代教学媒体的注意事项[①]

据杨凤梅对大学PPT教学效果的调查研究数据,"53%的学生反映其教师在使用PPT的过程中存在总是或经常照着读或念的情形,教学效果并不理想,引发了许多学生的严重不满与抱怨,一些学生甚至希望教师减少使用或停止使用现代教学媒体,回归传统板书教学"。由此可见,学生真正抱怨的不是教师使用了现代教学媒体,而是以"照'屏'宣科"的方式使用现代教学媒体。教师对现代教学媒体的技术操作理念和操作方式取决于教师与现代教学媒体的关系,这种关系决定着教师以何种方式使用现代教学媒体。"照'屏'宣科"反映了教师与现代教学媒体之间紧张对立的关系。如果不能随着媒体技术的进步及时修正这种关系,就很难走出现代教学媒体的应用困境。当前现代教学媒体的工具适用性已经广受质疑,使用这种工具所带来的技术异化及双重属性问题也令人困惑和费解。

### 1.关于"适用性"问题

随着多媒体教室的普及,是否所有的学科知识都适合采用多媒体教学成为一个人们争论不休的话题。有人认为多媒体教学信息量大、节奏快,尤其是对于推导性和逻辑性很强的理工科教学而言,在定理的证明和逻辑推演过程中,公式往往作为一个对象整体显示,缺少边讲边写的递进分析,加大了学生理解的难度,因此,"属于宏观的、形象思维的知识内容,比较适合用多媒体的方式予以演示,而属于逻辑思维的知识内容,则不一定适合用于一般的多媒体方式来教学"。

也有人认为对于"推导性和逻辑性很强"的教学内容,更需要发挥多媒体教学的优势,充分利用图形、视频、动画等多媒体形式将推导过程明细化、可视化和动态化,以化解教学难点,降低外在的认知负荷。有一份调查数据表明:"在所有学科中,数学是学生眼中信息化教学的最适用学科。"两种对立的观点都有一定的理论基础和实证依据,孰是孰非一时难有定论。

### 2.关于"技术异化"问题

人的技术化总是伴随着技术异化,教师的技术化过程也不会例外。现代教学媒体作为技术工具,对教师的技术异化主要表现在操作异化和课件牵制两个方面。

一方面,现代教学媒体并不像黑板、粉笔等传统教学媒体那样易于操作,不经过技术

---

[①] 杨凤梅,冯天敏,李莹.教师与现代教学媒体的关系:反思与进路[J].教育导刊,2019(05):58-63.

培训和反复练习很难成为"上手"的工具。这样的技术门槛所带来的操作上的不顺手,会使教师感受到有一股异己的力量在影响着自己教学水平的正常发挥。另一方面,教学课件预设性强,"固化"的内容和程序化的教学流程牵制着教师的课堂表述应与之相符,这种牵制增加了教师把握教学的难度,降低了教师随堂发挥的灵活性。无论是操作异化还是课件牵制,都让教师切身感到技术自主性的力量,影响到教师教学主导作用的发挥。面对现代教学媒体的技术异化,是放弃还是坚持,成为令教师纠结的选择。

### 3.关于"双重属性"问题

现代教学媒体中的数字化"文本"是一类十分特殊的教学媒体,它既是计算机软件类的媒体工具,又是数字化类的知识内容,兼具教学媒体和教学内容的"双重属性"。

首先,它属于软件类的教学媒体,是承载教学内容的工具。其次,它是在综合考虑学科知识结构、教学逻辑、教学策略和认知规律之后,在教学设计理论指导下重新组织的教学内容,本身就是需要被解读和认知的知识客体。可以说,数字化"文本"就像一枚硬币一样,将教学媒体和教学内容合二为一地紧密结合在一起。对于数字化"文本"不能只看到媒体工具的一面而忽略了知识内容属性的另一面。如果我们仅从媒体工具的角度对待数字化"文本",用操作媒体工具的行为活动取代对知识内容的认知活动,书本搬家式的PPT或照搬照抄"复制"别人课件的"拿来做法"便很容易流行。

### 4.应对与处理

在信息化教学实践中,以上困惑与问题不是孤立的,它们往往彼此作用、相互影响,一个问题不解决另一个问题就会随之发生。首先,"适用性"和"技术异化"之间相互牵连,"不适用"会成为回避技术异化的借口,技术异化会放大"不适用"的呼声。如果认为现代教学媒体不适用于某类学科知识的教学,"不适用"就会成为"不去用"的理由,这种做法虽然彻底摆脱了技术异化问题,但也失去了教师专业化发展的动机和动力,背离了教育信息化的发展方向和信息时代的教育诉求。反之,如果不能跨越技术门槛,始终被技术异化所牵制,教师的课堂教学水平不能正常发挥,"用"反而不如"不用",现代教学媒体不适合"教"的呼声也不会消失。其次,"双重属性"问题和"课件牵制"有内在的关联,如果数字化"文本"内容属性不被明确认定,课件牵制就难以消解。教学课件是典型的数字化"文本"类的教学媒体,具有教学媒体和教学内容的双重属性,教师应该像对待教学内容那样认知和解读教学课件中的知识信息、教学逻辑、教学策略,并根据自己特定的教学需求对教学课件进行设计和加工处理。如果只强调教学课件的媒体属性,缺少了对内容属性应有的心理认知活动,疏于备课,把教学课件当作现成的、拿来就用的操作工具,"拿来"的课件便会被当成课堂上的电子提词板。摆脱课件牵制,发挥教师的主导作用也就成为一句空谈。详见案例,如图4-4。

## 【案例】人教版高中必修1第三章"问题研究——如何利用南极冰山解决沙特阿拉伯的缺水问题"教学媒体选择与设计

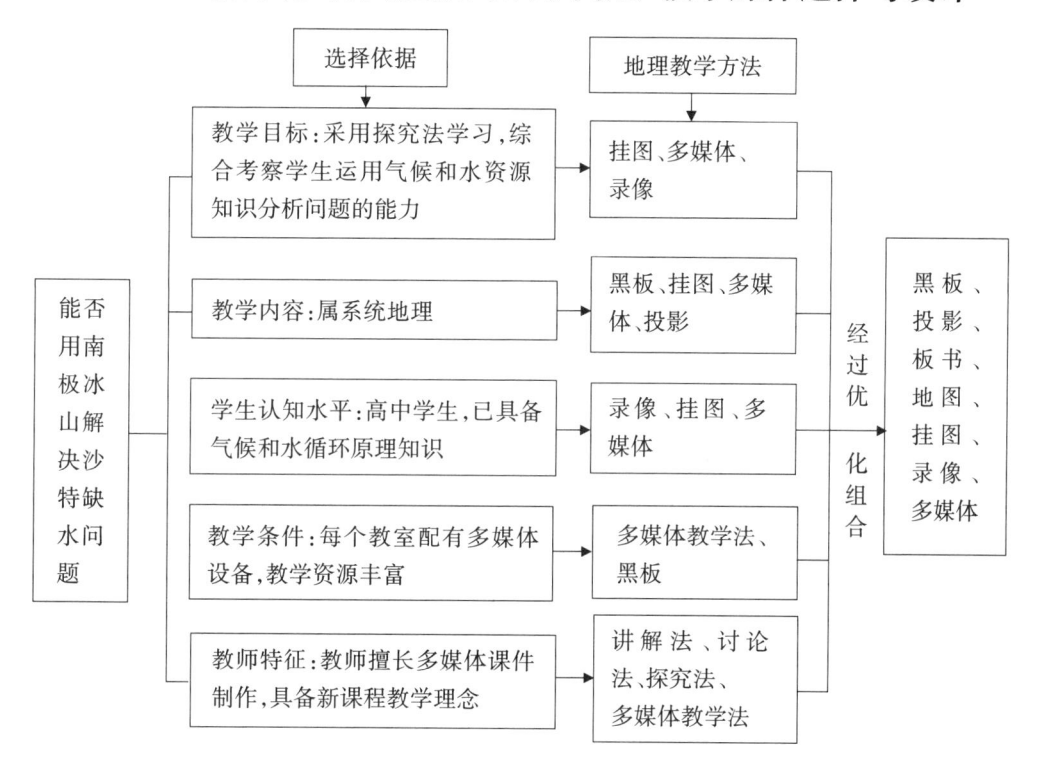

图4-4 能否用南极冰山解决沙特缺水问题教学案例

### (三)基于PPT的现代教学媒体[1][2]

本章主要介绍基于Office和网络(超星学习通)的多媒体教学平台。

PPT以它的简单易学、功能强大等优势获得了很多教师的青睐,在高校教师的教学课件中占相当高的比例,已成为课堂辅助教学的重要工具。在地理课堂教学中,教师应按

---

[1] 张丽娟.高校PPT课件制作及应用问题分析与对策[J].电脑知识与技术,2019,15(22):207-209.
[2] 刘丹.高中地理教学中多媒体课件应用及制作[J].科技创新与应用,2012(13):279.

照教学目标和要求,把地理相关的知识有机地结合起来,通过展台、屏幕并配以文字、声音、图形、影像,来完整地展现课堂教学内容,并可以采用动画、动手演示等方法对相关知识的难点和重点进行分析,进而有效提高地理课堂教学效果。

### 1.素材收集与整理

地理课件素材是地理课件的重要组成部分,它包括文本素材、图形图像、动画视频、声效音乐等,课件素材的收集与创作是地理课件制作的一个重要阶段。

地理课件素材的收集途径有多种:其一,可以通过网络下载与地理相关的图片、文字、视频、动画等素材,充实教学内容;其二,可以通过扫描图片导入杂志、书籍、地图册(集)、照片、图片等资料,再进行校正、编辑等数字化处理,以BMP或JPG等格式保存;其三,可以从数码相机或其他设备中获取图片,如对VCD、DVD、电视节目、录像带中相关内容进行视频捕捉、剪辑、加工处理,制成主题突出、形象生动的视频片段;其四,可以通过商业购买的途径收集素材,如《交互式世界地图电子百科全书》《三维地图册》等,这些软件及素材容量大,易保存,不需要过多加工即可使用。

### 2.素材的创建

综合运用WORD、EXCEL、PPT、Photoshop、CorelDraw等编辑工具,对所收集的文本素材按教学的需要进行修改处理,通过编辑文档、生成各种表格、插入图片等,实现地理教学素材的创建。

### 3.PPT使用注意事项

(1)使用PPT存在的常见问题

第一,过于依赖PPT,缺乏教学互动。PPT原本只是演讲过程中的辅助工具,在教学中仅起到辅助教学的作用,然而,很多教师在课堂上过于依赖PPT,把PPT当成了板书、教案、教材的电子版,有的教师甚至把上课要说的话都打到了PPT上,尤其是理论性比较强的专业课,授课就是念PPT课件。有的动手实验也被PPT代替了,教师也省去了实验演示,学生也无须动手实践,整个教学过程中教师变成了PPT的放映者。

教师对PPT的过于依赖,打破了课堂教学中的教师的主导地位及学生的主体地位,而PPT成了课堂上的主角,成了师生之间互动的一道屏障。在缺乏教学互动的课堂上,学生自然不愿意多思考,从而降低了学习的积极性,严重影响了教学效果。

第二,缺乏逻辑结构,无重点。PPT设计缺乏逻辑结构、文字多、没重点,是PPT制作中普遍存在的问题之一。从字面上来看,PPT的含义为强力表达你的要点。因此作为教学的辅助工具,PPT课件承载的应该是教学内容的要点信息。简单地说,PPT的内涵就是表达明确的观点、理念,提纲挈领。很多教师在制作PPT时未领会到其内涵,在制作前未对课程进行很好的设计,课件缺乏清晰的逻辑结构,满篇的文字,让学生看得云里雾里,找不到课程的重点、难点。每张幻灯片的知识点很多,导致学生没有时间去对知识进行理解、分析和消化,教师的授课成了"满堂灌",这不仅影响了教学效果,也影响了学生的学习效果。

第三,界面设计、色彩搭配不协调。很多教师的PPT都存在整体色调风格不统一、与其课程内容不协调、界面布局不合理、文字大小不科学等问题。很多教师在制作PPT时都喜欢使用电脑自带的模板,或在网上下载的模板,没有根据课程内容的需要来设计模板,这样做出的PPT课件缺乏特色。另外,PPT配色上主要存在两个问题:一是课件前景元素颜色和背景色反差小,导致投影在幕布上的PPT内容不清晰,学生上课无法看清PPT上的内容。主要原因是电脑亮度比投影仪亮度高,两者的显示效果存在差异,在制作PPT时很多教师往往忽视这一点,前景色、背景色对比不强烈,导致PPT内容看不清,影响学生的学习效果。二是幻灯片上颜色杂多,一些老师总担心自己的PPT颜色太单调,把自己的幻灯片设计得五颜六色,这不但不能突出重点,还会给学生造成视觉上的疲劳,影响教学效果。

第四,滥用动画。很多教师在PPT教学中使用了过多的动画和音响效果,他们认为这样可以吸引学生的注意力,提高学生的学习兴趣,其实不然,不必要的动画会喧宾夺主,让学生应接不暇,分散了学生的注意力,忽视了教学内容本身。

(2)正确使用PPT的方法

第一,遵循提纲挈领原则。我们在制作PPT之前,应该深刻理解PPT内涵,依据其原则对课程知识点进行整合提炼形成标题,整合提炼工作一般从四个方面着手:提炼核心观点、寻找思路线索、分析逻辑关系、剥离次要信息。这样设计出来的PPT逻辑结构清晰,重点突出,有助于教师在授课时形成条理清晰的思路,减轻学生的记忆负担,加强师生之间的教学交互活动,提高教学效果。

第二,遵循界面和谐统一原则。PPT课件界面设计不仅是一门专业技术,更是一门艺术,在设计中必须遵循有效、和谐统一、简明的原则。在设计PPT时我们尽量减少或删除与教学重难点无关的视觉内容,避免分散学习者的注意力,减轻学习者的记忆负担,提高信息传递的有效性;课件的模板背景、文字、图片、色彩搭配等要素要和谐一致,形成统一风格,这样不仅给人视觉上的美感,还可以降低学习者的理解负担;界面布局简洁明了,干净清爽,给人愉悦的视觉感。做到界面和谐统一,不仅能够提升界面的视觉艺术效果,刺激学习者的阅读欲望,还有利于促进学习者的学习。

第三,遵循"Magic Seven"原则。结合实践进行分析研究得出,人脑对单张幻灯片上5行文字信息处理的效果最好,对7行文字信息也能很好接受,如果超过了9行信息,负担太重,不便于人脑处理,需要我们重新组织。简单地说,就是每张幻灯片上的文字最好控制在5—9行之间,效果最佳。

第四,遵循模板与色彩搭配原则。PPT设计中色彩的搭配应遵循简洁大方、和谐统一的原则,颜色过于繁多、鲜艳,不仅给人带来了视觉疲劳感,且分散了学生的注意力。一般来讲,除了两种基础颜色黑色和白色外,其他搭配色彩不超过3种。在色彩搭配上遵循两个原则:一是对比度强,即幻灯片前景元素颜色与背景色之间,以及幻灯片上不同元素之间对比度要强烈,避免使用相近颜色,影响视觉效果;二是色彩要协调,色彩搭配切忌五颜六色,而要低调、统一协调,不仅给人一种艺术美感,又不喧宾夺主。根据一般的环境光线,这里我们给出两种经典色彩搭配:①蓝底白字,我们经常在光线比较强的环境下使用,这种界面干净利落,文字清晰可见,学生又不易产生视觉疲劳;②白底黑字,适合在环境光线比较暗的情况下使用,因为白色的底版不仅容易看清幻灯片内容,还可以让学生看清教师的身体语言。在配色时,还应考虑到显示器显示效果和投影仪投到幕布上显示效果的差异,因为显示器屏幕亮度高,色彩还原比较真实,由于投影仪亮度不够,投到幕布上色彩还原度差,所以设计PPT时,色彩应尽量简单,而对比要强烈,这样投影出来的效果才更好。

第五,遵循图片、图表应用原则。在PPT内容表达上我们应遵循一个原则:能用图,不用表;能用表,不用字。因为图片更容易让人理解,同时也让学习者印象深刻。图表则是展示、分析数据的最佳视觉表达工具,数据间的对比、趋势的分析一目了然。所以,在不便用图片表达幻灯片内容时,我们还可以用图示、图表来表达,比起文字更便于记忆。文字是在简洁表达观点、理念时和没有更好的媒体时不得已才使用的工具。当然图片也会帮助演讲者更好地进行阐述。

第六,遵循慎用动画和音响原则。播放的动画要干净利落,种类不宜繁多,可以根据需要使用擦除、切入等简单的动画效果,不建议使用复杂的动画效果。其次,音响效果也不建议使用,除非课程内容上有需要,否则,将会影响教学效果。

### (四)基于慕课的现代媒体[1][2]

随着社会发展和科学技术的进步,近年来慕课(Massive Open Online Courses,简称MOOC)这种以学生为中心的大规模在线教育模式在全球兴起。慕课即大规模开放式在线课程的简称,这种新的教学模式有机结合了传统的学习管理体系和开放的网络资源,使大众能够通过更灵活、更开放的方式学习知识,打破了时空对传统教与学的制约,还使得课堂教学中心从教师转变为学生,促进了教育理念和教学方法的转变。

慕课的发展前景广阔,对推动传统中学地理教学改革具有重要意义,为传统中学地理教育的转型带来了机遇。慕课在中学地理教学中的优势在于,突出学生在教学过程中的主体地位。在传统中学地理教学模式下,教师教学任务繁重,为了完成教学目标不断地对学生输出知识,学生则机械地接受知识;慕课打破了传统教学模式的封闭性。在传统中学地理教学中,教师象征着知识与权威,师生之间不可避免地存在一定的隔阂。尽管在近几年的教育改革中人们尝试建立平等的师生关系,但由于教学观念和教学模式的制约,未取得显著成效。而在慕课平台上,教师不仅仅是知识的传递者,也是网络课程资源的开发者,还是学生自主学习的合作者。学生则能够学习世界各地名师的课程,并且可以与这些教师一起交流探究。在这种教学方式中,教师和学生一起学习,打破了传统课堂中教师居高临下的权威,消除了师生之间的隔阂。

尽管慕课媒体具有诸多优点,但由于现阶段慕课教学属于有偿服务,需要另行付费。因此,教学单位是否推行慕课教学活动,则需要根据单位的经济条件来决定。

### (五)基于移动终端APP的现代教学媒体

移动终端APP主要通过无线网络(或启用移动网络数据流量)和应用程序实现人际交流和信息情报交换。如果将其运用到课堂教学,则可以丰富学生地理科学知识的学用渠道,多维度支持地理综合实践活动课程的发展,并有助于学生未来生活中提升其地理看见力、发展和演绎地理生产力、创新地理生活品位。

新境遇下的课堂教学本身就是一个会话的过程,引导学生与客观世界会话,与他人对话,与自我对话,并且通过对话逐步形成认知性实践、社会性实践、伦理性实践、默会性实践、创新性实践"五位一体"的学习与发展过程,强调知识的主观与客观、接受与发现、解构与建构、抽象与具体、明确与默会、际遇与创生等诸多关系的统一。而基于移动终端

---

[1] 朱欣,许建伟.慕课在中学地理教学中的应用研究[J].中学地理教学参考,2019(10):23-24.
[2] 陈祖权.浅谈中学地理多媒体课件的制作[J].中学地理教学参考,2006(11):35.

APP的地理教学活动恰好迎合了从传统"传递押解中心"教学转变为现代"平等会话中心"的教与学,从传统"记忆型教学文化"转变为现代"思辨型教学文化"的趋势。

当前市场上的移动终端APP产品相当丰富,且安装简易、移植灵活和使用方便。教师恰当运用其开展相关教学活动,不仅可以优化教学内容设计,还可以提高课堂教学管理效率、辅助教师批改作业和辅导答疑,从而减轻教师工作负荷;此外,学生可以将其精心制作的PPT讨论课件在小组活动时进行"直播",节约了大量的课件转换时间;还可以借助手机的摄录系统,全程跟录教学实践活动,经后期剪辑后在校园学习网站进行"直播"交流;同时,可以运用移动终端APP的虚拟仿真功能,将真实实验的仪器和设备的功能转化为相应的虚拟地理模型,通过触屏操作这些虚拟的实验仪器或设备,即可开展各种实验和实训。

# 第五章 导学案的设计

## 第一节 概述

### 一、导学案及其产生背景

#### (一)概念

导学案是经教师集体研究、个人备课、集体研讨制定的,以新课程标准为指导、以素质教育要求为目标编写的,用于引导学生自主学习、主动参与、合作探究、优化发展的学习方案。[1]它体现以学生为主体,以学习目标的达成为出发点和落脚点,配合教师科学的评价,帮助学生学会学习、学会创新、学会合作、自主发展。目的是培养学生的学习能力,为学生的终身学习奠定基础,促进学生高效地掌握知识,为后续学习奠定文化基础。

导学案可以由教师根据学生实际情况来编写,主要提出学习问题,让学生解决问题,以培养和发展学生提出问题、解决问题的能力;教师自主编制的导学案主要是合理地设计、规划个体学习,创造性地提出问题和解决问题。编制导学案的主体是教师。导学案有两种呈现方式,即纸质导学案和多媒体导学案。

综上所述,导学案是以课程标准为指导,教师为主导,学生为主体,每个学科教师集体研究、个人备课、集体研讨,根据自己所在学校的学生学情来制定的学习方案。这种以学科教师分单元分节单独编撰,然后再集体讨论通过的引导学生学习的校本学习方案,既体现了学生主体地位,又体现了老师的主导地位,同时能激发学生的学习动机和各项能力提升。

---

[1] 孙海平.浅谈导学案在新课改中的应用[J].文理导航(教育研究与实践),2014(5):27.

## （二）产生的背景

新课程理念倡导教师在教学过程中，引导学生主动参与、乐于探究、勤于动手、善于表达，培养学生搜集和处理信息的能力、获取新知识的能力、分析和解决问题的能力以及交流与合作的能力。同时，课堂的功能要从传统单纯注重知识传授转变为体现引导学生自主学习、合作探究和善于思考。教师成为课堂教学的组织者、参与者和服务者。导学案的使用正是迎合了这种需求，改变了传统的教学模式，体现了教学中"以学生为主体，老师为主导"的教学理念，因此，在中小学校得到广泛应用。导学案的产生有如下背景：

(1)政治背景：社会主义和谐社会的思想核心是坚持以人为本，学校坚持以人为本就是坚持以学生为本，以学生的发展为本，就是在地理课堂教学中要尊重学生的主体地位，让学生积极主动参与到课堂教学中来，导学案的应用充分体现了以人为本的核心思想。

(2)社会背景：当今社会竞争十分激烈，若要学生以后能够在社会立足，就必须有强烈的竞争意识，而形成竞争意识的关键因素是创新，而学生创新能力的培养，绝不是仅仅靠传统教学的"满堂灌"、学生被动接受知识能完成的，而需要一种新型的教学模式来改变传统的课堂，导学案就具备培养学生的自主学习、合作探究和创新的能力的功能。

(3)素质教育背景：素质教育是指一种以提高受教育者诸方面素质为目标的教育模式。它重视人的思想道德素质、能力培养、个性发展、身体健康和心理健康。培养少数优秀拔尖的学生不是素质教育，只重视知识的传授不重视能力的培养也不是素质教育。因此，我们要让每一个学生都积极主动地参与到地理课堂中来，在平等参与的过程中培养学生的综合素质，导学案的使用正是素质教育的体现。

(4)新课改背景：长期以来，教案一直是教师教学、学校管理和教育督导部门检查都绕不开的话题，特别是新课程实施以来，教案更是成了一个有争议的话题，所以对传统的"教案"观也有重新审视的必要。[①]课改是必然的发展，传统的教育培养目标是单一的，新课改在三维目标的基础上提出地理核心素养。因此，现在对教育的要求越来越高，这就需要教师在教学过程中把知识问题化、能力过程化、情感态度价值观和人地协调观潜移化。解决上述问题必须进行课堂教学改革，导学案的使用恰是一种好的教学改革方法。

---

① 张海晨,李炳亭.高效课堂导学案设计[M].济南:山东文艺出版社,2010.

## 二、导学案与教案的区别

导学案相比于传统的教师教案,主张"服务于学",它终极的追求是"会学"和"创学",它能通过学生自主学习、合作探究、导学测评等一系列的活动培养学生的能力。它变教学目标为学习目标,变传统的教师课堂为学生课堂。所谓"教案"是指教师以课时或课题为单位编制的教学具体方案,也称为"课时计划"。简单地说,教案就是教师备课的备忘录,是教师备课的文本记录。

教案作为一个单元或者一节课的实施方案,其核心问题是教学程序的安排或者教学过程的设计。它的着眼点和侧重点在于教师讲什么和如何讲。导学案则是教师集体备课研讨的结果,是在原有的教案的基础上,为了培养学生的自主学习、合作探究能力而设计的,是在教师引导下,由学生直接参与并完成的一系列的问题探索、要点强化的学习案例。前者着眼于教,后者着眼于学;前者着眼于教师主体,后者着眼于学生主体;前者侧重于教师"给予",后者侧重于学生"拿来";前者侧重于"学会",后者侧重于"会学"。两者虽紧密联系,但在目标要求、课堂角色、教学方式方法方面,却有着本质的不同。[1]

综合分析教案和导学案的区别,前者是针对教师如何教的问题,后者是针对学生如何学的问题,两者所体现的主体不一样,并且教案体现的是老师教学的思路,内容比较繁多,导学案内容相对较少,着重引导学生通过自主学习、合作探究、课堂展示、导学测评等一系列过程,培养多种能力的发展。

## 三、导学案指导思想及设计思路

### (一)指导思想

(1)以高效课堂教学理念为基础,以学生及学生的发展为中心,以让学习真正发生在学生的身上为目的,关注学生的学习状态和生命状态,充分体现"学生为主体,老师为主导的教育理念"。

(2)关注课堂教学效益。坚持"向45分钟要质量"的理念,优化教学过程,减少无效或低效的教学活动,实行精细化教学,力求在双减政策下减轻学生课业负担的同时提高教育教学质量。

---

[1] 徐开明,邱兴玉.初探"学案"设计[J].体育教学,2000(06):32.

(3)注重学生的自学、对学和群学,从而促进学生主动学习、学会学习、学会探索,让所有学生都能享受到学习的快乐和成功的喜悦,都能学得好,都能为今后的人生发展做奠基。

## (二)设计思路

导学案是为学生的学服务的,所谓"导学案"是以课程标准为指导,教师为主导,学生为主体,每个学科教师集体研究、个人备课、集体研讨,根据自己所在学校的学生学情及实际情况来制定的学习方案。因此,设计时要站在学生的角度解读教材,以学生的认识经验感知教材,以学生的思维方式钻研教材。导学案设计的各个学习环节要以任务、问题为线索,从具体的内容入手,使教学内容问题化,能力过程化,情感态度价值和人地协调观潜移化,设计的问题要有启发性、探索性,既要根源于课本,又要有所深化和拓展,联系生活实际,设计一定得产生悬念,吸引、诱导学生积极主动地探索知识,真正实现学生有效地自学。

教材内容的设置为教师教学和学生学习提供一定思路[①],教材是教学的中心,是学生学习的核心,教师要吃透教材,分析课标,充分考虑学生自学过程中可能遇到的问题,梳理知识结构体系,使学生能够明确意识到新旧知识之间的相互联系,提供相关知识和实践应用情况的介绍,促进学生从多方面、多角度进行知识体系的主动建构,促使学生认识到所学知识本身的价值。给学生充分的学习时间、空间,每个知识点学完后,要配以适当的题目进行导学测评,使学生理解和掌握所学知识。

## 四、导学案设计原则

## (一)课时化和有地图

地理教师在编写导学案时,要按课时内容确定、编写导学案的内容,一个课时一个导学案,这样有利于教师把控课时学习的知识量,加强教学的计划性、针对性、时效性,从而提高地理教学的效率。[②]

地理是一门与地图联系紧密的学科,没有地图就谈不上地理,地图是信息的载体,是

---

[①] 韩文平,张清.新课改下的高中地理导学案编写策略研究[J].金田,2014(7):274.
[②] 王金林.导学案下的高中生物高效课堂[J].南北桥,2018(14):71.

地理的语言,可容纳大量信息,通过地图的阅读能够获得更多的知识。地图教学是地理教学很重要的环节,并且地图在考试中占的比重很大,所以地理教师在编撰地理导学案时,地图是必须具备的。

## (二)问题设置和明确学法

在导学案编写过程中,教师要将教材中的知识点、区域认知、地理实践力、综合思维、人地协调观引入地理教学中,通过设计具有探究性的问题,引导学生进入自主学习、合作探究解决问题的过程,培养学生自主学习、合作探究的地理实践力和综合思维。问题设置应当由浅入深,由易到难,充分考虑学生个性和认知规律,设置问题的针对性要强,设置的问题既有利于扎扎实实打好基础又有利于培养学生的综合思维能力,同时要和现实生活有密切的联系,设置的问题应有较强的思考性,从而有效地把学生引入地理教学中来,激发学生自主学习、合作探究的欲望。

在导学案的编写中,教师要充分思考学生自主学习、合作探究等难题,要从学生的角度去看问题,以便能够及时引导学生如何去做、如何去学。设置学习目标、疑难问题、解题思路、方法、技巧等指导性内容时,要提出明确的学习方法,教会学生如何学习地理。

## (三)层次性和递进性

导学案的设计要体现因材施教,要让优等生看到挑战,中等生看到激励,学困生有信心、有动力,这样不同层次的学生通过教学都能得到相应的发展。地理教师必须根据课程标准,结合教学内容以及自己所带班级的学生情况而设计导学案。问题设置时要考虑学生知识层次和个体差异,要有适当的梯度,无论在哪个层面上,都要让学生能自主学习、合作探究进而获取知识。问题的设置必须遵循一个由简单到复杂、由易到难的过程,也就是层层递进原则。

# 五、导学案设计的要求

导学案是新课程理念下,经过教师个体备课、集体探讨、认真查阅资料而制定的,用于学生自主学习、合作探究,从而培养学生区域认知、地理实践力、综合思维、人地协调观的学习方案,要设计一篇好的导学案需要满足如下要求。

### (一)认真研读课程标准和教材

编制导学案前必须认真研究课程标准、地理教材和学生学情,认真查阅资料,结合学校实际情况,紧紧围绕地理核心素养,提炼知识脉络、把握重难点、研究新旧知识的内在联系,为导学案编写打基础。

### (二)阅读地理书籍,提升地理专业素养

优秀导学案的设计对教师专业素养提出了更高的要求。首先,教师要具备高尚的职业道德品质,本着对学生负责,对自己负责的态度,做到兢兢业业;其次,拥有丰厚的知识储备,要给学生一碗水,教师应该先有一桶水,并且是一桶源源不断的活水;再次,拥有较高水平的地理专业知识和教学技能;最后,教师要有主动学习研究地理知识的意识,拓宽自己的思路和视野,做到活到老学到老。大量阅读地理书籍是提升地理教师专业素养的有效途径。

### (三)紧扣课程标准和学生学情

导学案学习总目标的设计要紧扣课程标准和学生学情,因此必须认真查阅资料。每堂地理课导学案要落实学生在自主学习、合作探究、导学测评等环节应达到的相应教学目标。

### (四)设计要能阅读自学、启迪思考、整理知识

教师在设计导学案时,要体现培养学生的自学能力、合作探究能力、综合思维和整理知识的能力。阅读自学是导学案的特色;合作探究是导学案设计的关键,它是一节内容的重难点;知识整理是导学案的重点,整理的知识体系是本节知识的框架;导学测评是导学案的着力点,使学生能够及时做到温故而知新;作业布置是导学案的要点,能够及时让学生巩固知识。

## 六、导学案具备的内容

### (一)学习目标

党的十九大明确提出:"要全面贯彻党的教育方针,落实立德树人根本任务,发展素质教育,推进教育公平,培养德智体美全面发展的社会主义建设者和接班人。"中学地理教育目标由三维目标转变为地理核心素养,地理核心素养更加注重学生的个性指导。地理核心素养包括区域认知、综合思维、人地协调观和地理实践力。

#### 1.区域认知

区域认知是指出于地理课堂实践和发展的需要,根据一定的指标和方法将地球表层划分为不同尺度、不同功能、不同类型的区域进行认识。教师要引导学生通过分析区域的整体性和差异性,把握地理要素的相互作用机理,探讨区域之间的联系,评价区域开发的条件与方式,促进区域的发展。因此,认识和理解区域、评价和规划区域、促进区域的交流和发展是学生未来参与社会生活、体现个体存在价值的基本认知需要。对于区域认知的要求,个体需要达到以下二级指标:(1)了解区域是地球表层的基本单位,能够运用地图等工具从空间角度分析区位条件,概括地域分异的规律;(2)知道区域不仅有差异性还有整体性,能够运用联系的观点分析区域间联系的内容与方式;(3)了解区域是变化、发展的,能够运用动态的观点进行区域分析与评价;(4)具有对区域、国家的认同感和一定的全球视野。[1]例如,人教版七年级地理下册第七章第三节"印度"的学习目标可制定如下:能在地图上指出印度的地理位置,说出其自然环境、领土组成、首都和人口,培养学生的区域认知能力。

#### 2.综合思维

综合思维是地理学基本的思维方法,指人们具备的全面、系统、动态地认识地理事物和现象的思维品质与能力。学生运用综合思维方法,就能够从多个维度对地理事物和现象进行分析,认识各要素之间相互作用、相互影响、相互制约的关系,并在一定程度上解释其发生、发展和演化的过程,从而较全面地观察、分析和认识不同地方或区域的地理环境特点,并且能够辩证地看待现实生活中的地理问题。

在地理教学活动中,教师通过组织引导学生参与自主学习、合作探究,提出各种观

---

[1] 刘鑫.地理核心素养的解读——以2016年江苏地理学业水平测试为例[J].地理教育,2017(1):35-36.

点、假说、思路、方法,使集体的智慧为每一个个体共享,内化为每个个体的智慧,拓展个体综合思维,是形成学生表现、沟通、评价能力的重要环节。要给学生留出发挥自主性、积极性和创造性的空间,要给学生提供在不同的情境下建构知识、运用知识、表现自我的机会,要让学生通过主动形成自我监督、自我反思、自我评价、自我反馈的学习能力,从而形成地理综合思维。

在地理课堂教学中,教师要改变传统"满堂灌"的教学方式,加强对学生学习方法的指导,授人以"鱼"不如授人以"渔"。学生学习新知识的过程,是通过师生多向交流活动,掌握基础知识、基本技能和学科基本思想方法的过程,是学科知识结构和学生认知结构有机结合的过程,也是教师引导学生积极综合思维的结果,是学习的拓展性的环节。例如,人教版七年级地理下册第七章第一节"日本"的学习目标可制定如下:学生能够运用板块构造学说,分析日本多火山、地震的原因,以培养学生防震减灾意识和应对地震的能力,培养学生的综合思维。

### 3. 人地协调观

人地协调观是地理学和地理教育的核心观念,指人们对人类与地理环境之间形成协调关系的必要性和可能性的认识、理解和判断。学生建立人地协调观,就能够正确认识地理环境对人类活动的影响,以及人类活动影响环境的不同方式、强度和后果;能够理解人们对人地关系认识的阶段性表现及其原因;能够针对现实中出现的人地矛盾的实例,分析原因,提出改进建议。

通过地理课堂的学习,学生能够产生家国情怀、人地协调观,它不仅指学习兴趣、学习责任,更重要的是乐观的生活态度、求实的科学态度、宽容的人生态度。人地协调观不仅强调个人的价值,更强调个人价值和社会价值的统一;不仅强调科学的价值,更强调科学价值和人文价值的统一;不仅强调人类价值,更强调人类价值和自然价值的统一。从而使学生内心树立起对真善美的价值追求,使他们懂得与自然和谐共处,同时使他们更加深入理解人地协调观的理念。例如人教版七年级地理下册第十章"极地地区"的学习目标可制定如下:了解极地地区环境存在的问题,理解在两极地区开展科学考察和环境保护工作的原因,提升学生的环境保护意识,形成正确的人地协调观。

### 4. 地理实践力

地理实践力是指在地理户外考察、社会调查、模拟实验等地理实践活动中人类发展出来的有利于学生终身发展的行动能力和品质。通过引导学生在教学情境中动手、观察、理解和思考,培养学生动手实践的能力,激发学生对地理课堂的兴趣和激情,使学生学会用地理眼光认识身边地理环境。例如,人教版八年级地理上册第一章第一节"疆域"的学习目标可制定如下:(1)在中国行政区划图上找出我国的34个省级行政区,绘制中国行政区图,培养读图绘图的地理实践力;(2)以小组的形式进行中国行政区图的拼图练习,培养学生的动手实践能力。

## (二)学习重点和难点

(1)学习重点是教师分析课程标准、教材和学情后确定的最基本、最核心的教学内容,是课堂上教师着重讲解的原理、规律,是课堂教学必须达到的目标,也是导学案编写的重要内容。例如,人教版七年级地理下册第九章第二节"巴西"第一课时"大量混血种人的社会"的知识重点可制定如下:巴西的地形、气候和河流特点。

(2)学习难点是教师分析课程标准、教材和学情后确定的学生不易理解的知识或不易掌握的技能。难点不一定是重点,某些章节的地理内容既是重点又是难点。难点要根据学生实际情况来定,同一问题对于不同层次学生来说不一定都是难点。例如,人教版七年级地理下册第九章第二节"巴西"第一课时"大量混血种人的社会"的知识难点可制定如下:大量混血种人社会形成的原因及多元文化对巴西的影响。

## (三)自主学习

自主学习是与传统的学习方式相对应的一种现代学习方式,充分体现"以学生为主体,老师为主导"的新型学习模式特点。学生在地理课堂上通过教师引导,自主地阅读教材、资料,读图分析等方法来获得新知,导学案的预习导学部分就是学生自主学习部分,预习导学部分体现本节课基础性、重点性的知识,学生自主学习后能达到对本节知识的预习目的,从而做到有的放矢。通过自主学习的形式培养学生勤于动手、仔细观察、读图分析的综合思维能力,培养学生归纳总结、获取新知、解决问题的能力。

## (四)合作探究

合作探究就是学生在老师的引导下,小组内通过合作讨论得出问题答案的过程,目的在于深化学生对知识的理解,同时培养学生的合作能力。有学者认为,合作探究为的是培养学生的创新能力与实践能力,激发学生学习的主动性,它已经成为一个个亮点出现在几乎所有的课堂中。课堂气氛活跃并不等同于"合作探究"。"合作探究"既需要学生的参与和配合,对教师也提出了更高要求,它需要教师精心设计导学案例,使课堂上的探究更具有价值;需要转变传统的师生关系,确立师生平等的教学观念,构建平等对话的教学平台。

### (五)导学测评

在地理教学中,教师为检测学生对基本知识的理解、掌握、巩固和应用的程度,可根据学生学情列出难度不同的练习题,通过训练及时反馈学生在地理课堂的学习情况,以便对症下药。

### (六)学习反思

学习反思就是学生地理课堂学习后,对本节知识进行的一种思考。为什么进行学习反思?因为思考后才能真正理解,理解了才能正确运用。学习与反思相辅相成,互为促进。胡达源说:"书不成诵,无以致思索之功;书不精思,无以得义理之益。"学习不思考,等于吃饭不消化。

## 第二节　导学案编写及教学环节

### 一、编写目的

(1)方便学生自学,培养学生自主学习能力。导学案被形象地称为学生学习的"路线图""指南针"和"方向盘"。

(2)创设合作探究的学习情境和课堂动态生成情境,实现学生学习的主体地位和教师主导地位的有效结合。

(3)增强课堂教学的有效性,提高课堂教学效益,尊重学生个体差异,实现学习的层次性和个性化。

## 二、编写步骤

(1)准备工作:认真研读地理课程标准、教材,分析学情,查阅相关资料,做好导学案撰写前的准备工作。

(2)开会集体研讨:地理学科组所有老师集中对导学案编撰工作进行研讨,得出导学案的统一模式和初步方案,然后,教研组长进行任务分工,并下发给每个教师。

(3)个人备课:每个老师根据自己领取的任务,认真查阅相关资料,根据地理学科课程标准,认真研读教材、分析学情,进行导学案的初稿撰写,然后上交待教研会集体讨论。

(4)集体审核初稿:教研组长召开会议,集体讨论每个老师撰写的导学案初稿,对存在的问题进行备注,备课老师领回初稿后认真查阅资料进行再修改。

(5)个人再修改:针对集体讨论存在的问题,每个老师认真查阅相关的资料对导学案进行再修改,然后再次拿到教研组会议上集体讨论。

(6)优化学案:通过教研会议集体讨论,对导学案进行第二次审核,对导学案进行增添删除,最终定稿。

(7)师生共用:待导学案定稿后,交由学校统一装订成册,在学校内统一推广使用。

## 三、导学案教学环节

### (一)课堂导入

苏联教育家苏霍姆林斯基说:"如果老师不想办法使学生产生情绪高昂的、智力振奋的内心状态,就急于传授知识,那么这种知识只能使人产生冷漠的态度,而给不动感情的脑力劳动带来疲劳。"课堂导入非常重要,可以激发学生的学习兴趣,启迪学生思考。课堂导入是课堂教学的主要环节之一,导入的成与败直接影响地理课堂的效果。课堂导入的形式有多种,比如:视频、图片、游戏或者复习式导入等。

### (二)明确学习目标

课堂导入后,教师出示本节课的学习目标,让学生朗读,明确学习目标和本节课的重难点。

## （三）自主学习

明确目标后，进入自主学习环节，学生阅读教材自主完成，教师来回巡视，了解自学情况，存在问题的地方教师要给以点拨。

## （四）教师点拨

俗话说："理不点不明，灯不拨不亮。"由此可见，点拨多么重要，在地理教学中，教师需要对学生进行"点拨"，这既是一种教学方法，更是一门教学艺术。所谓"点"，就是指点、引导；所谓"拨"，就是"拨云见日"。点拨就是满足学生好奇心和求知欲，激发学生学习兴趣，使地理教学朝着高效率的方向发展，使学生的各方面素质得到有效的发展和提高，帮助学生掌握规律、启迪智慧、发展智能。点拨方式有如下几种。

### 1.在新旧知识联结处点拨

许多地理知识具有较强的系统性，每个新的知识点必然与某个或多个旧知识点相关，联结处就是新旧知识的结合处，在新旧知识的结合处点拨，有利于由旧知识向新知识过渡。例如，在讲授人教版七年级地理上册第三章第四节气候时，对于"气温曲线与降水量柱状图"的判读，就可以通过第二节"气温年变化曲线"和第三节"降水量柱状图"来进行新旧知识点拨。

### 2.在学习知识关键处点拨

地理知识内容的关键处是学生学习、理解、掌握知识的最重要之处，是教材内容的重点、难点。教师在地理课堂上，对这些关键处适时进行点拨，有益于重点问题的突出、难点问题的突破，使学生对所学地理知识理解得深，理解得透，掌握得牢。例如，在学习"降水量柱状图"的绘制和判读时，教师可以先演示绘图过程，然后让学生自己动手绘制。

### 3.在学生疑惑处点拨

在地理教学中，学生在探求知识的发生、发展、形成过程中，有时候思维方式较单一，有时候感到困惑。这就要求教师进行适当的点拨指导，导学案设计要有合适的坡度，架设过渡的桥梁，帮助学生寻找地理问题的突破口，排除疑难解决困惑。

### 4.在学生争议处点拨

在探求新知识的过程中，由于学生的基础不同、思维角度有差异，对一些问题的结论有争议。这时教师要针对学生争议的热点、焦点问题进行认真的分析,找出问题的原因,进行适当的点拨,给予正确的解释,启发学生按照正确的思路、方法、步骤进行探讨,从而找出问题解决的方法。

**5.在思维干扰受阻处点拨**

在地理教学中,部分学生容易受思维定式的干扰,不能转变思维方向,这时候教师可以引导学生冲破原有思维方式的束缚,从不同的角度、方向,寻求正确解决问题的途径和方向,巧妙地让学生在探究中突破难点,提升学生的逻辑思维能力。

## (五)教师讲授

自主学习结束后,教师对学生存在疑问的地方进行讲解,起到传道授业解惑的作用,充分发挥教师的主导作用,系统连贯地将本课知识传授给学生,并使他们在较短的时间内获得较多的知识。

讲授法包括讲述、讲解、讲读、讲演四种方式。讲述是教师向学生叙述事实材料或描述所讲对象;讲解是教师向学生说明、解释或论证原理、概念;讲读是边讲边读,地理学科教育中只有部分知识运用这种方法;讲演是教师不仅描述事实,而且深入分析和论证事实,并在这个基础上得出科学的结论。

## (六)合作探究

自主学习环节结束,进入合作探究环节,教师出示合作探究的题目,小组间进行合作讨论,合作探究环节是一节内容的重点或者难点。比如,人教版七年级地理下册第九章第二节"巴西"第一课时"大量混血种人的社会"的合作探究题是:

(1)分析巴西大量混血种人产生的原因?

(2)巴西的文化有哪些代表?多元的文化对巴西有哪些影响?

## (七)课堂展示

课堂展示是指在地理教育教学中,教师在课堂上为学生提供发表、呈现、展示的平台,调动学生主动参与的积极性,帮助学生克服心理恐惧,找到自信的一种教学方式。研究学生心理可以发现,表现欲对学生来说非常重要,可以激励他们全身心地投入到学习、讨论、思考的过程中。一般情况下,展示分为小展示和大展示两种,小展示在小组内完成,主要展示自己在自主学习过程中的收获,并为之后的大展示做准备;大展示以小组为单位,面向全班学生进行展示,学生处在焦点的位置,以各种形式,大方、自信地表达自己的想法。大展示结束后,各个小组之间还将进行质疑、辩论、交流、点评、补充等环节。

### (八)教师针对性讲解

学生完成合作探究的小组成果展示后,教师针对存在的问题进行讲解,达到传道授业解惑的效果。

### (九)导学测评

教师讲解结束后,进入导学测评环节,也就是课后练习,学生独自完成。教师检测学生的学习情况后针对性地进行讲解。

### (十)课堂总结

新课结束后,教师要对一堂课的主要内容进行总结。课堂总结是课堂教学的一个重要环节,在教学中起着不可忽视的作用,恰当的总结可以帮助学生理清知识结构,掌握内在联系,能促进学生构建自己的知识体系,引导学生梳理、复习、巩固所学知识,培养学生温故知新的能力。

# 第六章 地理微课教学

## 第一节 微课的概述

### 一、微课的产生与发展

微课最早出现在1960年。美国阿依华大学附属学校首先提出了微型课程(Mini-course),是基于学校资源、教师能力与学生兴趣,以主题模块组织起来的相对独立与完整的小规模课程,又被称为短期课程、课程组件或课程单元。[①]同一时期,美国斯坦福大学师资培训部主任德瓦特·艾伦博士推出了一种新型的师资训练方法Micro-teaching(微型教学,又被译为微观教学或微格教学),该训练方法有利于优化师范生和在职教师的教学技巧,精简复杂的课堂教学内容,并能获得大量的反馈意见,简言之就是将复杂的教学过程分解成多个短过程,将教学内容分解成多个单主题或知识点,实现简化知识难点从而简化教学过程的目的。而计算机最早出现在1946年,由这两个时间点大致可以推断,以计算机为载体的信息技术,作为微课的基础技术和载体,与微课的产生有着密切的关系。

在微型课程的发展过程中,可汗学院的出现进一步触发了教育研究者对微视频等素材运用于课堂教学的可行性探索。[②]2006年起,美国的萨尔曼·可汗为了辅导表亲的数学而录制了许多在线视频,大受欢迎,也因此让翻转课堂风靡全球。翻转课堂将知识的传授环节置于课堂外,学生自主选择最适合的方式(通常以观看视频为主)来学习新知识;将知识内化的过程置于课堂内,以便生生、师生的沟通与交流,实现"知识传授"与"知识内化"两个认知环节的优化。在我国,2011年佛山市教育局信息中心的教师胡铁生首先提出微课这一概念,随着全国中小学微课大赛、首届高校微课大赛等全国性的微课大赛先后举办,与微

---

[①] 姜玉莲.微课程研究与发展趋势系统化分析[J].中国远程教育(综合版),2013(12):64-73+84.
[②] 张永芬,孙传远.远程开放教育领域的微课开发应用实践研究[J].重庆广播电视大学学报,2014,26(06):47-52.

课相关的研究课题和论文数量呈现井喷之势,2013年堪称为"中国微课元年"。[①]

## 二、微课的概念

微课是个"舶来品",因此国内学界对微课的理解认识经历了一个循序渐进的过程。胡铁生老师专注于微课的实践与研究,也最先提出微课概念,并进行了三次调整。2011年胡老师把微课定义为以教学视频为载体,针对某个知识点或教学环节,而开展的各种教学资源的有机结合体[②]。2012年,他将微课定义为是包含与教学相配套的"微教案""微练习""微反思"及"微点评"等支持性、扩展性资源的新型网络课程资源。[③]2013年,胡老师再次将微课定义调整为基于网络运行的、不受时空限制的微型网络课程资源[④]。

同一时期,其他许多专家学者也对微课的定义进行了界定,比如上海师范大学黎加厚教授认为:微课是指时间在10分钟以内,有明确的教学目标,内容短小,集中说明一个问题的小课程。[⑤]尽管众多学者对微课的定义各不相同,但内涵基本达成一致,即认为微课主要是以微视频为载体,教学时间控制在10分钟左右,具有教学内容针对性强、教学质量高等特点,是培养学生自主学习能力,推进素质教育发展的新兴教学方式。

## 三、微课的构成与特点

"微课"的核心内容是课堂教学视频(课例片段),同时还包含与该教学主题相关的教学设计、素材课件、教学反思、练习测试及学生反馈、教师点评等辅助性教学资源,它们以一定的组织关系和呈现方式共同营造了一个半结构化、主题式的资源单元应用小环境。因此,"微课"既有别于传统单一资源类型的教学课例、教学课件、教学设计、教学反思等教学资源,又是在其基础上继承和发展起来的一种新型教学资源。地理微课除了有时间短、内容和信息容量少、交互性强、便于利用等"微"特点外,还有自己特有的个性化特征:

(1)生活性。在新课程理念的指导下,将地理学科知识、生活化情境二者结合,"以学习生活中的地理"为突破口,帮助学生更好地解决实际问题。

---

① 郑小军,张霞.微课的六点质疑及回应[J].现代远程教育研究,2014(2):48-54.
② 胡铁生."微课":区域教育信息资源发展的新趋势[J].电化教育研究,2011(10):61-65.
③ 胡铁生,詹春青.中小学优质微课资源开发的区域实践与启示[J].中国教育信息化,2012(22):65-69.
④ 胡铁生.中小学微课建设与应用难点问题透析[J].中小学信息技术教育,2013(4):15-18.
⑤ 黎加厚.微课的含义与发展[J].中小学信息技术教育,2013(4):9-12.

（2）趣味性。地理微课基于多媒体的运用,融入地理信息与元素,综合运用文字描述、图片展示、视频等方式吸引学生的注意力,增强学习以及学科知识本身的趣味性。

（3）综合性。地理学本身就是一门综合性的学科,在知识呈现的过程中不可避免出现学科知识交叉融合的情况。地理微课有明确的主题,善于挖掘教材中的知识信息,能有效培养学生的情感素养。

# 第二节　地理微课资源的开发

优质的微课资源是教学目标达成的重要保证,新时期教学改革也要求教师必须具备地理微课资源开发的能力。微课不仅能帮助学生对地理知识进行预习、反复强化巩固,还能促进学生深度学习,缩小个体差异,与课堂学习形成互补关系。

## 一、地理微课资源的开发原则

### （一）课标本位原则

课程标准是学科教育教学的行动纲领,是教师开展教学活动的方针指南。在进行中学微课资源开发时必须以课程标准为本位,严格按照课程标准要求组织教学活动。课标提出的培养公民必备的地理素养,重视对地理问题的探究等理念,明确要求教师在开发地理微课资源时,除了要关注教材的重点、难点,还要关注区域协调、可持续发展等问题。

### （二）学生主体原则

从使用对象上看,微课主要供学生学习使用,它是一种学习资源,这也决定了它不同于一般的多媒体课件、教学视频等教学资源。所以,以学生需求为导向的优质微课资源才有利于实现因材施教,满足学生开展自主学习的需要。因此,在进行微课资源开发时教师要贯彻执行以学生为中心的理念,有针对性地解决学生的疑惑。

### (三)互动原则

行为主义理论认为学习是"刺激—反应—强化"的过程。微课概念的提出引起了教学模式的改变,特别是利用微课开展教学活动,搭建起了师生互动、生生协作、人机交互的学习环境,打破了传统学习环境只有教室一类的固定场所的局限,拥有只要有网络和带有视频功能的移动终端在任何地点均可使用的优势。

### (四)学科性原则

地理微课资源属于典型的地理学科资源范畴,在主题选定、教学设计、问题引导、教学反思等关键环节都应体现出地理学科的特点,满足学习主体对地理学科学习的需求,切忌呈现出宣传片之类的推广作品的效果。

## 二、地理微课资源的开发流程

地理微课资源是课程资源的重要组成部分,课程资源的开发本身是一个复杂的工程,但它的开发基本上具有一个相对成熟的流程。在这一开发流程的指导下形成地理微课资源的开发流程。

### (一)地理微课的选题

地理微课的选题需要对学习者需求、学习者学情、学习内容进行分析。[①]

学习者需求分析。微课的设计目的源于学习者的需求,当学生的学习状况与教学目标不协调时,就会产生学习需求,这种需求来源于学习者学习能力、理解能力、原有知识储备与教学策略之间的矛盾。因此,借助微课资源能更有效地帮助学习者深入学习。

学习者学情分析。微课教学是以学习者为中心的教学模式,所以必须对学习者的认知水平、学习态度、学习基础等方面进行分析,从而保证设计教学时选择最合适的教学方法和评价方法,以实现教学目标。

学习内容分析。学习内容是微课的核心内容,根据前面所学知识的逻辑关系和学生掌握知识点情况,合理设计学习内容。此外,针对学习内容特点进行多媒体设计,也就是说根据微课"短、小、精、透"的基本特征,选择符合学习内容的呈现形式,这一形式的展现

---

① 康虎.中学地理微课的设计与应用——以《自然界的水循环》为例[D].石家庄:河北大学,2016.

要有学科性、趣味性、可操作性。

### (二)地理微课的设计

微课的教学设计主要包括教学目标设计、教学策略设计。

教学目标设计。微课的教学目标主要以三维目标进行描述和设计标准,从而为微课的设计、应用和评估提供评价依据。

教学策略设计。包括各阶段教学目标制定、教学方法选择、教学情境的建构等方面的设计。以学习者为中心的微课教学策略设计,应灵活选择自主学习策略、情境教学策略、启发教学策略等,通过良好的策略促进学习者搭建起知识框架体系,培养学习能力。

### (三)地理微课的录制

包括课件制作、脚本设计、视频录制、后期剪辑。

课件制作。课件制作在很大程度上影响了学习者对微课的态度。微课的制作要紧紧围绕学习内容展开,主线清晰、逻辑分明、图文结合、便于理解记忆。界面显示需要在字体、字号或者颜色选用上突出重难点知识,图、文、字协调搭配,内容高度凝练且准确。

脚本设计。脚本设计是微课制作的重要步骤,一份科学、合理的课程脚本是微课能够顺利录制的导引。脚本主要对展示内容、动画效果等要素进行编排。

视频录制。视频录制通常选用 Camtasia Studio、Flash 或 PPT 搭配电脑等硬件进行,再用视频编辑软件进行后期剪辑,也可以全程录制真实的讲课过程,再根据知识点分类剪辑制作成微课。

后期剪辑。后期剪辑通常使用会声会影、Camtasia Studio 等非线性编辑视频软件,主要对已经录制好的视频进行画面处理、片段删减拼接、搭配音效等,最后渲染完成地理微课。

### (四)地理微课的实施

将微课运用在教学实践之中,将其作为课前自主学习、课中教学讲授或课后答疑解惑的教学资源,学习者可以利用手机、电脑等终端设备开展学习。地理微课的制作者也可以将资源上传网络,供更多学习者使用。

### (五)地理微课的评价

地理微课评价包括设计评价、制作评价、实施效果评价。多主体、多环节的评价有利于微课的改进,从而提高教学效率和教学效果。因此,地理微课评价应该贯穿选题、设计、应用全过程,听取师生反馈意见和建议。

## 第三节 地理微课的制作与使用

### 一、地理微课制作要求及一般流程

#### (一)地理微课制作要求

在制作地理微课时要注意如下要求:时间控制在10分钟以内;基于教学设计思想编写微课内容时,内容精练,不泛泛而谈,若内容较多,可以制作系列微课;微课在内容、文字、图片、声音等方面必须准确无误;微课讲解时,语言通俗易懂、深入浅出、详略得当,声音响亮,抑扬顿挫;若在讲解中使用课件,PPT尽量做到简洁、美观大方;视频画质清晰,多采用中景、近景和特写等小景别画面,多使用固定镜头,保障视频质量;教师大头像不遮挡教学内容;[①]内容制作是为了解惑不是授业,要体现突出重点、突破难点,不要制作成宣传片。

#### (二)地理微课制作的一般流程

(1)确定选题:地理微课选取的主题一般是一节课中的重难点、易错点、易混点、兴趣点等,且知识点需在5—10分钟内能够讲解透彻。

(2)教学设计:根据选题及教学要求,编写教学设计和教案。

(3)制作课件:准备教学素材与练习测试,结合微课程知识点,充分运用图、形、声、像、动画等多媒体元素制作相应的课件,配合讲授不容易理解的知识点,辅助教师现场讲授。

---

[①] 黄建军,郭绍青.论微课程的设计与开发[J].现代教育技术,2013,23(05):31-35.

(4)视频录制:视频是微课的核心内容,大多采用流媒体形式呈现教学过程。[1]微课的录制可以选择计算机屏幕软件录制、摄像工具录制、录播教室录制。摄像工具可以选择手机、数码相机、DV摄像机、视频摄像头等一切具备摄录功能的设备。如果使用屏幕录制软件,要调整摄像头距离,确保至少能看到整个头部。在视频后期处理过程中要保证画质清晰、图像稳定、声音清楚(无杂音)、声音与画面字幕同步。在整个教学过程中,教师要适当注意镜头,与摄像头或者摄像机有眼神交流。特别是采用屏幕录制的时候,要利用鼠标的点击和拖动配合解说,适当使用画笔功能。知识点、题目等讲解不照本宣科,表述应有自己的见解。

(5)后期制作:后期制作主要是编辑、美化和保存已经录制好的视频,主要包括剪辑移除片头和片尾的空白部分,为片头和片尾配乐等。剪辑完成导出MP4或FLV高清视频格式,确保视频画面导出后不变形。

(6)教学反思:微课程与一般课程一样需要进行反思,微反思就是其中的重要部分。及时追踪学生观看、学习后的感受和反馈,多与学生交流,吸收意见和建议并加以改进。也可以多与同行切磋交流,多观摩同行的优秀微课作品,学习借鉴优秀作品的闪光点,不断改进制作水平。

## 二、精美课件的制作技巧

### (一)PPT设计

#### 1.内容设计

PPT只呈现核心内容或重点内容,其他内容可以通过教师的语言跟动作来表达,切忌照本宣科;PPT内容设计要有启发性、悬念性。

#### 2.版面设计

首页与封面设计:最好采用PPT的首页作为封面,便于学习者对知识点与作者一目了然。首页PPT作为整节微课的"门面",应明确清晰地具备以下要素:(1)若开发的是系列微课,可以标明类似"××系列微课之××"的字样;(2)简明扼要、直击主题的微课标题;

---

[1] 孟祥增,刘瑞梅,王广新.微课设计与制作的理论与实践[J].远程教育杂志,2014(06):24-32.

(3)作者及单位名称;(4)学科学段、章节及教材;(5)可以适当增加边饰,否则会显得古板、单调,但边饰不要喧宾夺主,不建议在此放置教师画面。

背景:尽量以淡雅、清爽为主,能烘托突显字体,不能太艳丽,否则容易引起视觉和审美疲劳,转移学习者的专注点。

中间页:最顶上可以写着知识点的小标题,中间放主题内容,右下角或左下角留出空白,以放置教师画面,同时不遮挡文字。背景应当比首页更加简单以突出讲授的知识点,但也不建议使用纯色的背景,太素也影响美观。

尾页设计:通常加入感谢语,此页不建议加入教师画面。

### 3.美学设计

整个PPT当中,应当是50%文字,20%图片,30%空白。整个PPT文字颜色不要超过3种,最好只使用2种。①字体搭配:微软雅黑(标题)+宋体(正文),黑体(标题)+楷体(正文),艺术字不乱用。字号搭配:标配的标题字号是44号,一级文本32号,二级文本28号,最好不要有三级文本。②错落有致:行距1.3—1.5倍,段间距大于行间距,整个页面协调一致,上半页与下半页、左半页与右半页教学内容多少的安排上要均衡,不要出现"一边倒"的现象;翻页动画不宜太多,通常2—5种翻页效果最合适;不要连续出现好几页PPT全都是图片或者文字;一页不超过五个要点,页面上下左右要留1—1.5cm的空白。

## (二)制作工具的安装和使用

微课制作工具有很多种,其中最简单、最常用的是录屏软件Camtasia Studio,下面以Camtasia Studio为例,讲解微课制作工具的安装和使用。

(1)Camtasia Studio的安装。下载Camtasia Studio软件,双击exe文件执行安装,出现Camtasia Studio 6 Setup视窗后,直接点击Next——I accept the license agreement——选择Next——选择Next——选择Next——按下Finish,安装完成。

(2)Camtasia Studio的使用。启动Camtasia Studio,选择"录制PowerPoint"。打开PPT,单击"录制"按钮,PPT就进入了放映状态。点击"单击开始录制"这一按钮,程序便开始对PPT进行视频录制了。教师一边放映PPT,一边讲解PPT上的内容。PPT放映结束后,点击"停止录制",点击"生成您的录制",选择"自定义生成设置",勾选"创建MP4文

---

① 孙永清.探索微课在教学中的作用[J].福建质量管理,2016(03):253.
② 陈斌.微课在高职院校C#程序设计教学中的应用研究[J].科教文汇(中旬刊),2016(3):71—72.

件",然后一直点击"下一步",直至"完成",视频就初步制作出来了。为增强感观效果,有必要对视频进行修饰和完善。再次开启 Camtasia Studio,导入刚刚做出来的初步视频,把视频片尾的空白部分分割移除;最后,为视频的片头和片尾配上背景音乐。

### (三)录制与剪辑

#### 1.录制要点

录制背景简洁,最好是浅色,不要出现其他杂物。声音大小合理,摄像头不模糊,摄像角度最好是正面。如果不习惯,可以让一个学生坐在对面,就好像是给他辅导一样。不要录制成课堂教学。

#### 2.后期制作原则

时间不超过10分钟,超过10分钟通常不能通过初审。如果声音太小或太大,可以适当调整。视频尺寸为:640*480或320*240;视频格式为:FLV、MP4;音频最好采用MP3格式。

## 三、地理微课设计制作存在的普遍问题

### (一)以课堂实录代替微课

将常规授课进行时间、内容压缩或选取某个教学片段内容形成微课,即将课堂实录等同于微课,将二者概念和特征混淆。师生在微课中的角色扮演均需要转换,部分学生以常规授课方式参与微课教学过程,角色定位不准确。教师以"上节课我们学习了……;同学们,上课了……;之前我们学习过……"导入也是角色定位错位的表现。

### (二)片头、片尾处理不当

片头不宜太长,一般控制在8—10秒钟最佳。片头内容显示微课题目、作者、单位即可,过多的内容和过于复杂的背景都不利于学习者在短时间内识别、掌握知识。片尾没有总结,缺乏升华、强化教学焦点的作用。没有布置课后作业或没有留足学生思考探讨的空间。

### (三)重点内容没有突出提示

教学过程中涉及的重点、难点、注意事项、结论以及其他需要强调的重要内容等,应该用颜色不一或字体不一等方式进行强调突出,以引起学习者的重视。没有突出提示的地理微课作品,其内容可能会影响学习者深入思考与学习的效果。

### (四)互动过多、语言不清楚

适宜的师生互动、生生互动能够对重点、难点等内容进行强化,有利于提高学习效果。须避免为了互动而互动,导致互动时间太长,语言表述不清或声音小。

### (五)课程性缺乏

微课本质就是微型课程,围绕教学中某一重点、难点进行专门的解惑。地理微课特别容易做成旅游宣传片或地方推广作品,丧失了作为课程应具备的教学目标、教学重点、教学难点、教学反思等必备要素。在视觉体验上能够满足学习者,但没有了课程性质。

### (六)其他问题

选题太大,没有聚焦教学重点、难点、疑点、易错点、兴趣点。选取显性知识来组织教学活动,极大可能使得学习者学不到实质内容。

知识密度高。忽视对学习者深度思考的引导,在微课设计过程中缺少提问,过分注重知识点的讲授致使知识密度高,从而使学习者只停留在知晓的肤浅层面,不能对知识进行内化、深化的理解。

过分追求观感。在微课呈现的背景音乐、PPT模板等美观方面倾注大量精力,忽视了微课的本质,将学习者的注意力从内容转移到呈现形式上,偏离了学习目标,违背了制作微课的初心。

## 四、地理微课的使用与建议

### (一)地理微课的使用

(1)课内的使用,能实现"精讲"的目的;能解决"重复"问题(多个班级同一内容),但不能解决"临时性问题"。

(2)课外的使用,能实现"自学"的目的;能解决"重复"问题(一个学生学习多遍),但不能解决"方向性问题"。

## （二）设计建议

(1)时刻谨记微课使用者是学生。

(2)用颜色线、符号图形标注等给学生提供提示性信息。

(3)微课是整个教学组织中的一个环节,要与其他教学活动环境配合。在微课中可设置暂停或后续活动提示,让学生在导学案统一调度下,将微课与其他教学活动相结合来学习微课。

(4)微课应有恰当的提问,问题的设计要恰当安排基本问题、单元问题和核心问题,灵活使用多样化的提问策略促进学生思考。[①]

(5)微课结束时要有一个简短的总结,概括要点,帮助学习者梳理思路,强调重点和难点。

(6)用字幕方式补充微课不容易说清楚的部分,字幕只需呈现关键词,不必将描述性语言全部展示,因为会增加学生的阅读负担。

---

① 夏维刚.信息技术教学"微课"化的探索[J].电脑与电信,2017(1):65-67.

# 第七章　地理教学评价与反思

在地理教学活动过程中,教学方案的设计尤为重要,优秀的教学设计方案是完成一堂优质课的前提,而在日常教学活动中,教师需要通过不断尝试才会有所进步,这种经验的积累是漫长且缓慢的。当我们学会教学评价,认知了教学设计的评价标准后,才能完整总结教学设计的优劣,检验教学成果。因此,教学评价的学习是进行教学反思的前提且具有必要性。

## 第一节　地理教学评价内容

### 一、地理教学评价的含义

地理教学评价是根据一定的地理教育目标,运用多种科学可行的方法和手段来系统地收集、分析、整理信息资料,对地理教学活动中的要素、过程以及结果进行价值判断,从而为学生全面发展、地理教师专业技能发展和教育决策服务的过程。[1]科学合理的地理课堂教学评价,有助于地理教师改革教学方法与手段,优化教学过程,改进教学技能,从而提高地理教学质量,完善专业素质,促进专业发展。[2]地理教师在明晰教学评价范畴和操作方法之后,教学质量才能得到提升,教师才能得到专业发展。促进当前教学设计的优化、帮助后继设计的完善、加快教师的专业成长是教学评价的最终目的和意义所在。

地理教学评价是一块试金石,它不仅可以对教师的教学结果实施检验,更重要的是对学生的学习结果的检验。[3]这种检验的结果能进一步促进教师调整自身教学策略,提高教学效率,更能促进学生提高学习效率,查漏补缺,取得更好的学习结果。

---

[1] 段玉山.地理新课程测量评价[M].北京:高等教育出版社,2003.
[2] 赫兴无.地理课堂教学评价研究[J].中国成人教育,2009(09):146-147.
[3] 周维国.关于中学地理课堂教学评价的研究综述[J].中学地理教学参考,2014(7):40-42.

## 二、地理教学评价的功能[①]

较高的教学质量是社会对学校的正常要求,学校很容易走入功利的怪圈。通过科学的教学评价可以为地理教育活动提供有效的诊断和反馈,强化和改进地理教育的实施,促进地理教育活动的顺利进行,进而促进教师、学生、学校更好地向前发展,教学质量也就在师生和学校的发展中自然而然得到提高。地理教学评价的功能主要体现在以下几个方面。

### (一)导向功能

地理教学评价的导向功能是由评价标准的指向性决定的。一般来说,教学目标作为制定评价标准的主要依据,受到一定的社会教育观、质量观和人才观的影响。实践证明,只有在师生评价中得到反映的教育目标才能对教师的发展以及学生的学习产生直接影响。例如,通过对教师教学质量的评价,可以引导教师改进教学方法与手段,强化地理课程资源的利用与开发,积累组织和调控课堂教学的智慧,形成教学反思和研究的意识等。因此,地理教学评价对地理教育活动具有更为直接的导向作用。

### (二)诊断功能

地理教学评价能够对地理教育活动中存在的问题进行揭示与分析,找到症结和原因所在,进而提出改进和补救建议。例如,通过学生评价,可以帮助学生发现地理学习中存在的困难与不足,进而判断导致地理学习困难与不足的原因,同时可以帮助教师掌握地理课堂教学的反馈信息,为改进地理教学方式方法和提高课堂教学效果采取更行之有效的措施。

### (三)调节功能

地理教学评价结果的反馈可以让师生了解"教"与"学"过程中的优势与不足,从而调整自己"教"与"学"的行为,促进其进步。例如,教师在课堂上提出开放性问题,观察学生的反映,若学生对答如流、正确无误,教师可迅速调整教学内容,引领学生向更高的层次思考。通过师生间、生生间的讨论、交流、评议等不同的沟通方式,自主地调控评价活动

---

[①] 袁孝亭.地理课程与教学论[M].长春:东北师范大学出版社,2006.

本身,使评价成为彼此间相互交流学习的过程。当前的教学评价倡导师生在相互平等、相互尊重的基础上进行教学活动。

### (四)激励功能

地理教学评价可以促进师生在正确认识自己的优势与不足的基础上,从正反两个方面受到激励,增强发展的积极性和主动性。例如,在学生地理学习的评价中,积极肯定的评价能强化学生的自信心,提高学习积极性;适度中肯的否定评价往往能引发学生知耻而后勇,更加勤奋努力。

### (五)反思功能

无论何种评价,对师生都有影响,或波动或触动,或积极或消极。有效的评价通过师生的认同、内化,最终起到促进师生教学行为转变的作用。这个认同、内化过程即教学反思的过程。例如,某次考试中,学生因没有掌握正确的读图方法而丢分,师生分别进行分析反思,从而更深刻地发现读图的重要性并更有效地改进教与学的活动,学生突破学习中的读图难点,并在此过程中形成自我反思。

## 三、地理教学评价的内容

地理教学评价是地理教学的重要组成部分,既有对地理教师教育的评价,也有对学生地理学习的判断,其目的在于检查和促进教师的教与学生的学。结果性评价一直是传统课堂教学评价系统的核心,其最大的弊端是忽视学生学习的过程性评价,是典型的重知轻能的评价模式。新课程改革要求转变教学评价的思想和方法,由选拔、甄别式的评价转变为发现闪光点、激励促进式评价,倡导构建多元化、发展性的评价体系,多元的、科学的、具有发展性的评价是新课程背景下地理课堂教学设计优化和创新的指挥棒。因此,新课程地理课堂的评价要突出发展性功能和过程性行为,要实现评价目标多元化、评价手段多样化,要采取形成性评价和结果性评价相结合、定性评价和定量评价相结合、反思性评价和激励性评价相结合的基本策略。[①]为了充分发挥地理教学评价的功能,促进学生全面发展,促进地理教师专业成长,应倡导采用多样的评价方法,不仅评价教学活动

---

[①] 朱雪梅.高中地理发展性课堂教学评价方案[J].中学地理教学参考,2007(10):4-6.

的结果,也要评价教学活动的过程。通过地理教学评价,可以把握地理教学的现实状态,并在对地理教学现实状态深刻分析的基础上,获得地理教学的反馈信息;根据这种反馈信息,教师和学生可作出相应的教学对策或学习对策,促使地理教学按正确方向有序地达到既定的教学目的。[①]课堂教学评价是促进学生成长、教师专业发展和提高课堂教学质量的重要手段。[②]一般来说,想要全面把握教学设计的整体状况,需要从方案、方法、过程、效果四个方面来着手评价。

## (一)地理教学方案的评价

地理教学设计目标的评价中,教学目标要明确、适当,要符合课程标准和教材的要求。教学目标是否明确,教学要求是否符合课程标准和学生的学习基础,是衡量一节地理课成功与否的首要标准。教学目标决定着授课的方向,贯穿着全课的始终,全课教学活动的安排都要为实现教学目标服务,围绕教学目标进行。[③]新的地理课程标准对教材每一部分的教学活动均作出了明确而具体的要求。所以教师在备课中首先要认真阅读该部分教材的课程标准,仔细地体会课程标准要求的内涵实质。教师在教学时既不要严重超标,增加学生的学习负担;也不要达不到课程标准的要求,造成学生知识的缺漏和能力的降低。[④]地理教学内容设计中,教材梳理要自然顺畅、系统条理。教师对教材的把握和梳理是一节课教学成功的关键和重要前提,教师对教材的梳理要做到系统、清晰、条理、顺畅、以纲带目。重点难点把握准确,难易知识处理得当,重点问题拓展到位,教学用语科学准确,这也是最能体现一个教师专业基础是否扎实、备课工作是否充分的重要环节。

在新的教学形势下,学生手中的教材只是教师进行课堂教学活动的重要素材,课程标准要求教师要灵活地运用和使用教材。教师在备课过程中一方面要认真地分析本部分教材的知识体系,同时要适当地查阅与本节知识相关联的一些资料信息,在此基础上力求找到一条既便于知识要点的串联,又能让整个教学过程自然顺畅的"线",最后再将本节课的知识点以及教师感觉有必要补充的素材和信息恰当地穿插到这条线的主干或分支中,进而形成一个完整的知识系统。这就要求教师要根据自己梳理设计的需要大胆地对教材进行合理的调整、搬迁、增减。既依教材又不拘泥于教材,这也是每一个负责任的教师备课工作中付出精力较大的环节之一。那种完全依据教材照本宣科、机械叙述、

---

① 陈澄.地理教学论[M].上海:上海教育出版社,1999.
② 李家清.机遇与挑战:走进地理教师教育专业发展的新时代[J].地理教育,2018(05):4-7.
③ 郭新亮,于秀杰.中学地理课堂教学评价的标准[J].教学与管理,1997(Z2):85-86.
④ 吴金财.例谈高中地理课堂教学目标的设计与陈述[J].中学地理教学参考,2011(06):9-12.

知识点堆砌的课堂教学根本谈不上教学设计。

重点要突出、难点要突破、关键要抓住。教材是教师向学生传授知识的主要依据,但在使用教材时,不能"眉毛、胡子一把抓",应该做到主次分明、重点突出、难点化易、抓住关键,一定要避免"重点不明确和难点一带而过"的现象。[1]

重点内容要做到重点处理、练习要充分、拓展要到位,使学生对重点知识掌握得准确、牢固、熟练。难点知识要根据学生的实际知识水平和生活经历,列举实例,深入浅出地加以说明,充分联系学生已有的知识进行分析和推理,利用形象、生动的比喻把学生难于理解的知识简化、易化。在时间安排上,对每节课的重点和难点,教师应给予充分的时间,尤其要给予学生充分的时间消化和吸收。在内容设计上,重点内容设计应丰富,难点内容要选择合适的设计策略,以帮助学生突破难点。

抓住关键是指对理解和掌握本章、本节知识中起决定作用的知识点,教师要在讲解、分析、比较的基础上,让学生理解其地理意义,明确掌握关键知识点对建立知识间联系的重要作用。

地理知识教育是地理能力培养、思想情感教育的基础,地理能力的发展、情感品德的提高,也能促进地理知识的学习。轻视地理能力培养、情感思想教育的课堂教学和脱离教学内容的空洞说教都不符合现代教育要求。成功的地理课堂教学,是寓能力的培养于探求知识的过程中,寓思想教育于地理知识教育和能力培养之中。特别需要一提的是这里的地理能力是指学生的自学阅读、提取信息、理解分析、处理应用等多方面的一种综合能力。

## (二)地理教学方法设计的评价

教学方法要灵活多样。首先要能根据具体的教学目的、教学内容、学生水平和教师特长择优选用教法,并能根据课堂不同阶段以及不同教学内容的需要,以一种方法为主,合理地将几种方法组合在一起,使课堂气氛显得活泼而充满生机,使整个教学过程处于一种良好状态。[2]其次,要实行启发式教学,废止注入式教学,充分培养学生的思考能力和创造能力。不管哪种教学方法,都可用是否有"启发性"这个总思路去衡量。[3]

重视直观教学,合理选择教具和其他教学辅助设备。教师要能够将学校现有教学设

---

[1] 郭新亮,于秀杰.中学地理课堂教学评价的标准[J].教学与管理,1997(Z2):85-86.
[2] 王世彦.地理教师课堂教学质量评价之我见[J].考试周刊,2019(74):135-136.
[3] 郭新亮,于秀杰.中学地理课堂教学评价的标准[J].教学与管理,1997(Z2):85-86.

备充分利用起来,或是自制一些较为简单的教学用具。这对于增加学生的感性认识,发展学生的形象思维,更好地帮助学生理解并掌握基本概念和基本理论具有重要的价值和作用。

重视学法指导。教师不仅要教给学生知识,更要培养学生求得知识的能力,还要注意把学法指导用于教学过程中[①]。在讲述具体地理知识的同时,注意指导学生如何阅读教材、如何记笔记、如何记忆和回答问题、如何读图和绘图等地理学习方法,以提高学生学习地理的能力,掌握自己寻求知识和解决问题的本领[②]。

## (三)地理教学过程的评价

教师在课堂上要做到教态潇洒、自然、文明、大方、亲切。教学语言要富有激情和亲和力、感染力,同时要做到准确、规范,不能用乡言土语代替地理专业术语。在教学语言这一方面,不同的教师个体之间的确天生存在一定的差异。勤能补拙,大量的实例也证明了通过自身的不懈努力是可以取得较大进步的。

教师板书要做到字迹工整,简明扼要,突出重点,布局巧妙,整齐美观。板图板画要简洁、清晰、准确。板书板图技能是每一位地理教师必要的教学基本功,特别是当前的许多青年教师对此更应引起足够的重视。

教师现代化教学手段和教具使用应当娴熟、自然、恰到好处。

教师课堂应变和调控能力要强。课堂教学是一个复杂的人人交互过程,它充满着变化和问题。任凭事先如何周密设计,教师总会碰到许多新的"非预期性"的教学问题。或者是学生同步配合不上;或者是学生提出一些古怪、超本超纲的问题;或者是课堂突然受到一种外界因素的干扰;或者是个别调皮的学生无理取闹;等等,这些都需要教师及时、妥善地处理,避免课堂教学陷入困境或僵局,这些也反映了该教师在组织教学过程中的应变和调控能力[③]。

要体现教为主导,学为主体,师生双边活动协调。没有广泛学生参与或学生参与度很低的课堂教学不能称为一节好课,这也是当前课堂教学改革的核心内容之一。课堂上要真正体现学生是思维的主人,教师只是课堂的组织者、指导者。要注意启发学生自己思考讨论学习,激励学生的创新意识,激发学生的求知欲望,组织学生广泛地而积极地参

---

[①] 梁洁仪.地理课堂教学评价的标准[J].文教资料,2005(22):66-68.
[②] 陶梅.中学生地理图像技能培养策略研究[D].武汉:华中师范大学,2005.
[③] 郭新亮,于秀杰.中学地理课堂教学评价的标准[J].教学与管理,1997(Z2):85-86.

与知识的获取过程,使教和学达到和谐统一,使学生处于主动学习的良好状态[1]。

### (四)地理教学效果的评价

课堂教学效果是教师进行课堂教学的落脚点,一切教学手段的运用和教学方法的选择的最终目的是课堂教学效果的最大化。教师对每一个教学环节的设计和方式、方法的选择都要先问一下自己:这样做的效果会怎样?要紧紧围绕有效和高效这一核心要求来组织和开展教学活动。当然这里所说的效果是一个综合性的教学效果,内容既包括基础知识的掌握情况,又包括基本技能的训练效果,同时也包括学生学习能力的培养和道德情感的教育等。

课堂的主体是学生,学生思维的反应速度、答题的方式、练习测试的准确性、表情的变化等一系列信息反馈,能够反映出学生新知识与技能的掌握程度和教学信息传输的通畅程度。教学任务是否完成不能只看少数尖子学生的情况,大多数中下水平的学生同样也是知识的接受体,他们的情况更能体现教学任务的完成度,以及教师的教学水平、教学质量的高低。

总之,一堂好课应该是在教师的引导帮助下,使全体学生的潜力得到最大限度的挖掘。智力好的学生"吃得饱",中等水平的学生吸收得好,水平较差的学生消化得了,学生人人学有所得。课堂教学中充分体现师生平等、教学民主的思想,师生信息交流畅通,情感交流融洽,合作和谐,配合默契,教与学的气氛达到最优化,课堂教学效果达到最大化。教师教得轻松,学生学得愉快,整节课堂教学活动给听课者留下鲜明印象[2]。传统的地理教学效果评价以试卷测试为主,例如期中、期末考试等,完全以考试形式对教学设计效果进行测评,把学生成绩作为唯一的检测标准。因此,传统的地理教学设计效果的评价存在以下几点问题:评价功能失调、评价重心失调、评价标准呆板和评价对象被动。

应对传统的教学评价存在的问题,新课改地理教学设计效果的评价注重评价目标的发展化、评价内容的综合化、评价主体的多元化和评价方式的多样化。诸如对地理知识理解与应用的评价可以通过课堂观察与提问的形式来进行,对情感态度与价值观形成的评价可通过交流谈话的形式来进行。

---

[1] 范泰洋.聚焦学习环境的地理教学设计研究[J].中学地理教学参考,2018(3):25-27.
[2] 郭新亮,于秀杰.中学地理课堂教学评价的标准[J].教学与管理,1997(Z2):85-86.

总结下来,新课改的评价方式加入了课堂观察与提问、交流谈话和问卷调查等,见表7-1。

表7-1 评价方式

| 传统的地理教学效果评价方式 | 传统的地理教学效果评价 | 新课改后的评价方式(部分) | 新课改后的地理教学效果评价 |
| --- | --- | --- | --- |
| 试卷测试,以成绩作为评价标准 | 1.评价功能失调<br>2.评价重心失调<br>3.评价标准呆板<br>4.评价对象被动 | 1.课堂观察与提问<br>2.交流谈话<br>3.问卷调查 | 1.评价目标发展化<br>2.评价内容综合化<br>3.评价主体多元化<br>4.评价方式多样化 |

## (五)地理课堂教学评价的主要关注点

课堂教学评价专指对在课堂教学实施过程中出现的客体对象所进行的评价活动,其评价范围包括教与学两个方面,不仅要评价教师的教,还要评价学生的学,主要通过教师与学生在课堂教学中的过程性行为来加以分析与评价[①]。

(1)地理教师授课质量评价:教学质量评价是指在一定的教育价值观指导下,对教育教学活动及其效果进行价值判断的动态过程,其基本任务是在地理课堂教学过程中收集教师教学行为和学生学习行为的信息,进而衡量和判断教师教学的优劣,为教师改进地理教学提供依据[②]。其关注点见表7-2:

表7-2 教师课堂授课质量评价关注点

| 教师课堂教学 ||
| --- | --- |
| 视角 | 观察与评价点 |
| 环节 | 由哪些环节构成?是否围绕教学目标展开?<br>这些环节是否面向全体学生?<br>不同环节(自主学习/合作学习/小组展示/点评/反思/评价)时间是怎么分配的? |
| 呈示 | 怎样点评?点评是否有效(清晰/结构/契合主题/简洁/语速/音量/节奏)?<br>板书怎样呈现的?是否为学生学习提供了帮助?<br>媒体怎样呈现的?是否适当?是否有效?<br>动作(如实验/操作/制作)怎样呈现的?是否规范?是否有效? |
| 对话 | 提问的对象、次数、类型、结构、认知难度、候答时间怎样?是否有效?<br>教师的理答方式和内容如何?有哪些辅助方式?是否有效?<br>有哪些话题?话题与学习目标的关系如何? |

---

① 申健,刘德江,程海涛,等.促进教师与学生共同发展的课堂教学评价方法研究[J].江苏科技信息,2017(18):49-50+53.
② 杨茸茸.课堂教学质量评价方法的探索与实践[J].中国科技信息,2009(16):257-258+273.

续表

| 教师课堂教学 ||
|---|---|
| 视角 | 观察与评价点 |
| 指导 | 怎样指导学生自主学习(阅读/作业)？是否有效？ |
|  | 怎样指导学生合作学习(讨论/活动/作业)？是否有效？ |
|  | 怎样指导学生探究学习(实验/课题研究/作业)？是否有效？ |
| 机智 | 教学设计有哪些调整？为什么？效果怎么样？ |
|  | 如何处理来自学生或情景的突发事件？效果怎么样？ |
|  | 呈现了哪些非言语行为(表情/移动/体态语)？效果怎么样？ |
|  | 有哪些具有特色的课堂行为(语言/教态/学识/技能/思想)？ |

(2)学生学习评价：是指地理教师或学生自己依据一定的评价标准，借助有效的评价技术手段，对学生在地理学习过程中的学习成果进行价值判断的过程，是地理教学质量评价的主要内容。其关注点见表7-3：

表7-3 学生学习评价关注点

| 学生学习 ||
|---|---|
| 视角 | 观察与评价点 |
| 准备 | 学生课前自主预习了什么？通过什么形式自主预学(导课案/思维导图/提出疑点……)？ |
|  | 自主预习得怎么样？有多少学生做了自主预学？是否通过学习小组督导落实？ |
|  | 学优生、学困生的自主预学习惯怎么样？ |
| 倾听 | 有多少学生能倾听老师的讲课？能倾听多少时间？ |
|  | 有多少学生能审辨倾听、观察小组展示？ |
|  | 学生有哪些辅助行为(记笔记/查阅/回应/质疑)？有多少人？ |
| 互动 | 有无合作学习？合作学习有哪些形式？合作学习的过程如何？合作学习能为目标达成提供帮助吗？ |
|  | 质疑的人数、时间、对象、过程、质量如何？ |
|  | 小组展示补充的人数、时间、对象、过程、质量如何？ |
|  | 学生的合作学习技能怎样？是否促进学习共同体的形成？ |
| 自主 | 学生可以自主学习的时间有多少？有多少人参与？学困生的参与情况怎样？ |
|  | 学生的自主学习形式(探究/记笔记/阅读/思考)有哪些？各有多少人？ |
|  | 学生的自主学习有序吗？学生有无自主探究活动？学优生、学困生情况怎样？ |
|  | 学生自主学习的质量如何？ |
| 达成 | 学生清楚这节课的学习目标吗？ |
|  | 预设的目标达成有什么证据(观点/作业/表情/板演/演示)？有多少人达成？ |
|  | 这堂课达成了什么目标？效果如何？ |

## (六)地理课堂教学评价的主要途径

课堂教学评价是提高教学质量的重要手段,主要以教学目标为依据,是对教学活动过程及结果开展测定、衡量,并判断其价值的过程[①]。为了提高教学质量,地理教师应制定完善的评价标准作为手段与方法去调节和控制整个地理教学过程。另外,应创设宽松、愉快的课堂学习环境来进行课堂教学评价,并且,在评价过程中要注重激励性评价,要关注学生地理学习习惯的评价,学习的过程性评价以及学习效果的评价。其主要途径有:

(1)利用各种教学资源,如学案、问题研究、案例等,通过学生自主学习、合作学习、探究性学习的方式进行过程性、发展性评价学生的学习成果。

(2)进行阶段的针对性、典型性、层次性、合理性的训练设计,对学生学科知识的掌握程度、学习能力进行诊断性、激励性、反思性的评价。

# 第二节 地理教学反思及内容

## 一、教学反思的含义

美国著名心理学家波斯纳指出:经验+反思=成长[②]。教师需要通过不断反思—实践—再反思—再实践,来更新自己的教学观念,改善教学行为,提高教学水平。

教学反思是教师对自己教学生活的抽身反省与自我观察,是教师对教学事务的反思,也是教师对自我的反思,它以哲学思考作为基本的思维方式,是多重范畴的内省,是超越企向的建构活动,教学反思结果具有不可验证性[③]。教师进行教学反思有利于优化自身教学状态,使得学生得到更充分的发展。

---

① 罗良,胡丹阳,魏勇,等.基于信息化手段的课堂教学评价研究[J].湖南理工学院学报(自然科学版),2021,34(03):92-94.
② 戚光宇."教学反思"之思[J].江苏教育,2013(18):76.
③ 李长吉,张雅君.教师的教学反思[J].课程·教材·教法,2006,26(02):85-89.

## 二、教学反思的方式

### (一)同步反思

同步反思是指在教学过程中反思并及时调整自己的教学。以课堂教学分小组学习为例:一般的课堂中,教师在活动中常常做的事情是去查看这些小组。在教师看来,这是一种关注学生,参与到学生活动中的行为,也是评价学生的一种形式。但某节课的授课老师在巡视小组时发现,当老师来到学生身边时,他们改变了自己的情绪与行为。他们有的表演得非常程序化,为的是想让老师知道他们的活动是多么好、多么有规律性;有的会害怕老师发现他们的不足;有的从原来的兴致勃勃变为中规中矩地照着书本来讨论,只是想告诉老师,他们没有脱离教材也没有扰乱课堂纪律。这些表现都意味着学生的个人发挥空间受到了一定程度的影响,这时,老师应意识到并走开,回到讲台或教室的某一个角落,静静地观察他们的小组活动,这样的小组活动才更有效。教学过程中存在着复杂性和不可预测性,因此教师不可能完全依靠教案来实施实际教学。在教学中同步反思并就此做出相应的教学调整是为了让学生能够以最好的状态去"学"。

### (二)事后反思

事后反思,即教师在教学事件之后对教学进行反思。一般可细分为个体反思和集体反思。

#### 1.个体反思

课堂教学结束后,反思其中出现的问题,客观地评价课堂教学的情况和学生的学习效果,思考教学设计是否合理,教学目标是否达到,课堂教学是否具有启发性,教学环节是否环环相扣,各环节间的过渡是否自然,教学活动是否充分调动了每个学生的积极性,思考教学中的优点与有待改进的地方。

#### 2.集体反思

在观察自己或者同事的教学实践后,就课堂教学问题进行讨论研究。反思不仅仅是"闭门思过",相反,如果反思能在"探究、合作、开放"的环境下进行,教师教育教学能力的发展会快很多。俗话说:"当局者迷,旁观者清。"有时候个人的反思还会有很多不足,以旁人的眼光来审视自己或者他人的教学实践,详细记录并从自己观察的角度进行分析、反思,最后共同研讨,这样除了能使自己对存在的问题有更深刻的认识外,还能使教学反思的视角变广。当然,还可以请教教育方面的专家学者,提出有针对性、促进性的建议,促使教师不断反思,从而获得更新更全面的认识[1]。在进行教育反思的同时要切实从教学活动目的的明确性、教学活动分组以及时间安排的合理性、教学活动参与面的广泛性、教学活动结果的科学性等几方面进行考虑,集思广益,进而达到集体反思的效果。

### (三)多角度反思

从课堂的互动角度反思:课堂中师生的互动对学生的学习是否有启发性?课堂中生生之间的互动对学生是否有巩固性和扩展性?师生、生生之间的互动方式是否合理?

从课堂练习角度反思:课堂中设计的各种练习(如PPT练习题)对本节课内容能否有效地进行巩固与拓展?

从教学策略角度反思:教学开始阶段的策略、教学实施阶段的策略、教学结束阶段的策略是否适当?

从教学目标角度反思:教学目标设计是否合理?预设的目标是否能在本节课完成?教师在教学中能否有效地掌握教学目标[2]?华中师范大学的鲁子问、雷云萍教授认为,教学反思可以帮助教师分析、讨论、评估和促进他们的教学实践,理解他们教学实践中的德育功能,计划他们的专业发展以及影响未来教育发展的方向等。不同的教师存在性格、教学水平、教学实践等各方面的差异,如果每个人都仅仅满足于获得的经验而不进行反思,不把隐性的东西挖出来成为显性,那么他的发展将受到很大的限制。实践证明,不断反思不断进行教学实践的教师能够很快地成长为"研究型教师"。

## 三、教学反思存在的问题

### (一)应付式反思

教师教学任务繁重,往往一个人任教三到四个班级,每天备课、上课、批改作业的时间已经占去工作时间的大部分甚至全部。为了完成规定的教学反思,一部分教师只能在网上搜索别人的反思结果进行东拼西凑,而一部分教师则是随便乱写。

---

[1] 李海珍.论反思教学与英语教师发展[J].南昌高专学报,2008(01):140-142.
[2] 王伟丽."双互动四统一"教学范式下物理试卷讲评课的研究[J].延边教育学院学报,2012,26(03):111-113.

## （二）表面式反思

有些教师的教学反思行文流畅、文笔细腻、重点突出，但反思的内容往往只有两种：别人课堂上的优点和自己课堂中的缺点。这样的反思流于形式，呈现出公式化、程序化的倾向，这样的教师还没有真正认识到教学反思的价值所在。

地理教学反思实例

# 第三节　地理教学再设计

## 一、地理教学再设计的意义

在进行地理教学各方面的反思之后，如何进一步提升教学反思的作用意义重大。一方面是对教学设计的改进，有助于教学效果的提升；另一方面则是作为教师教学经验的巩固与积累，有助于教师的长期发展。因此，在原有教学设计的基础上进行再设计是不可或缺的。

如果说教学反思是"三省吾身"，那么教学再设计则是"知错能改"。从教学设计到教学反思，再到教学再设计，这是一个完整的体系。全方位的教学反思之后，能在原有的教学设计上进行去芜存菁，并且更上一层楼，才能体现之前一系列教学工作的成效。所以教学再设计是整个教研活动中的最后一环，也是最重要的一环。它既能巩固教学设计中优秀的部分，也能总结和检验教学反思的成果。

教学再设计与教学设计成果修改是完全不同的。教学设计成果是否需要修改取决于教学材料是否过于陈旧，设计的教学活动是否能够引起学习者的兴趣，教学内容的呈现方式是否能够激起学习者的学习兴趣，教学策略的改变是否会带来学习效果的改变。如果其中有任何一个问题的答案是否定或者未知的，那就需要进行进一步追问，这样才会找到需要修改的问题。上述问题对教学设计而言不是最重要的，但它们却是教学设计者修改或重新设计教学的起点。教学中教师根据学习者学习过程中出现的问题以及反馈信息，适时调整教学设计，以弥补原设计的不足。再设计过程就是教师教学思想提升的过程[①]。

---

[①] 王民，仲小敏.地理教学论[M].第2版.北京：高等教育出版社，2010.

## 二、地理教学再设计的方向

### (一)总结性再设计

总结性再设计旨在保留原有教学设计中好的方面。一个完整的教学方案中或多或少是有可取之处的,那么在教学再设计时我们大可去其糟粕,取其精华。

### (二)完善性再设计

完善性再设计旨在针对教学设计中出现的错漏进行修补。把教学反思中反映出的问题结合教师自身经验与各方建议,对教学设计进行全面的完善。

### (三)突破性再设计

突破性再设计旨在结合原有教学设计进行突破性的改良与优化。能够打破原有的设计思路,另辟蹊径或大刀阔斧地修整教学设计,对于教师的进步实属可贵。

## 三、地理教学再设计的注意问题[①]

### (一)教材的创造性使用

再设计要做到创造性地使用教材,体现新课程用教材教而非教教材的理念要求。教师对教材使用的再设计,可以从教学有没有被教材所束缚、学生是否获取了教材以外的知识、学生的知识视野有没有拓宽、有没有发挥身边的教学资源等方面进行。

### (二)学生学习方式的改变

学生在每一个环节是否都是活动的主体,是否为学生创设了自主学习、合作与交流、探讨与争论的学习氛围与平台,学生团队精神和个人成就感是否得到培养,是否为学生设置了探索新知识的环节和让学生主动亲历探究过程的学习平台,这些都是在设计时应当考虑的问题。

---

[①] 仲小敏.中学地理教学设计[M].北京:高等教育出版社,2017.

## (三)教学机智的体现

在课堂教学过程中,随着教学内容的不断展开,师生的思维快速发展及情感交流逐渐融洽,教师往往会因为一些偶发事件而产生瞬间的灵感。应及时记录下来并加以研究,以教育理论为指导,综合案例分析技术,开展教学科研工作,使教师智慧的灵感变成再设计的一种资源。

# 第八章　说课

## 第一节　说课概述

说课是20世纪80年代随着教改的深入而产生的带有教育科研性质的教改新内容。实施新教改,贯彻新理念,需要教师更新教学观念和转变教学方式。说课对转变教学方式,了解、研究和评价一节课,专题研究某一教学内容的教学,培养和提高教师的教学水平具有重要的意义。良好的说课能把理论与实践结合起来,它集备中说、说中评、评中研、研中学为一体,是优化课堂教学设计,提高教师教学能力的一种有效方式。

### 一、说课的内涵

说课就是教师口头表述具体课题的教学设想及其理论依据,也就是授课教师在备课的基础上,面对同行或教研人员,讲述自己的教学设计,然后由听者评说,达到互相交流、共同提高目的的一种教学研究和师资培训的活动。在说课实践中,说课既可以是针对具体课题的,也可以是针对一个观点或一个问题的。所以说课就是教师针对某一观点、问题或具体课题,口头表述其教学设想及其理论依据。简言之,即内容是什么、怎样设计、为什么这样设计。

说课的内容极为丰富,一般的说课思路分为说教材、说学情、说教法、说学法、说教学程序设计(怎么教、怎么学)、说板书设计等方面。而在教材中又包括说教材分析、说教学目标、说教学重点和难点。说课内容的组织形式主要有表格式、框图式等。说课的内容模式主要有点式说课和线式说课等。说课内容中要注意说课和上课的区别,不能把说课说成上课,说课不是背诵,说课应当是有理有节的。

## 二、说课的特点

### (一)说理性

说课不仅要说出"怎样教",还要说清"为什么这样教",要让听者不仅知其然,还要知其所以然。说课要求教师从教材、学情、教学目标、教法学法、教学重难点、教学准备、教学程序以及板书设计等八个方面分别阐述,而且特别强调说出每一部分内容设计的理由,即运用学科课程标准,新课改的教学理念,教育学、心理学等教育理论知识去阐明设计的道理。

### (二)科学性

说课要求教师对教材科学全面地分析,要结合学生的实际情况来设定科学的教学目标。课堂教学要求教师以科学的理论为指导,用科学的方法解决教学的矛盾和问题。教师必须遵循教学原则去设计教学程序,对教材的处理、挖掘及传达程度要具有科学性、逻辑性和思想性。

### (三)高层次性

由于听课的对象是懂教材、熟业务并具有一定教研水平的领导和教师,因此,说课者要学习先进的教改经验和教学方法,学习有关教育理论,充实说课理论依据,了解学生的身心特点和学生已有的知识经验,特别是对教材的处理、教法的选择、板书的设计、语言的推敲要比备课更为精心,使教学结构更合理。

### (四)预见性

说课要求教师不仅要讲出怎样教,还要说出学生怎样学。因此,说课者要对所教学生的知识技能、智力水平、学习态度、思想状况、心理特点、非智力因素等方面的差异,进行分析,预估学生对新知识学习会遇到的困难,说出不同情况下采取的相应措施和解决办法。说课者还要说出自己设计提问的关键问题,估计学生会如何回答,教师应该怎样处理。同时,说课者还要对学生的学习情况做出预见性的阐述,如:学生学习本课有什么意义、学生的思维和各项能力能得到怎样的提升。

### 三、说课的作用

说课其实也是一种集体备课的形式,是为了提高课堂教学效率,教师之间进行的一次思想碰撞,一次智慧的交流。通过说课,教师能高屋建瓴地把握教材,预设学习中的各种"教学事件",反馈教学中的得失,选择适宜的教学方法,提高课堂教学效率,促进教学研究。具体有以下作用:

#### (一)促进教师语言表达能力的提高

语言表达能力是教师基本功训练的主要内容之一,在说课过程中要求教师在较短的时间内用较准的语音,简洁、流利、生动、富有逻辑性地说出教学全过程的设计思路及意图,这对提高教师的语言表达能力具有不可忽视的作用。

#### (二)促进教师教学方法的改进

说课是避免课堂上无效劳动的必要环节,是加强课堂教学研讨,促进教师教学方法改进的重要措施。说课为广大教师创设了在同行之间表现各自教学风格的舞台,提供了展示自我教学能力的机会,激发了教师充分发挥自己的聪明才智,最大限度地调动了教师钻研业务的积极性,促使教师以教育理论为指导,以课标为依据,根据教材内容和学生实际,正确、灵活地选择教学方法,科学合理地安排课堂教学程序,使其教学设计符合教学原则,符合学生的认知规律,避免了课堂教学的随意性、盲目性,为扎扎实实提高教学质量奠定了可靠基础。

说课也是一种教研活动,说课者阐述了:"教什么""怎么教""为什么这么教"之后,评委团或者同行同事可以进行评价和补充,有利于增强说课者的教学技能,丰富其教学方法的多元化。

#### (三)促进教师备课质量的提高

说课的一个重要特征是要说"理",也就是理论根据。说课不仅要说出怎样教,更要说出这样教的理论依据。只有说清为什么这样教,说课才能起到应有的作用。因此,说课者设计每一步教学程序都应蕴含一定的教育思想、教学原则,从而保证课堂教学设计的科学性,达到优化教学过程的目的。此外通过说课,教师把个人的备课置身于集体的监督之下,置身于一个较高层次的衡量标准之中,教师要使备课得到高标准的认可,必然进行深层次的钻研,使备课的内容理性化、科学化。说课要求说课者说清对教材的分析、学生学习本堂课的重难点、教学方法的采用,这恰好符合教师备课要求中要做到的"三备"——备教材、备学生、备教法,对提升教师备课的质量有一定的帮助。可见,备课是说课的基础,说课是备课的提高。

### (四)促进教师专业化成长

说课要求教师不仅要说出教什么,还要说出为什么要这样教,这就要求教师不仅要有一定的专业文化知识素养,而且必须具有正确的教育思想和较高的教育教学理论水平。因此通过说课,可以促使教师自觉研究教育理论,研究课程标准、教材或课程目标,使教师由经验型向理论型转变,实现由感性认识到理性认识的飞跃,达到由理性认识向创造性认识升华的境界,从而提高教师素质,最终促进教师专业化成长。

## 四、说课应遵循的原则

### (一)科学性原则

科学性原则是教学应遵循的基本原则,也是说课应遵循的基本原则,它是保证说课质量的前提和基础。说课设计要科学合理,内容详略得当,语言简练准确。

### (二)理论性原则

说课是教学与研究相结合的活动,所说的内容是教学设想和理论依据,因而必须说理精辟,能灵活运用学科理论、现代教育教学理论及心理学理论,做到理论与实践的高度统一,它是说课活动的灵魂。

### (三)可行性原则

整个说课过程要切实可行,具有较强的可操作性,方法具有实用价值。教学设计是否可行,关键在是否从学生的实际出发,可行性是说课活动的核心。

### (四)创造性原则

说课是深层次的教学研究活动,在说课中应注意既要有自己的独到之处,有鲜明的个性特色和学科特色,又要有不断发现新问题、解决新问题的能力,使说课活动保持"新鲜"。创造性是说课活动的生命线。如果在说课的过程中突出创造性,让听者感到独具一格,才能吸引听者、引起共鸣,才能在实际教学中激发学生的学习兴趣和启发学生的智慧。

### (五)灵活性原则

要在极有限的时间内完成说课,必须详略得当,繁简适宜,准确把握说度。说得太详太繁,时间不允许,听众觉得没必要。说得过略过简,说不清基本内容,听者无法认同。这就有一个"度"的把握的问题,最主要的是因材制宜,灵活驾驭,说出该课的特点特色,把课说得有条有理,有理有法,有法有效,说得生动有趣。

## 五、说课与备课、上课的区别

### (一)说课与备课的区别

#### 1.内容不同

备课主要解决"怎样上好这一节课"的问题,而说课不仅要解决"怎样上好这一节课"的问题,还要主要回答"为什么要教这些内容和为什么这么教"的问题,重在说理。

备课的思维活动是隐性的,说课则是把教师的隐性思维活动变为显性的过程。

#### 2.形式不同

备课主要是个体的静态活动,而说课是由说课者与评说者共同参与的教师群体的动态活动。备课侧重于实际操作,而说课侧重于理性思考。

#### 3.作用不同

备课主要是教师个人的钻研,其成果体现在教案中。它就像工程的施工蓝图,是直接用于施工的。而说课则通过说课者的口头表述,不仅要阐述教学思想、教学设计意图、教法和学法,而且要阐述其理论依据。它就像工程的设计报告或可行性报告一样,是阐述如何施工、为什么要这样施工、这样施工有什么优点、有什么问题、如何解决这些问题的论述性报告。虽不直接用于施工,但它是施工的基础,说课可以使备课过程更加理性化。另外,说课还可以通过评说者的集体评议,肯定成功之处,指出其不足,提出改进意见,从而提高课堂教学质量和教师的教学素质。

## (二)说课与上课的区别

### 1.性质和对象不同

上课是具体的施教过程,是教师与学生之间的教与学的双边活动,其对象是学生;而说课则是教师同行之间开展的一种教学研究活动,其对象是同行教师、评议者、教学专家等。

### 2.解决的问题不同

上课主要是解决教什么和怎样教的问题,内容上侧重于知识的传授、技能技巧的演练指导;而说课不仅要解决教什么,怎样教的问题,更重要的是说出为什么这样教,内容上侧重于理论论述。

### 3.表现方式不同

上课是对学生施教并指导学习,让学生掌握具体的知识和技能,同时学习一定的学习方法;而说课则是阐述自己的教学构想,说明自己如何教、学生怎么学,并进行科学论述。所以,在说课的内容中,理论依据的说明占相当大的比重,这也正是说课的"说理性"所在。

### 4.时间限制不同

上课必须在课堂中进行并有严格的时间限制,上课的时间一般是法定时间,而说课则可以在任何地方进行,虽也有时间限制,但相对比较灵活。说课的时间一般可选择15分钟,在这段时间中说课者要用精练的、浓缩的语言说完45分钟课堂教学的全过程及其理论依据。

## (三)说课与备课、上课之间的联系

从某种角度讲,备课是说课、上课的前提和基础,备课结果直接决定着说课、上课的效果,而说课、上课是备课结果的表述和检验,是把备课成果付诸实践的两个侧面。说课注重于对教学内容的分析,上课则是把教学任务付诸实施。通过说课,可以使备课、上课所要传授的内容更具科学性、计划性,更加理性化,从而提高上课的质量。

## 六、说课的评价

对说课给予综合评价,是摆在我们面前的一个重要研究课题。一套设计合理的、科学的说课评价标准,不仅能让教师发现自己的长处,及时查出自身的缺点和不足,而且还可使学校、教研部门及时掌握教师的综合情况,便于发现培养典型。对于说课评价的内容与标准,各地各学校可以根据自己的实际与需要来确定。一般要从说教材、说教法、说学法、说教学程序、教师基本功几方面做出评价。

## 七、说课注意事项

(1)充分利用材料制作教学用具。体现精巧的心思和教学主观能动性。

(2)即便没有多媒体设备也可以假定有图片、视频、音乐、实验器材等教学用具。

(3)要注意跟台下同行和专家的眼神交流,视线不要一直停留在讲稿上和某一个听者身上,要使台下的每一个人都以为你在看他们、注视着他们,做到让听者通过眼神交流能够感觉与授课者之间的信息传递互动。

(4)了解学校或者学区的特色特点以及我国基础教育改革的相关内容,把地方的教学环境和学生的实际情况融入教学设计当中,突出地方特色教学。

(5)钻研教材,充分准备。充分理解教材编写意图和教学目标,了解知识的承接性和延续性,对知识系统的内在联系,要做到心中有数,还要掌握本课在本册书中所处的地位和作用,明确重点难点。

(6)编写说课稿要体现学习目标、教学重难点、教法学法和教学过程的对应,保证说课结构的完整性,同时各个环节要有逻辑性和衔接性。

(7)表明"为什么要这样",换句话说就是要表明自己的设计意图和依据,理论依据采用新课标的原句。

# 第二节　说课的程序及案例

说课开始时,说课者应先报姓名、单位等一些相关情况(如果是教师招聘考试的说课就必须按照招聘考试的公告要求进行说课),再报出课题,课题所选用的教材,属于哪个年级,整个说课分几个部分等,然后进入正题。

常用语:现在开始我的说课,今天我说课的内容是×××。

## 一、说教材

主要介绍说课内容的科目、章节、教材的主要内容和知识点概述;课程教学的课时安排;本节课内容在整个知识系统中所处的地位、作用和前后的联系,它在学生的知识、能力方面有哪些重要作用,对将来的学习还会有什么影响等。

【过渡语】根据新课标的理念,对于本节课,我将以教什么、怎样教、为什么这样教为思路,从教材分析、学情分析、教学目标、教学方法、教学过程等几个方面加以说明。首先,谈一谈我对教材的理解。

### 【案例】"水资源"

1.本节课是人教版初中地理八年级上册第三章第三节的课程内容,本节内容分为3个课时进行教学。教材在第1课时介绍了自然资源的特征,认识到了可再生资源与非可再生资源。第2课时为土地资源,第3课时为水资源。水资源这节课主要是介绍中国水资源的时空分布的特点、水资源出现的危机(稀缺现状)及其应对措施。

2.水资源是万物之本,是人类生存和发展的物质基础,它与我们的生活息息相关,是人类必不可少的自然资源。但是随着社会的发展和自然环境的变化,水资源出现的危机也越来越成为全球关注的焦点和热点。因此本课时教学内容有明显的承上启下,前后关联的特征。

3.学生学习本课,对他们树立节水意识具有重要的教育意义,对帮助其养成良好的生活习惯有重要价值,所以说该节内容有重要的教育意义。

## 二、说学情

从学生的认知和思维特点、知识储备、生活经验、兴趣爱好出发,结合本地区的区情来分析学生学习本课的有利因素和不利因素,以及教师要根据学生的实际情况拟定采用的教学方式。例如:高中阶段的学生,已初步掌握了学习地理的一般方法,能够根据地图和材料,初步分析所学的地理知识。但是,由于学生综合分析能力有限,空间思维能力还有待提高,不能自主归纳总结,找出规律;再加上学生的知识面有限,生活阅历较浅,对重难点的地理知识不熟悉、不了解,因此需要在教师的引导下学习地理知识并提高地理思维能力、实践能力以及创新能力等。

### 【案例】"水资源"

本次教学对象是八年级的学生,他们已经接触了一年的地理基础知识,同时他们对水资源并不陌生,已初步掌握了学习地理的一般方法,对本课的教学有一定的帮助,但是该阶段的学生地理空间思维能力不强,未完全了解地理知识。因此,在授课的过程中教师讲解知识要详细明了、简单清楚,也要启发学生思考、归纳、总结,同时也要贴近生活,联系社会,让学生能够感受生活地理情趣,激发学生学习地理的兴趣。

## 三、说教学目标

教学目标是教学设计所确定的该课教学所要达到的目标,它对课堂一切教学活动起到宏观的调控作用,也是对课堂教学评价的重要依据。教学目标要根据国家的教育目的、新的学科课程标准、学科的核心素养以及学生的实际情况来确定,目前的教学目标主要以学科的核心素养为基础,以往是通过知识与技能、过程与方法、情感态度与价值观三个维度确定,目前是侧重于通过学科核心素养来确定,未来的教学目标也会随着教育理念的变化而变化。

说教学目标,应是可观察、可测量、切实可行的,尽量用行为动词表达。在说教学目标时,不仅要说具体的目标,而且要说确定这些目标的理论依据。注意:教学目标的行为主体须是学生,而不能是教师,教学目标的行为动词必须是具体的;对行为主体不要出现"让"和"使"字词。

【过渡语】根据新课程标准、学科核心素养以及学生的实际情况,我将从培养学生的人地协调观、综合思维、区域认知、地理实践力出发,设定本课的教学目标。

## 【案例】"水资源"

1. 知道水资源的概念和构成以及重要性;认识我国水资源在世界上的地位和面临的困难;掌握我国水资源的分布特点以及对社会经济发展的影响;知道我国从古至今的重大水利工程。

2. 通过对图表和数据的分析,感知水资源紧张的现象和水资源短缺的原因;根据我国地理环境特征,分析归纳出我国水资源分布特征、原因及影响;根据我国水资源现存的问题提出对策,从而提升学生的区域认知和因地制宜的能力。

3. 增强对环境、资源的保护意识和法治意识,初步形成因地制宜和可持续发展的观念,逐步养成关心和爱护环境的行为习惯;通过对三峡水电站、南水北调等水利工程的认识,激发民族自豪感,培养爱国情怀。

## 四、说教材重难点

教材重点是教材内容表现出来的地理事物的内在联系或本质,是教师认为教学中需要着力讲解或讨论的部分,是教学流程中用时最长,教材中篇幅比例最大,考点最多的内容。其确定的依据要从课程标准、教学目标、学生的基础和年龄等方面来说明。教材难点是学生难以理解的知识点,教学难点的确定依据,要从造成学生难懂的原因来说明。造成学生难懂的原因一般有两种:一种是教材内容较深或概念比较抽象;一种是学生缺乏这方面的感性认识或基础知识。有时难点和重点重合,如果难点属于教材内容的次要部分,则要说出教学时对难点的突破办法,占用时间等。可以采取的方法一般有如下两种:①重点难点+为什么这样设置重点难点;②重点难点+如何突破。

【过渡语】基于以上的教材分析、学情分析和教学目标的设立,本课的重点和难点确定为:×××。

## 【案例】"水资源"

1. 说重点:水资源稀缺的现状及其应对的措施。

教学重点确定的依据:认识到水资源的特点后,知道水资源存在有限性和稀缺性,知道水资源是人类必不可少的重要自然资源,而树立节水意识,从身边小事做起,是本章节教学重点。

2.说难点:水资源危机(水资源稀缺)产生的原因

教学难点确定的依据:水资源的稀缺成为全社会关注的焦点和热点,水资源危机产生的原因是复杂多样的,跟个人、集体生活、农业、工业乃至国家经济、技术的发展等因素有关,所以是该节课的难点。本节课中,就主要说主要因素部分,让初中生概括理解。

# 五、说教法

## (一)教法选择

教法的选择要考虑是否能取得事半功倍的教学效果,俗话说:"教学有法,但无定法,贵在得法",一般在教学中只有"一法为主,多法配合",才能使教学生动有趣。要说出在具体的课堂教学中,通过什么途径有效运用这些教学方法,预计达到什么样的效果。运用此教法应注意哪些问题,自己的改进意见和创新是什么等。

## (二)理论依据

在说课的过程中,说课者不仅仅要说清楚自身采用的教法,而且还要说清楚为什么采用这样的教法,也就是要说清楚选择教法的依据。通常来讲,教法的理论依据可以根据新课标、教学大纲、教参、教育学、心理学教材内容和学生实际来阐述。

【过渡句】现代教学理论认为,在教学过程中,学生是学习的主体,教师是学习的组织者,引导者,教学的一切活动都必须以强调学生的主动性、积极性为出发点。根据这一教学理念,结合教材内容特点和学生的实际情况,本节课采用的教法是:×××。

【案例】

该节内容贴近生活,初中生还是比较容易理解的,以直接感知为主的教学方法为核心。本节课采用演示法,利用现代多媒体工具辅助教学,形象直观,全面调动学生的各种感官,有利于学生对所要感知的事物形成完整的认识;同时,多媒体以不同形式展现在学生面前,让学生自己去观察、体验、感知;在整个讲课过程中会运用到图示分析法、讨论法、提问法,有利于学生对知识的理解、深入、升华和应用。

## 六、说学法

学法是指在地理教学中教师引导学生学习地理知识与技能的方法,同时也包括学生在教师的指导下学会用什么样的方法进行学习,从而使某些能力在此过程中得到发展。在学生学习时,可能会出现哪几种思维结果,有哪些思维定式需要克服,如何使学生真正变成学习的主人,让学生不仅学会,而且会学。科学的学法指导,是智能发展目标得以实施的重要途径。地理课的学法,主要包括学习地理感性知识的观察方法,掌握地理理性知识的逻辑方法,再现与保持的记忆方法、学习地理图表技能的方法和运用地理知识解决问题的方法等。学法指导的依据,可以从智能发展目标、学生基础和年龄特征,教学选择与教学手段等方面说明,要体现自主、合作、探究。

### 【案例】"主要地貌类型"

主要地貌类型包括流水地貌、喀斯特地貌、海岸地貌、风成地貌、黄土地貌等五种地貌类型。这五种地貌类型虽然在成因和特点上都各有不同,但是从学生学习过程的角度来说则有着较高的一致性。例如都包含如下问题:是怎样形成的?分布在哪里?有什么特点?对人类影响如何?等等。如果在一节课的时间内完成这五种地貌的学习,那么时间太过紧张,学习无法深入下去;如果每一种地貌都由教师按照同样的模式来教学,一则浪费时间,二则学生容易产生疲劳和厌倦。针对这些情况,我决定带领学生针对一种地貌(我选择流水地貌)进行详尽的学习,在学习结束后与学生一起总结。待学生领会以后,要求他们以组为单位仿照流水地貌的学习过程,自学其余几种地貌类型,将学习的结果和心得制作成PPT课件,在下一节课上进行展示交流。

## 七、说教学手段、教学准备及其依据

教学手段,是指师生为实现预期的教学目的,开展教学活动、相互传递信息的工具媒体或设备。选择教学手段时,要考虑目的性、实用性、可操作性、新颖性。对教学手段的选择,一忌教具过多、使用过频,使课堂教学变成教具的展览;二忌教学手段过简,不能反映地理课的特点;三忌教学手段流于形式,对教学重点、难点的突破不能起帮助作用。说选择教学手段的依据,一般从教学目标、教材内容、学生年龄、学校设备、主要教具的功能等方面做出解释。

【教学手段】多媒体辅助教学、演示实验、分组实验。

【教学用具】教材、教学挂图、地球仪、标本、三角板、磁铁、线圈、发光二极管、试管、量杯、酒精灯等。

【教学准备】多媒体课件、图片、课文相关的资料、视频等。

## 八、说教学程序

### (一)说教学思路设计及其依据

教学思路主要包括各教学环节的时序安排及其内部结构,这是说课更为具体的内容。合理安排教学程序、优化教学流程,是教学成功的基本保证。说教学程序设计,一般先说课型,确定课型后,再说明准备安排哪些教学环节,各环节的进行步骤、主要内容等。如"导课设计"须说出这样导入有什么好处,效果如何。说内容结构时,要说出本节课内容分几个段落,各段落的讲、练怎么安排,如何提问和组织讨论,如何促进学生积极思考,分段落的教学如何才能形成高潮并如何进行"调节",各教学环节之间如何过渡,最后又怎样结束等。

整个教学思路要层次分明,富有启发性,教学结构力求优化,能体现教师的主导作用和学生的主体作用。教学思路设计是教师的创造性思维活动,能体现教师的能力和水平,反映教师的教学技巧,它直接影响教学目标的实现,直接影响学生能力的培养和教学质量的提高。教学思路设计的依据还要联系教法、学法、教学手段、学生的认知规律等方面加以说明。

说教学程序时要把教学过程说清楚,但并不等同于课堂教学实录。对于重点环节,诸如运用什么教学方法突破重、难点要细说,一般环节的内容则可少说。尽量避免教师问、估计学生答,教师又问、估计学生又回答,这种流水账式的说课方式。

说课堂教学程序应说得更详细,因为课堂教学程序的设计和安排既是说课的出发点,又是落脚点,是贯穿整个说课过程的一条主线。但说课毕竟不同于授课,因其面对的是与说课者水平相当的教师,因此说课堂教学程序时无须将教案全搬出来,只要做到一个"精"字。

## (二)说教学程序的基本句式

【过渡句】下面主要谈谈本课的具体教学程序设计。

(1)首先(接下来)是×××的环节,在这一环节中,我打算采用×××的方法,×××(具体的做法)。

(2)为了(由于、因为)××××,我打算采用××××的方法来进行(某一环节××××),×××(具体的做法)。

## 【案例】"地球的自转"

**环节一,设置悬念,导入新课**

上课伊始我会引导学生吟诵毛泽东的诗《送瘟神》,突出其中最有名的一句"坐地日行八万里,巡天遥看一千河",然后抛出问题,为什么诗中会说坐在地上一动不动就能行走八万里呢?并让学生以头脑风暴的形式进行讨论发言,由此引出地球本身就是不断运动的观点,开启本堂课的教学内容。这样设计的目的是给学生设置一个悬念、激发学生的求知欲,为接下来的新课讲授奠定基础,从而顺利地进入第二环节。

**环节二,观察动画,探究新知**

我将会在多媒体上展示出地球自转的动画,让学生从南极、北极及正面三个角度观察地球自转的情况,并让学生说出三个角度看到的不同。然后请两名同学上台用地球仪分别演示自己对地球自转的理解,让台下学生观看,并判断对错,引导鼓励演示有误的学生形成正确的理解。最后教师再对地球自转进行准确的演示解说,进而引导学生总结出:地球自转的方向是"北逆南顺",地球自转的周期是太阳日和恒星日,此期间我会对太阳日和恒星日进行解释。这样不仅能够帮助学生掌握本堂课的重点知识,还能培养学生自主学习能力和勇于探索新知识的精神。学生掌握本堂课的重点知识后我会引导学生顺势进入第三环节。

**环节三,联系实际,知行合一**

我会引导学生从现实生活中去感受地球运动带来的地理意义,先组织学生以小组的形式思考教材活动。小美与小明分别身处中国和美国,在同一时间内通话,为什么会出现一个是白天,一个却是夜晚的现象?学生思考好后请小组代表发言,其他小组进行补充,接着我会顺着学生补充的方向引导学生总结出昼夜更替、时差现象是地球自转产生的地理现象。为了达到知行合一,学以致用的教学效果,我再请两位同学上台,经指导后利用准备好的地球仪和手电筒演示地球自转产生的昼夜更替现象和时差现象。通过实践活动这种方式,不仅有效地突破了本堂课的难点内容,使学生加深对该知识点的印象,还培养了学生的实践能力,不再把知识技能视为仅供记忆和存储的东西,而认为地理知识源于生活,用于生活,从而真正实现教育向学生生活的回归。

**环节四,知识巩固,课后作业**

课堂的尾声,我会引导利用图表的形式对地球自转的方向、周期及昼夜更替地区时差的地理意义进行回顾和总结,为了检查学生的学习效果,布置两个课后作业。第一,让学生用相同的学习思维和方法对地球的公转进行课后练习,我会利用课件呈现课前准备好的选择题让学生以抢答的方式进行作答,对于学生存在疑惑的知识点我会再次解释说明。以此方式来让本堂课的教学取得当堂达标的效果。最后布置预习。第二,观察生活中还有哪些地理现象是由地球自转而产生的,以此结束本堂课的教学。

## 九、说板书设计及其依据

说板书设计,主要介绍这堂课的板书类型是纲要式、图解式,还是表解式等;什么时候板书,具体内容是什么,如何使用黑板,如何使用彩色粉笔;等等。板书设计要注意地理知识的科学性与系统性,文字要准确、精练、醒目。好的板书内容能系统反映教师讲授的主要内容和教学思路,并借此启迪学生的学习思路,是接通师生思路的"媒介"。板书接通了全部信息的关键点,是全课的纲要,见板书可知其教学内容和功效。板书设计也是教师基本功的一项反映,是教师素质和能力的体现。说课前应将板书设计好,说课时展示给评委或同行。对板书设计的依据可从教学内容、教学方法、教师本身特点等方面加以解释。

# 第九章　研学旅行活动

## 第一节　研学旅行活动概述

近年来,研学旅行实践活动逐渐成为学校培养学生地理核心素养的重要方法与手段。活动的开展能使课本上的理论知识更加生动形象地呈现在学生面前,加深学生对课本知识的理解,促进书本知识与生活实践的深度融合,从而拓宽视野、丰富知识;能够很好地培养学生的创造力、实践力,为他们未来更好地学习和生活打下良好的基础,是一种能够有效提高学生综合素质的活动。2013年2月2日,国务院办公厅印发《国民旅游休闲纲要(2013—2020年)》的通知,纲要中提出:"逐步推行中小学生研学旅行"的设想。2014年8月21日国务院印发《关于促进旅游业改革发展的若干意见》,首次明确了"研学旅行"要纳入中小学生日常教育范畴,积极开展研学旅行。2016年11月30日,教育部等11部门印发的《关于推进中小学生研学旅行的意见》[①]指出,中小学生研学旅行是由教育部门和学校有计划地组织安排,通过集体旅行、集中食宿方式开展的研究性学习和旅行体验相结合的校外教育活动,是学校教育和校外教育衔接的创新形式,是教育教学的重要内容,是综合实践育人的有效途径。

### 一、研学旅行概念

所谓研学旅行,就是指学校根据教育部门下达的相关教育文件,进行相应的研学活动计划安排,组织学生进行集体的旅行、集中的食宿,开展具有一定探究意义的综合性学习,因此研学旅行既是具有旅行体验的校外教学活动,又是有着一定趣味性、学习性、教育性和实践性的地理实践活动,是学校教育和校外教育衔接的创新形式。总的来说,研学旅行是沟通课本与现实的重要桥梁,是一种根据学生特点、学科需求以及以区域特性

---

① 朱尖.高句丽世界遗产价值评价及研学旅行利用研究[J].资源开发与市场,2018,34(7):1032-1036.

为背景,带领学生走出校园、亲近自然、走进社会、接触实际生活的学习性过程,它符合地理新课标要求,是培养中学生地理核心素养目标中地理实践力的主要教学方式之一。当下学校课堂学习是学生获得知识文化的主要渠道,基本上都是通过老师讲解提前准备好的教学课件来进行学习,学习方式比较单一。而研学旅行活动恰好将"旅游"与"学习"进行组合,让学生离开固定的教室到户外进行探究性、体验性的实践学习,改变了枯燥的、单一的学习方式,从而提升学生的区域认知能力、地理实践力、综合思维能力和人地协调观。

## 二、研学旅行和传统旅游的区别

(1)概念不同。研学旅行是由教育部门和学校有计划地组织安排,通过集体旅行、集中食宿的方式开展的研究性学习和旅行体验相结合的校外教育活动。旅游是人们为了物质和精神享受的需要,离开常住地到异地进行游览和逗留的活动,但连续时间不超过一年,它既是一种文化生活,又是一种综合性的社会经济活动。[①]

(2)主体和内容侧重点不同。研学旅行的主体是学生,而且这个学生不是单个或几个学生,它是指"以年级为单位,以班为单位"的学生,它的重点必须落在"研"和"学"上,包含研究和学习。传统旅游的主体通常是个人、家庭、朋友或者群体,传统旅游的内容主要是吃、住、行、游、购、娱六个方面,不能很好地体现"研"和"学"。

(3)目的地选择标准和结束方式不同。研学旅行地点的选择有一定的目的性和主题性,不是盲目的,是有计划有组织的,结束后还要完成相关的研学报告和总结。传统旅游对目的地的选择没有特殊的要求,全凭个人的喜好,从旅游目的地返回生活地后就结束了。

## 三、研学旅行的意义

(1)研学旅行是对学校地理课堂教学的延伸,能够把学生在地理课本上所学地理知识与生活实际联系起来,有利于激发学生对地理学习的兴趣和动机,提升学生区域认知能力、地理实践能力、综合思维能力和人地协调观。

(2)研学旅行使学生接触自然地理事物,学生通过对祖国名山大川和文化的研学,加

---
① 孙月飞,朱嘉奇,杨卫晶.解码研学旅行[M].长沙:湖南教育出版社,2019.

深对地理事物的理解,融入社会生活,认识人类生活对地理环境的影响和破坏,从而树立正确的人地协调观。

(3)在研学旅行的过程中,通过对周边特定区域的切实体验和认知,有利于学生增加区域性知识储备,增强学生分析地理问题和解决地理问题的能力。[①]

(4)通过研学旅行活动,将乡土地理与学生所学到的知识相联系,增强学生热爱祖国、热爱家乡的浓浓情感。

(5)研学旅行的发展必将促进我国旅游业的发展,带动保险、交通等其他行业的发展,成为联动式发展,我国研学旅行教育性会更加明显,比如,红色研学旅行将会向学生宣传爱国教育思想,科技类研学可提升学生的科研精神和创造能力,素质拓展类的研学旅行会锻炼学生的身心素质和协作能力等。

## 四、研学旅行发展前景

近几年,研学旅行资本市场融资快,发展非常迅速。教育部也要求全国各地中小学组织开展多种形式的研学旅行。研学旅行的内容多,领域丰富,市场需求大,前景广。

### (一)研学旅行政策利好

自《国民旅游休闲纲要(2013—2020年)》《关于促进旅游业改革发展的若干意见》《关于推进中小学生研学旅行的意见》发布后,研学旅行受到教育界、旅游界和学生家长们的普遍关注,研学旅行市场开始呈现火热发展状态,很多省级地方政府也先后出台推进研学旅行发展的相关政策,纷纷提出要把研学旅行摆在更重要的位置,推动研学旅行快速发展,对研学旅行基地及营地的发展形成极大政策利好。[②]

### (二)研学旅行需求前景可期

近年来随着研学旅行逐渐地流行和热门,人们对研学旅行消费需求巨大,我国研学市场需求旺盛,发展速度快。据相关调查,约75%的受访者表示了解研学旅行,80%左右的人表示对研学旅行很感兴趣,60%左右的受访者参加过研学旅行。随着研学旅行被纳入教学计划,成为在校学生的刚需,未来3—5年研学旅行的学校渗透率会迅速提升,我

---

① 董守业,戚庭跃.研学旅行对构建学生地理核心素养的作用研究[J].农家参谋,2018(23):212,260.
② 李军.近五年来国内研学旅行研究述评[J].北京教育学院学报(社会科学版),2017,31(6):13-19.

国研学旅行前景可期。①

### (三)教育投入增长促进研学旅行的开展

国家逐年对教育加大投入,国家教育投入增长有利于研学旅行市场发展。一般情况下,学校每学年组织安排1—2次研学旅行活动,每学年合计安排研学旅行活动,小学3—4天、初中4—6天、高中6—8天。"过夜"现象给研学旅行基地及所依托的目的地带来了巨大的市场空间和消费潜力,各地政府非常重视。《关于推进小学生研学旅行的意见》提出:各地可采取多种形式、多种渠道筹措中小学生研学旅行经费,探索建立政府、学校、社会、家庭共同承担的多元化经费筹措机制。交通部门、铁路部门、文化旅游等部门通过执行儿童票价、减免门票等方式支持研学旅行开展。鼓励通过社会捐赠、公益性活动等形式支持开展研学旅行。

### (四)研学人才需求大

研学旅行的快速发展,增加了对相关专业人才的需求。与传统旅游产业相比,研学旅行的发展不仅没有缩小覆盖企业的类型,反而在传统的景区、旅行社、酒店基础上,增加了营地、研学旅行机构等新主体类型,就业范围更广,岗位类型更多。各类市场主体对研学旅行的参与度高,但是研学人才缺口大。研学旅行既不同于传统的团体旅游,也不同于传统的课堂教学,而是一种新型的教学方式。这一新型教学方式仅依靠中小学校承担课堂教学任务的教师和传统的导游是很难完成的,需要由专业研学导师来完成,行业人才需求量大。

## 五、研学旅行规划的基本原则

### (一)教育性原则

研学旅行是综合实践活动的组成部分,本质上是教育活动。教育性原则的落实主要在研学目标的确定和课程内容的选择与呈现上,必须依据国家课程标准中关于综合实践活动标准及研学旅行相关的规定,结合研学旅行具体资源的性质来科学地确定。课程内

---

① 王老实.研学旅行要突出"三有"原则[J].人民教育,2018(3):29.

容的选择要有明确的教育主题,内容的呈现要能够引领学生进行深度的思考和体验,研究问题或作业的设置应能引领学生,对参观、游览、体验的旅游资源进行系统深入的认识,对学生选定的研究课题提供相关材料和思维启发,助力学生获得研究成果,获得预期的情感体验和价值态度。

### (二)典型性原则

针对地理学习,研学旅行线路沿线的地理事物应真实典型[①]。如考察典型的喀斯特地貌可选择桂林山水、荔波小七孔、罗甸县大小井、平塘县天坑群、罗甸县板庚滩等,能够直观地让学生观看石林、石芽、天坑、溶洞、地下暗河、深"V"型石灰岩峡谷、溶蚀台地等各种典型的喀斯特地貌。

### (三)可行性原则

研学旅行活动具有教育和旅游双重功能,研学沿线的景点与主题要相适应,具备必要的基础设施和配套设施,具有所涉及的交通、食宿等服务,具备一定的接待能力。为避免集中用餐时间太久,组织出行规模要控制在用餐点的接待能力之内。

### (四)经济性原则

在保证研学旅行效果的前提下,线路设计还应考虑所选地理事物的位置和距离,精心策划、合理布局,缩减不必要的路程。短线研学旅行点尽量集群,长线研学点尽量走环线,以节约研学的经济和时间成本。

### (五)兼容性原则

研学旅行线路设计时应主题鲜明,以一个主题为主,兼顾其他研学内容。如以都匀毛尖茶考察为研学主题,同时,还可兼顾都匀毛尖茶的农业区位、茶文化的地理研学等。

### (六)最优性原则

地理景观往往具有时空特点,同一景观不同季节呈现的特点也不尽相同。根据不同的研学主题选择最佳出行时机就显得特别重要。如贵州荔波小七孔,夏季降水多,水量大,其

---

[①] 张金萍.地理研学旅行线路规划研究[J].中学地理教学参考,2018(5):66-68.

他季节水量小,水上森林不明显,要探究荔波小七孔的地理环境,在夏季进行研学效果最好。所以,优化研学旅行点的选取和线路设计,出行时机选择恰当,才能使研学效果达到最优。

### (七)安全性原则

对于沿线已经开发或基本具备开发条件的点,教师要提前做好隐患排查。首先,对当地的地形、气候、水文等自然环境进行隐患排除;其次,对当地旅游硬件设施情况进行隐患排查;再次,对当地社会文化环境等方面进行隐患排查;最后,为了确保开展研学旅行活动的地点能及时排除安全隐患,教师要密切关注当地的天气预报,避开地质灾害,尤其是在野外漂流、高山无人区、湿地考察时,对暴雨引发的水位上涨、落石、山体滑坡、泥石流等危险情况要时刻保持警惕,设计的考察线路尽可能避免这些危险地段。

## 六、研学旅行线路设计步骤

### (一)收集信息,初步选定资源

教师通过书籍、网络收集某某地点范围内的自然景观、人文景观、工业基地、博物馆等信息,然后根据研学的基本原则来进行初步资源的选定。

### (二)结合教材,确定研学点

在初选研学资源的基础上,教师要把教材、课程标准、核心素养和学情结合起来,选出研学旅行线路中的"点",即选择符合学生的研学旅行点。

### (三)串点成线,初定研学路线

教师将之前初选的研学旅行点,根据不同的功能、风格、游览价值和教育教学价值合理地串联起来,组合规划成初步研学旅行线路。

### (四)走近实地考察,完善路线

研学线路初步确定后,教师要进行实地考察,确定景点的研学价值,及时发现安全隐患,以便发现问题进行研学路线修改。

## （五）交流探讨，确定研学路线

通过实地考察，对发现的问题进行及时讨论，提出整改措施，最终确定研学路线。

# 七、存在问题及解决措施

## （一）存在的问题

### 1.研学旅行课程缺乏理论基础

目前，关于研学旅行理论基础的研究相对较少，现有研究大多关注背景介绍、政策解读、安全保障、实施困难、教育意义以及研学旅行产品服务等方面，教育学意义上的理论研究成果比较缺乏，研学旅行的本土化问题有待加强。由于缺乏理论探索，导致目前的研学旅行课程实施缺乏理论指导，相关研究缺乏发散性思维，研究的广度与深度不够，使研学旅行课程不能达到其理想效果，未得到地方教育部门、老师、家长的足够重视。因此，从教育学意义、课程化意义出发的研学旅行研究亟待加强，研学旅行课程的理论系统建构将是今后研究努力的方向。

### 2.研学课程缺乏系统设计，实施过程随意[①]

当前有些学校对研学旅行课程在学校课程中的定位不明确，缺乏研学教育目标、内容设计、实施方式等方面的系统性思考，未形成完整的研学课程体系，相关安全保障系统也不完善，研学活动开展带有很大随意性和被动性，学生没有真正意义上体会研学旅行的价值及作用。[②]

### 3.研学旅行活动忽视学生主体地位

美国著名课程理论专家施瓦布的实践性课程理论提出，教师和学生是实践课程的主体和创造者，实践课程的决策应由个体审议到集体审议。但在实际生活中，研学旅行活动的设计往往都是教师根据自己的专长来进行设计，很多时候没有考虑学生的兴趣爱好，很容易忽略学生的知识储备和接受能力，让学生听讲、记录的情况多，让学生动手实践操作、独立思考解决问题的情况少，在研学旅行活动过程中学生的主体地位没有充分

---

[①] 高峡.借鉴经验推进研学旅行建设[N].中国教师报,2019-10-16(007).
[②] 杨德军,王禹苏.当前研学旅行课程实施中的问题与对策[J].中小学管理,2019(7):12-14.

体现,对学生的关注度不够。

#### 4.研学活动反思总结不够

研学旅行活动结束后应该进行评价、反思和总结。目前,很多研学旅行活动的开展,往往注重实施的过程而缺乏反思评价。在评价过程中不能只针对学生的收获和思考,还应该重视教师的反思和思考,应对此次活动出现的不足进行讨论,总结原因避免下次再犯。

### (二)解决措施

#### 1.立法推动研学旅行制度化

在国家层面,针对研学旅行活动制定相应的法律法规,对研学活动目的、内容、方式、次数、时间等提出明确的要求,让学校和研学部门做到有法可依。

法律法规不仅面向教育系统、学校,而且要面向家长及社会服务系统,这样有利于研学旅行法治化和制度化,进而推动研学旅行的发展,培养学生的地理实践力、综合思维能力,形成一个全社会相互联系的研学旅行体系。

#### 2.教育部门统筹管理,确保有序运作

地方教育部门要做好研学旅行统筹管理,要制定研学旅行相应的费用标准、补助规定和提供研学旅行信息,协调联络学校和社会服务机构,有效解决需求与服务之间的关系,确保研学旅行有序运作。

在学校层面,学校要把研学旅行纳入学校年度工作计划,做到有规划、有准备,完善相应的社会保险制度,为学生健康出行和安全提供有力保障。

#### 3.课程目标要进行有效统一整合

研学旅行课程目标是课程的核心,影响着研学旅行课程内容的选择、课程实施教案的设计、课程资源的组织和课程效果的评价。各学校应该从多方面考虑,根据学生的实际情况,合理制定研学旅行目标,目标要与学校育人、办学理念相一致,要与国家教育政策相统一。同时,研学旅行计划还要符合学生身心特点、知识水平、理解能力,目的是提升学生的地理核心素养。

#### 4.课程内容要突出丰富性、主体性

针对研学旅行课程设计方案,每个学生的关注点不同,所以学校在研学旅行课程内

容设置方面,要深入挖掘其中的知识内容,在课程活动设计时从多角度分析学生的需求,设计出丰富多彩的课程教学活动。同时,在活动过程中要鼓励学生积极探索,培养学生的动手能力和实践能力,突出学生的主体性。

#### 5.课程评价体系多元化

由于研学旅行课程具有丰富性和多样性,所以评价方式也应多元化,可以从活动的设计与实施、学生的表现、研学导师的组织与指导等多方面进行评价。既要关注学生研学手册完成情况,也要关注学生在知识、能力方面有哪些收获,学习态度是否转变等。

## 第二节　研学方案设计

### 一、地理研学旅行方案设计

近年来,研学旅行已经在初中高中学校逐渐流行,为培养学生的地理核心素养迈出了重要一步。研学旅行是行走的课堂,但并不意味着什么都学,也不能变成走马观花式的课堂。研学旅行对于地理教学的作用与意义比较突出,涉及地理教材中很多知识,如:在自然地理中的地貌、地形、河流水文特征、植被地带性分布等知识;人文地理中的人口分布、各地域文化差异、风俗习惯等知识。这些地理知识都可纳入地理研学方案设计。进行地理研学旅行方案设计,要完成以下工作。

#### (一)确定研学主题

在设计研学旅行方案时,首先要确定研学旅行活动的主题。主题分为:红色革命教育、中华传统历史文化教育、祖国大好河山自然环境教育、科技国防教育、社会生活教育、拓展训练教育等。不同主题对学生培养的侧重点不同,在设计研学方案时,首先要明确研学的主题;其次,确定学生研学小问题,便于学生写研学报告、总结,从而培养学生思维和写作能力。

初高中地理知识体系覆盖了自然地理、人文地理、区域地理等诸多方面,学校参加研学活动的教师团队不仅要根据学生现在的学情,也要结合当地的研学资源并以此来明确研学旅行的主题。

### 【案例】都匀毛尖茶研学旅行科学考察实践活动

| 学段 | 内容来源 | 学生研学小问题推荐 | 相关专题教育 |
|---|---|---|---|
| 七年级 | 自然 | 我能种植都匀毛尖茶 | 劳动教育 |
| | | 我是采茶小能手 | |
| | | 我能炒制都匀毛尖茶 | |
| | 文化 | 看看家乡都匀毛尖茶的变化 | 传统文化教育 |
| | | 我是毛尖茶"非遗"小传人 | |
| | | 我眼中的都匀茶博园 | |
| | 社会 | 都匀毛尖茶调查与推广 | 社会实践教育 |
| | | 我是都匀毛尖茶销售员 | |
| | | 我是都匀毛尖茶宣传员 | |
| | 生活 | 毛尖茶书签、标本制作 | 地理实践力教育 |
| | | 都匀毛尖茶包装盒制作 | |
| | | 我会泡一杯毛尖茶给父母喝 | |

## (二)明确研学目标

研学旅行活动目标的确定是研学活动是否顺利开展的关键,为了保证研学旅行的效果,需提前确定研学旅行应该达到的目标,从而设计可行的研学方案。

在新颁布的普通初高中地理课程标准中,强调学生核心素养即区域认知、综合思维、地理实践力和人地协调观,要求培养学生野外考察、收集数据、收集信息、社会调查的能力。所以,研学旅行目标的制定要符合教育教学大纲,凸显地理学科特点,能够促进学生在旅行中学习思考。在设计方案时,一方面,教师应结合学生的心理特点、理解能力、知识水平来进行设计,另一方面要以学生为主体,突出学生的主体地位。例如,以"都匀毛尖茶"为主题研学,研学目标为:了解毛尖茶生长环境,了解毛尖茶的生长习性。通过教师和当地茶农的指导,学生能够正确种植都匀毛尖茶,这样能培养他们地理思维、地理实践力和正确的人地协调观,激发学生热爱祖国大好河山的爱国情怀等。

## (三)选择研学地点,确定研学路线

实地考察是选择研学地点的重要环节。教师可以对多个点进行考察,将多个点的所看所思记录在案。考察时会发现研学内容多而繁杂,那么该如何选择,就需要所有研学导师进行商讨和研究,讨论其知识价值、学生的可接受性、所需要的经费、存在的安全隐患、线路行程的合理性等。在充分考虑师生人身安全的前提下,结合当地地理环境选取与中学地理知识密切相关,具有当地特色文化的研学地点。研学地点的确定不仅要融合研学的主题和目标,也要遵循经济性原则和特色化原则。在保证研学活动顺利开展的前提下,尽量就近选择研学地点,降低活动的成本。

研学路线的确定对研学旅行活动顺利开展至关重要。研学地点确定后,应对其研学资源价值高低进行分析判断,综合考虑研学途中可能涉及的多方面要素(如:线路的安全性、选择何种交通方式、学生的食宿地点、意外突发状况的处理等),以科学的原理、有序的方式、整体的思维对研学地点进行有效的筛选和串联,将地理教育价值高的活动地点挑选出来,充分考虑活动环境的实际情况,设计具备安全性和趣味性的教育教学活动,从而完成研学旅行线路的选择。例如,引导学生对罗甸县自然地理环境进行考察,从而掌握喀斯特地貌,研学路线确定为:董架天坑—沫阳大小井—板庚滩。

## (四)研学旅行方案框架构建

在设计研学旅行方案时,首先要建立起一个框架,建立起一个方案的雏形,方案搭建过程如下:

(1)教师提前调研、踩点。在提出研学构想的前提下,教师要提前去调研、踩点,为研学路线的选择提供依据。

(2)确定考察点以及研学路线。教师通过多次踩点,综合对比,最终确定研学的线路。

(3)确定研学途中考察讲解内容。研学线路确定后,教师进一步收集相关资料,进行研学手册的编写,以便在研学旅行途中给学生讲解。

(4)落实出发前的准备工作。在前期准备工作做完之后,教师需要进一步检查每项工作是否落实到位,如有问题及时整改。

(5)告知学生研学内容,发放研学手册。所有工作落实完成之后,接下来就是告知学生研学的内容,发放研学旅行手册,给学生做相关的安全教育和提醒研学途中的注意事项。

(6)带领学生进行实地研学旅行考察。教师带领学生实地考察,进行研学旅行的知识讲解,让学生亲自动手,记录相关的资料和数据,学生可以利用手机、地图对研学旅行地点进行详细了解。

(7)总结报告。学生实地考察完成以后,带队教师需要进行总结,总结此次研学过程中的经验和存在的问题,以便于下一次研学借鉴。学生需要写一份研学旅行报告或者小论文。

## 研学旅行方案设计模板

| | | | | |
|---|---|---|---|---|
| 研学旅行方案设计 | 第一部分 | 研学主题 | | |
| | | 研学课题 | | |
| | 第二部分 | 研学旅行目标 | 区域认知 | |
| | | | 综合思维 | |
| | | | 地理实践力 | |
| | | | 人地协调观 | |
| | 第三部分 | 基于地理实践力的培养内容 | | |
| | | 目的地的选择 | | |
| | | 线路安排 | | |
| | 第四部分 | 组织方式 | | |
| | | 活动形式 | | |
| | 第五部分 | 注意事项 | 出发前的准备工作 | 物质准备 |
| | | | | 精神准备 |
| | | | 研学活动时的注意事项 | |
| | | | 活动后的注意事项 | |

## (五)进一步调研完善研学活动方案

初步研学旅行方案确定后,教师还需要进一步实地考察充实完善方案。参加研学活动的教师应该进行实地考察并征询学生、学科专业教师及专业导游等其他专业人士的意见,根据研学时间的长短,教师要考察每个点上的饭店、旅馆,保证在整个研学过程中学生、教师的吃住问题,进而保证研学活动的顺利进行。同时,教师要对当地的风俗习惯进行一个大致了解,从而在研学过程中,可以避免一些文化冲突。另外,教师要对旅行过程中潜在危险的地方进行记录,从而完善研学活动方案,降低研学旅行中的危险系数,以保证师生的安全。研学旅行活动的方案设计对评价研学旅行活动所取得的成绩和效果起着决定性的作用。

## 二、研学旅行前相关准备工作

做好充分的准备是研学旅行活动是否顺利进行的重要前提。在进行研学旅行活动之前,教师和学生都需要进行前期的相关准备工作。

研学教师需要做以下准备:

(1)做好相关知识的准备。教师踩点回来之后,需要搜集关于研学旅行内容的相关知识、资料,从而做好研学旅行主题的教学设计,以便在研学旅行时,充分给学生讲授相关的知识。

(2)强调研学旅行的注意事项。教师必须提前给学生强调研学过程中的注意事项,以保护学生安全和维护学生的权益。例如,要求学生必须记住老师的联系方式,遇到困难时及时向研学老师求助;学生出行时,需要谨记乘坐车辆的车牌号,避免上错车辆;等等。

(3)制作研学旅行手册。研学教师在所有的工作都准备完成之后,需要把此次的研学旅行内容、研学时段、研学旅行所要达到的目标、研学旅行过程中的注意事项、研学旅行带队导师的联系方式等,编制成手册,发放给学生。

(4)组织召开研学旅行活动会议。活动开始前,召开所有老师研学会议,商讨研学旅行活动细节,明确研学旅行活动分工,做好研学旅行活动时间安排,准备好研学旅行活动所需要的设备及生活用品,反复检查是否有遗漏(带队教师要提前准备好常用的如感冒药、晕车药、创可贴等药品,以备不时之需;教师还要根据地理研学的内容,做好指南针、放大镜、温度计、小铁铲、标本采集袋、地图以及各种测量工具等物品的准备工作)。

(5)组织召开学生会议。研学教师组织研学旅行的全体学生集中开会,交代好研学旅行活动应完成的任务,让学生明确研学旅行的目的,应该做什么,以及在研学旅行过程中的注意事项和安全保护手段,提高学生的安全防护意识。

研学学生需要做如下准备:

(1)知识准备。学生拿到研学旅行手册后,学习研学旅行内容,学生可以对研学旅行线路上的旅行点,利用互联网查阅相关的资料,对其有大体的了解。

(2)准备生活用品。学生可以根据旅行路线中天气的变化,准备衣服、帽子、运动鞋、背包、文具、记录本等,以备不时之需。

## 三、研学方案的考察实施

### (一)依据方案实施活动,切勿死板

所有准备工作完成后,接下来就是带领学生进行研学旅行的实地考察。在研学旅行过程中要依据已经设计好的方案进行活动的安排和实施,当然在活动的过程中也会存在不可预料的情况,在面对突发状况时要依据实际情况对活动过程进行调整,不能墨守成规,要备好相关的医疗配套保障设施,保障学生在活动中的安全。教师要及时向家长反馈学生在研学活动过程中的表现,让家长看到自己孩子的成长与进步。

### (二)依据目标,做好考察记录

在研学过程中,将参加研学活动的学生分成多个小组,再以小组的形式针对研学点的地理位置、气候、植被和区域布局等基本情况,用网络、图书等方式查阅资料并做好记录[①]。这样不仅能够培养学生收集和处理地理信息的意识,也能够增强学生的合作意识和提高使用工具的能力。研学导师依据研学旅行的活动目标,引导学生实地考察,做好记录,以便更好地加强学生的动手能力和语言表达能力,以及自主学习和小组合作探究的能力。整个研学过程中,教师要提醒学生随时记录,以便保存获得的第一手资料。

### (三)考察过程中启迪思考,培养素养

在研学活动过程中,学生结合所学的自然地理和人文地理知识,在研学导师的指导下,对研学地点进行调查,通过各种地理实践活动方法,将地理知识运用到地理实践中,巩固所学的地理知识,并能在老师的引导下积极思考,点燃学习地理的激情,激发学习兴趣。通过研学旅行活动的开展,培养学生区域认知、地理实践力、综合思维和人地协调观,加深对地理知识的理解,提升学生地理核心素养。

### (四)考察过程激发兴趣,切记乏味

实地考察环节是整个研学过程的中心环节,教师要激发学生的兴趣,切忌乏味。在考察的行车途中,沿线会看到很多自然、人文地理景观,为了防止乏味,教师可以根据已

---

[①] 王盼,张正勇.基于地理实践力培养的研学旅行方案设计——以新疆伊犁地区为例[J].中学地理教学参考,2020(24):84-86.

准备的教学内容,向学生简单地介绍相关自然、人文地理知识,把书本上的死知识转化为直观的知识呈现给学生,从而激发学生学习的兴趣。例如,研究植物对地理环境的适应性。某学校把都匀市螺丝壳茶山作为一个研学点。首先,在茶山上,学生进行采茶,让学习从传统的课堂中跳出来,感受自然和亲近自然,同时给学生讲解茶树生长的气候条件。学生在轻松的状态下,获取知识,这种贴近生活获得的知识,印象就比较深刻,不易忘记。其次,对传统炒茶工艺的体验,学生把自己采摘的茶叶,进行炒制,感受传统工艺的魅力。最后,研学导师带领学生进行土壤实验,可以粗略地检测土壤中的酸碱度等,从而更加了解茶树适宜生长的土壤环境。通过这种边玩边学习的方式,激发学生的学习兴趣,点燃学习激情。

## 四、如何应对研学安全隐患

### (一)避开安全隐患

(1)学校实施研学旅行,在整个过程中如果研学点存在诸多的安全隐患,最好的办法就是避开。

(2)如果学校是委托第三方开展研学旅行,学校要与有资质、信誉好的委托企业或机构签订协议书,明确委托企业或机构承担学生研学旅行的安全责任。

### (二)建立安全责任体系

(1)制订科学有效的中小学生研学旅行安全保障方案,探索建立行之有效的安全责任落实、事故处理、责任界定及纠纷处理机制,实施分级备案制度,做到层层落实、责任到人。

(2)教育行政部门负责督促学校落实安全责任,审核学校报送的活动方案(含保单信息)和应急预案。学校要做好行前安全教育工作,负责为出行师生购买意外险,确认已投保校方责任险,与家长签订安全责任书,与委托开展研学旅行的企业或机构签订安全责任书,明确各方安全责任。

(3)旅游部门负责审核开展研学旅行的企业或机构的准入条件和服务标准;交通部门负责督促有关运输企业检查学生出行的车、船等交通工具;公安、食品药品监管等部门加强对研学旅行涉及的住宿、餐饮等公共经营场所的安全监管,依法查处运送学生车辆的交通违法行为;保险监督管理机构负责指导保险行业提供并优化校方责任险、旅行社责任险等。

(4)学校建立突发事件报告制度、应急事故处理制度等相关制度,保障研学旅行的安全。

### (三)做好安全教育和防范措施

研学旅行的主要对象是中小学生,这一群体的安全意识还不强,生活常识较为缺乏,盲目性和随意性较大。很多学生心理素质不高,遇到困难或危险不能冷静处理,往往因紧张而不知所措,部分处于叛逆期的学生甚至还会故意做出与安全要求相悖的行为。

安全教育是增强学生安全意识、提高安全能力的主要途径。开展研学旅行前,学校须召开校级领导会议,政教处召开班主任工作会议,带队教师召开家长会和学生的安全会议,以防患于未然的姿态加大安全教育的力度与强度,加强培养学生的安全防范意识、应急处理能力、防范能力,重视学生心理健康教育,提高心理承受能力,做到层层把好安全关。

### (四)做好应急预案

研学旅行应急预案就是在研学过程中发生突发安全事件时,能够用于应急处理的解决方案。制定研学应急预案有利于应对研学过程中的突发事件,及时地做出响应和处置,有利于避免突发事件影响扩大或升级,最大限度地减少突发事件造成的损失,有利于提高师生的居安思危、积极防范风险的意识。撰写应急预案包括总则、组织领导、安全教育、应急事故处置方法、注意事项等内容。

## 五、总结评价

### (一)撰写总结与反思

研学活动结束后需要进行总结,思考此次活动中可取的地方,特别是要对活动中出现的不足之处进行反思,并提出自己的意见和看法,改进不足之处,保证下次研学旅行活动开展得更加完善。

## (二)分享研学旅行成果

研学旅行实践过程中,每个学生的所学、所见和所思是不一样的,组织学生进行分享,便于老师能够及时掌握学生的学习情况,检验此次研学活动取得的效果。分享方式可以是一幅画、一张照片,也可以是一段话等形式,也可以从小组中选取代表与全班同学进行分享交流,达到同学间相互学习、共同进步的目的,加深学生对此次研学活动的印象,更好地理解研学旅行实践活动的意义,使学生的综合学习能力得到进一步的提升。

## (三)实施研学旅行评价

教学的评价是教学过程当中非常重要的一环,没有课程的评价,研学旅行就不是教育学范畴的专业性的课程,所以,研学旅行活动结束后的评价必不可缺。评价方法有自我评价和他人评价,有结果性评价和过程性评价,有定性的评价和定量的评价。好的研学评价是对此次研学旅行活动一种满意的肯定,值得继续保持;不好的评价则说明此次研学活动安排还存在不足,有待改进。

## (四)指导学生编写小论文

研学活动结束回到学校后,学生须根据预设课题或自选课题编写小论文,进一步梳理在研学活动过程中的收获,这时学生需要上网查找资料及收集数据,但中小学生收集与获取信息的能力还较弱,且不清楚论文的编写格式,需要教师进行指导帮助才能完成。

研学活动设计案例

# 第十章　项目申报与论文写作

中学地理教师从事科学研究，适合以科研项目为载体获得一定的科研经费资助，通过撰写和发表学术论文，将相关研究成果物化，并以此服务于社会。在此过程中，中学地理教师可以系统地整理相关理论知识，并将其运用于地理教学实践，最终实现中学地理教师综合素质全面提高的目的。

## 第一节　项目申报

### 一、项目申报的内涵

科研项目是开展科学研究的重要基础和依托，获得科研项目并能高质量完成是衡量项目申报单位科研能力和水平的重要依据。同时，科研项目是科研人员实施科学研究和进行科学实验的重要平台，也是科研人员提高科研能力的重要途径。作为中学地理教师，项目申报的意义远不止是项目研究的本身需要，更是为了让中学地理教师在项目实施过程中得到充分的锻炼，为其教学与科研的长远发展打下坚实的基础。

### 二、项目申报的类别

根据立项部门级别，科研项目有国际合作、国家级、省（部）级、厅（市、州）级、县（区）级和具体企（事）业单位等类别。其中国际合作、国家级、省（部）级、厅（市、州）级科研项目每年有相对固定的申报时间，县（区）级和企（事）业单位申报时间也有一定的规律可循。此外，各类各级项目申报的要求和程序也不尽相同，申报项目之前一定要认真研究项目申报指南。作为中学地理教师，更多地应该关注教育主管部门发布的项目申报信息，且应该结合自己的专业背景，把注意力放在自己擅长的领域。

## 三、如何进行项目申报

### (一)申报前的准备

首先,从申报人员熟悉的内容入手,发现值得深究和探索的方面,同时思考存在的问题及解决方法,以此来决定申报方向。

其次,查阅文献和访问网站。尤其重点查阅近五年的相关文献,阅读面要尽量丰富,了解哪些已做到,哪些尚未做到,哪些值得去深入研究,哪些是热点及难点问题,从而确定研究的切入点。认真阅读项目申报指南,检索该领域已资助的项目,切忌重复申报。

最后,确定选题。通过讲述一个完整的科学故事,将自己提出的问题上升为一个科学问题。同时,需判断拟选课题是否具有一定的难度、深度、创新性、可行性,以及本人是否具有相关研究基础。

### (二)撰写申请书

#### 1.题目

题目是第一印象,需要反映出课题的精髓与核心。

#### 2.摘要

这一部分非常重要,评阅者一般是通过摘要把握项目研究的主要内容,包括研究内容、目标、科学意义等,作者需要用精练的语言文字进行高度概括。如:"用……方法(手段)进行……研究,探索/证明……问题,显示……机制,揭示……规律有重要意义,为……奠定基础/提供……思路"。

#### 3.立项依据

立项依据要体现项目申请者的科研思想水平、专业觉悟、写作能力等多方面素质。首先,提出科学问题,叙述国内、外相关研究动态,借此说明此课题是该领域的重点问题。其次,简要阐明课题的重、难点内容和必不可少的意义。最后,附参考文献。

#### 4.研究目标

研究目标是题目进一步的具体化,常用一到两句话来概括研究对象、研究方法、成果,可以是研究内容阶段性的成果罗列,但切忌目标太多,否则显得无法实现。

### 5.拟解决的关键问题

拟解决的关键问题反映项目申请者对实现课题总体目标的理解和统筹解决的能力,如进一步验证课题中重要的科学问题、解决潜在的技术难点等,最好能做简要回答。

### 6.研究方案

研究方案要求具体、翔实、层次分明,应体现出可行性,可用图表说明,不宜写得过多。

### 7.可行性

可行性分析要从理论、技术、设备、人员、时间、经费等方面展开论述。

### 8.研究基础

研究基础是申请书中最客观和现实的部分。列出已发表论文或专著:项目申请者和主要参与者发表了哪些论文(包括SCI论文、EI论文、中文核心论文、会议交流论文等),出版了哪些相关专著等。同时要写好个人研究经历,包括曾开展过的相关研究,已完成的其他项目,切忌造假!

## (三)修改

建议在写作完成后放置一段时间,然后再做修改,最好在征求他人意见后修改,包括给同行看、给外行看,不断对论点提出质疑,直到无法推翻为止。

总之,申请书需要重点突出、层次清晰、思路连贯、前后呼应、逻辑性强、语言简洁、通俗与精粹相结合、感染力强,讲述好一个完整的科学故事。并且语言表达具有创新性,且创新里蕴含着基础,基础里升华出创新。

# 四、项目申报的注意事项

## (一)及时获取科研项目申报信息

定期登陆各级申报主管部门的网站,重点在公告通知栏,查看资金管理办法和项目申报指南等信息,了解项目申报的要求和程序。可以与经验丰富的专业项目申报咨询机构联系、请专业人士提供申报信息;也可以从相关项目主管部门详细了解项目申报的具体要求,争取有关主管部门的同意和支持;此外,还可以提前了解国家有关部门常年支持的科研项目,积极为下一年度申报做好准备,一般国家和省直有关部门项目申报工作是连续每年都有的,项目申请者应提前了解主管部门上一年度的支持项目,让申报成功的可能性更大。

### (二)把握申报政策,合理选定申报项目

目前,国家相关部委及省直部门的网站上一般都会设置课题申报专栏,专栏会及时更新有关申报的政策与规定,要求和注意事项,以及相关的管理办法、项目申报指南、申请须知、申报材料组成结构和撰写提纲等内容,目的是为广大符合条件的项目申请者合理申报项目提供支持和资助。县(区)级和具体企(事)业单位有关项目的申报政策也有专门通道向特定的项目申请者发布。

### (三)高度重视科研项目申报材料的编写

申报的项目要获得成功,前期涉及项目筛选、项目申报材料的编写、项目申报,后期牵涉项目评审、项目实施、项目验收等,是一个系统的工程,对项目申请者的专业性、责任心、敬业精神和文字表达能力的要求都十分高。因此,要求申报材料编写一定要体现专业性,否则不能获得审批,会前功尽弃。

### (四)做好科研项目申报后的跟踪工作

申报项目一般逐级上报,项目初稿完成后,在上报截止日期之前,应提前把相关材料送到相关环节,并积极与各相关部门进行沟通,还要注意及时跟进、关注项目申报的最新进展情况。项目申请者只有及时了解情况,才能根据最新情况作一些补救工作。项目申报后期阶段,汇报与解释是核心工作内容,前期工作成功与否全在这一阶段。做到以诚待人,以情感人是基本的要求,同时要锲而不舍,两者齐备,成功的可能性才会大大提高。

# 第二节 论文写作

撰写和发表学术论文是科研的物化过程和直接结果,每一位从事科学研究的人员都应该具备这方面的基本素质。作为一名中学地理教师,加强科研论文写作训练不仅有助于提高自己的理论研究水平,还有助于提升地理教学能力。本节主要从论文选题、文献检索、论文撰写与发表三个方面逐一进行介绍。

## 一、论文选题

论文选题是开展科学研究工作的第一步,也是撰写科研成果的重要步骤和关键环节。选题的确定在一定程度上直接影响科学研究的问题、目标、假设、内容、方法、思路,乃至研究结果。对于中学地理教师而言,学会选择恰当的地理教育研究课题就显得尤为重要。这里,我们就地理教育研究领域的选题原则、选题过程和选题路径分别展开论述,以此举一反三,可以拓展到其他研究领域。

### (一)选题原则

**1. 地理性原则:诉求学科特色**

地理性原则要求研究者以为地理教育服务为目的而选题。我们开展的地理教育研究既不是通识教育研究,也不是其他学科的教育研究,而是解决地理学科教育问题的研究。因此,地理性原则应是地理教育研究选题的首要原则。

**2. 价值性原则:满足发展需要**

开展地理教育研究旨在促进地理教育理论发展和解决地理教育实践问题,因此,地理教育研究选题应当追求较高的理论价值或实践价值。一方面,理论价值主要体现在促进地理教育理论的构建、发展和完善,以实现对原有理论的检验或突破。另一方面,实践价值主要表现在解决地理教学实践的问题,尤其是针对地理教学中普遍存在、迫切需要攻克的疑难问题。中学地理教师从地理教学实践中选题,所产出的研究成果更易转化为实际效益。

### 3.创新性原则:避免人云亦云

只有富于创新精神的地理教育研究选题才有真正的生命力,才能推动地理教育理论与实践的发展。做研究最忌讳步他人后尘,做重复工作。选题遵从创新性原则就是要从新内容、新角度、新方法中选题。其一,内容的创新,即地理教育研究要关注他人不经常触及但依然很重要或没有完全解决的地理教育问题。如"地理教学中渗透职业生涯规划教育的方式"这一选题,就抓住了常人忽略却又必要的内容——职业生涯规划教育。

内容上创新并不意味着不能研究旧问题,只要研究者对某一旧问题的研究比他人更加深入,那么研究依然有新意。其二,角度的创新,即从不同角度看待地理教育对象,尤其是从独特的角度看地理教育问题。其三,方法运用的创新,即变换研究方法,对某一问题展开深入研究。运用不同的研究方法,就可能得出不同的结果。若对已有研究运用理论思辨的方法,那研究者可以对其进行量的研究或质的研究。

### 4.科学性原则:做到有"理"有"据"

地理教育研究选题要有严谨的科学理论和鲜明的客观事实作为依据,选题必须符合地理学理论、地理教育学理论和教育发展规律,要有一定的实践基础和事实依据。

### 5.可行性原则:还应量力而为

可行性原则要求地理教育研究的选题要充分考虑研究的现实可能性。确定地理教育研究的选题要从主观、客观和时机等条件出发,量力而行。不管选题有多高的研究价值,若不具有可操作性,也无法开展。其一,中学地理教师要对自己在地理学和地理教育学方面的知识结构、研究能力、研究兴趣和动机、研究基础和特长等有理性的认识,并选择适宜的问题进行研究。其二,中学地理教师要考虑地理教育研究选题的资料占有情况、经费、协作力量等。其三,选题必须抓住关键性时期,中学地理教师有时需参考"时间"或理论的发展成熟程度来选题。有的选题要求不能过于超前也不能滞后。

## (二)选题过程

### 1.确定研究方向

确定研究方向是地理教育研究选题的前提,即回答"做哪方面研究"的问题。地理教育研究选题范畴包括地理教育原理研究、地理课程研究、地理教材研究、地理教学研究、地理教育心理研究、中学地理教师研究、地理教育测评研究、地理教育史研究、地理教育期刊建设研究、高等地理教育研究等。每一个研究范畴又可继续细分,如针对地理教学研究,从教育学角度可将其分为地理教学过程、地理教学原则、地理教学目标、地理教学内容、地理教学策略、地理教学模式、地理教学方法、地理课堂教学、地理实践活动教学等研究,从地理学角度可将其分为地理知识教学、地理能力培养、地理方法培养、地理思想培养、地理品质培育等研究,或分为区域地理教学、自然地理教学、人文地理教学等研究。中学地理教师可依据自己的研究兴趣选择其中一个研究方向。如对地理教学中地理思想的培养感兴趣,则研究方向可暂定为"地理思想培养研究"。

### 2.初步确定研究选题

中学地理教师可结合自己的研究基础、研究兴趣与现实情况等,罗列几个尚未解决且能解决的地理教育问题。之后,将几个研究选题排序,初步选择其中亟待解决、研究价值更高的一个选题。对于刚从事地理教育研究的青年教师来说,可先选择较容易着手的问题。倘若研究工作开展得比较顺利,之后再选择有一定挑战性的问题。对于从事多年地理教育研究的教师来说,尽量凝聚研究方向,在同一研究方向下开展系列研究,从所要开展的系列研究中选题。如对地理教学中人地关系思想的培养研究方向更感兴趣,则将研究选题初步拟定为"地理教学中人地关系思想的培养研究"。

### 3.搜集地理教育文献

搜集、学习相关研究的文献,就像站在巨人的肩上,这是研究选题论证的基础。中学地理教师搜集相关研究资料的途径有多种,常见的包括:其一,对于地理教育著作、教材的搜集;其二,对于地理教育研究论文的搜集。

### 4.初步论证研究选题

学习相关研究资料的过程就是把握相关研究现状、发现已有研究存在问题的过程,这一过程会给选题的具体化、明确化提供重要参考。中学地理教师需要依据地理教育研究选题的五项原则,结合已有研究现状,对初定选题展开初步的论证。这种论证不必以书面形式呈现,只要中学地理教师能做到心中有数即可。例如,通过学习人地关系思想教育研究的文献,发现已有的研究多数集中在地理教科书中的人地关系思想研究及"人地关系思想的演变"一节的教学设计方面,而对地理教学中人地关系思想培养的研究则很少,且相关研究多属于理论思辨型。基于此,可得出"地理教学中人地关系思想的培养研究"这一选题具有一定的创新性,可以进一步开展研究。倘若能对此选题开展实证研究,则更佳。

**5. 基本确定研究选题**

初步论证完毕,则进入基本确定研究选题阶段。此阶段需要抓住两点:一是结合现实情况,缩小研究范围;二是规范、简明地表述研究选题。例如,若研究者是初中地理教师,又认识所在地区其他学校的很多中学地理教师,这些就为开展调查研究提供了便利条件。至此,可以将选题进一步缩小为"初中地理教学中人地关系思想的培养现状调查研究"。

## (三)选题路径

**1. 从社会发展要求中选题**

从社会发展对地理教育提出的要求中选题,既能重新发现、加深和扩展地理教育价值,也能为解决社会发展、现实生活中的一些问题提供参考。当中央领导指示"要对小学生(甚至幼儿园的孩子)、中学生一直到大学生,由浅入深、坚持不懈地进行中国近代史、现代史及国情教育"时,国家教育部门积极发布《中小学地理学科国情教育纲要(试用)》,关于地理学科国情教育方面的研究随之骤增。为适应时代发展的需要,中共中央、国务院于1999年颁发《关于深化教育改革全面推进素质教育的决定》,培养学生的实践能力和创新精神成为素质教育的核心诉求,全国的教师积极开展诸如地理实验教学的研究。当2008年汶川发生大地震后,中国教育学会地理教学研究会及时发出"爱心与责任倡议书",提倡中学地理教师关注自然灾害教育研究,积极撰写、发表相关论文。这些都充分表明,地理教育研究选题需要考虑社会发展对地理教育提出的要求。

**2. 从地理教育实践中选题**

地理教育实践是地理教育研究选题的主要来源。中学地理教师要善于从日常地理教学中发掘有价值的研究题目,具体可从以下三方面着手:

(1)从地理教学经验中选题。中学地理教师可从自身丰富的教学经验着手,分析特点,挖掘背后的原因,将零碎的教学经验上升到理论高度,进而从中提炼有价值的研究选题,如"认识区域气候的认知结构:构建及应用"和"利用数字星球系统感知地理空间过程"等。可以说,丰富的地理教学经验孕育着地理教育研究选题的生长点。地理教学经验可分为一般经验和先进经验,也可分为共性经验和个性经验。中学地理教师应避免从他人已经充分撰文谈过的教学经验中选题,否则很难给读者更多的启发,而应从更新的教学经验,即先进经验中进行选题,这样的选题才会受读者的欢迎。因此,中学地理教师在保持优秀的一般经验的基础上,应不断思考、发现和总结具有个性的先进经验,进而从中提炼选题。

(2)从地理教学疑难中选题。地理教育实践中的疑难问题有很多种,主要分为两类:其一,经常存在但亟待解决的疑难问题。教学过程中迫切需要解决、普遍存在的问题,往往可成为地理教育的研究选题。例如,学生在地理专业术语的表达上容易出现错误,面对这一迫切需要解决且普遍存在的问题,教师可进行"学生地理表达能力的培养策略"的研究。其二,近期出现的疑难问题。在地理课程改革的推进过程中,会不断出现新情况和新问题,需要中学地理教师进一步思考和研究。这些新问题就可成为地理教育研究的选题。例如,地理教学过程中如何评价情感、态度与价值观目标的实施情况,就是一个不易解决的新问题。因此,"地理教学中情感、态度与价值观目标的有效评价方法"这一选题便值得探讨。

(3)从实践与理论矛盾处选题。地理教育的实践与理论之间有时会出现"不和谐"的局面,表现为新实践与旧理论、旧实践与新理论间的矛盾,中学地理教师可从此处选题。例如,地理新课程改革措施已经实行多年,有些中学地理教师仍不会正确地表述地理教学目标。究其原因:一是老教师不愿接受新要求;二是地理教育期刊载文和中学地理教师教学用书中关于地理教学目标的表述存在一定的问题和误导现象;三是部分教师将地理教学目标模板化,即"通过……学习……知识,获得……技能,掌握……方法,培养……情感",全然不理会具有可操作性的行为动词的作用。针对这些现象,教师在选题时可取其中一个方面进行深入分析,如将选题定为"地理教学目标表述中的错误现象及纠正——以2014年地理教育类期刊载文为例"。

### 3. 从地理教育理论建设需要中选题

地理教育理论的发展和完善,需要中学地理教师积极地对地理学科的课程、教学、教师、教育测评等领域进行深入研究。

(1)从地理教育理论的本体出发寻找热点问题。地理新课改以来,诸多研究者积极开展地理实验教学研究,出版相关著作或教材,但地理实验教学理论仍需进一步完善。为构建地理实验课程与教学论,需要中学地理教师继续深入研究的选题有"地理教科书中地理实验的设计""低成本地理实验的开发""地理实验教学现状调查分析""地理实验教学观""地理实验教学目标构建""地理实验教学中地理能力的培养""地理实验室的建设、管理和使用"等。

(2)从地理教育理论的本体出发寻找冷点问题。对于地理教育理论中一些易被忽视却又十分重要的领域,中学地理教师需做到"冷处存热心"。例如,地理学史蕴含着丰富的教育因素,是培养学生地理素养的重要载体。我国现行地理课标中对地理学史教育给予了一定的关注,各版本初、高中地理教科书中也编写了大量的地理学史内容。地理学史教育是地理教育领域的一个重要分支,但相关研究十分有限。因此,中学地理教师可开展"地理学史教育对地理素养培养的价值""地理学史教育的途径和方法""中学地理教师地理学史素养的调查"等研究。

(3)从学科的交叉点处生成问题。在不同学科的交叉点上,研究者更易发现一系列新问题。例如,地理教育心理学试图在地理教育实践与教育心理学之间架起一座桥梁,相关研究涉及地理教学心理、地理学习心理和中学地理教师心理等。基于此,可确定"地理概念教学的心理分析""高中生地理空间过程描述与预测能力的性别差异调查""中学地理教师的心理韧性结构研究"等选题。

### 4.从相关理论学习中选题

(1)从地理学理论学习中选题。地理学理论是地理教育研究选题的基础,对地理教学实践有显著的指导意义。中学地理教师需加强学习,领悟地理学基本理论知识,并从中得出有实用性的地理教育研究选题。例如,法国地理学家维达尔·白兰士认为,地理学应研究各种相关现象的因果关系,并通过对地表不同部分的比较和分析,找出其联系的一般法则,其与特殊性描述的关系。由此,我们可以思考:中学地理教学中有哪些"一般法则"和"特殊性描述"?进而确定具体的选题。

(2)从地理教育文献学习中选题。中学地理教师在学习地理教育研究成果时,不仅要认真做摘录,而且要多思考,尤其要留意指引性研究成果。这里所说的指引性研究成果,是指对地理教育研究选题有直接引导和启发作用的地理教育文献。例如,袁孝亭在《基于地理思想方法的地理课程与教学研究》一文中,举例说明如何提出基于地理思想方法的地理教育研究论题。李家清和张胜前的《探索前沿问题深化高中地理课程改革》、刘莹的《中学地理教师教育科研中存在的问题及解决对策》等论文中也列举了许多有价值的研究选题。读者在学习这些论文时,可从中直接选题,也可从中有所思考并发现新问题。此外,综述性论文也属于指引性研究成果。

(3)从理论观点的争议中选题。在地理教育类期刊上,有少数人围绕某一问题展开多次争论的文章。争论双方在文章中呈现的观点或问题的关键信息,可为地理教育的研究选题提供一定的启发。需要注意的是,中学地理教师在参与争论前,要充分了解有争议性的观点或问题的相关信息,分析其分歧所在,尽可能找出争论的盲点,在此基础上提出自己的研究选题和看法。

### 5.从教育科研信息中选题

(1)从重要教育文件中选题。在课改之前或课改推进过程中,国务院或教育部都会发布一系列重要的教育文件,如《基础教育课程改革纲要(试行)》《国家中长期教育改革和发展规划纲要(2010—2020年)》《教育部关于全面深化课程改革落实立德树人根本任务的意见》等。中学地理教师可从这些具有引领性的教育文件中选择前沿性的地理教育研究论题。例如,为贯彻落实党的十八届三中全会关于完善中华优秀传统文化教育的精神,落实立德树人根本任务,进一步加强新形势下中华优秀传统文化教育,教育部制定了《完善中华优秀传统文化教育指导纲要》。文件指出,地理、数学、物理、化学、生物等课程,应结合教学环节渗透中华优秀传统文化相关内容。由此,中学地理教师可确定"地理教学中渗透中华优秀传统文化的思考""初中地理教科书中传统文化元素的内容分析"等选题。

(2)从各级课题指南中选题。全国教育科学规划领导小组办公室每年都会组织年度课题的申报工作,并发布全国教育科学规划的年度课题指南。省、市级教育机构每年也会发布课题指南。虽然这些课题指南中极少直接给出地理学科教育研究课题,但教师可从许多基础教育课题中寻找到适合地理学科教育研究的课题。需要注意的是,课题指南只提供研究方向和范围,中学地理教师在参考其进行选题时,要紧密结合自己的研究方向、研究基础等,将课题具体化。

(3)从人际互动智慧中选题。中学地理教师可在学术研讨会、各级培训会、专家讲座、观摩课等活动中与同行有效交流。这些活动是教师更新观念、激活思维、拓宽视野和提升见识的有效途径。

## 二、文献检索

文献检索是论文写作的重要组成部分,且该部分通常需要花费较多时间。因此,中学地理教师要围绕选题,正确选择检索工具、及时查阅相关文献资料,为后续研究工作的开展打下坚实基础。

## (一)选择检索工具

选择检索工具要根据检索课题的学科、专业特点以及所需文献类型来确定。如超星数字图书馆、中国报纸资源全文数据库、中国期刊全文数据库等。

## (二)确定检索途径

在利用各种检索工具(含数据库型)查找文献信息时,主要是利用检索工具的各种索引(或检索字段),每种索引(或字段)提供一种文献信息检索途径。一般来说,每种检索工具都为用户提供几种检索途径,归纳起来一般可以分为:分类途径、主题途径、著者途径、题名途径、号码途径和其他途径。

## (三)选择检索方法(倒查法和追溯法)

(1)倒查法:是指按课题的起始年代,由近及远逐年查找文献的检索方法。这种方法适合于课题查新以及掌握研究动态和研究规划时使用。

(2)追溯法:利用文献后面所附参考文献查找到另一批文献,又利用所查到的这批文献后面所附的参考文献追溯再查找文献的方法。

## (四)查找文献线索

使用主题途径、题名途径和著者途径获得文献线索,比较简便快捷;使用分类途径进行文献检索,则需要在该课题所属的类号和类目下逐条查找。

## (五)查找原始文献

查找原始文献是文献检索的最终目的。根据检索到的文献线索,利用各种类型的馆藏目录,可查到文献原文(包括期刊和书籍等)。

## (六)文献检索步骤

(1)分析研究课题,选择适用的数据库;

(2)确定检索词;

(3)制定检索策略,编写检索式;

（4）显示及判断检索结果，输出相关内容；

（5）索取原始文献。

## 三、论文撰写与发表

撰写和发表学术论文是科研的物化过程和直接结果。虽然著作、专题报告、报刊文章、会议论文都可以作为研究成果的形式，但经过同行评审的期刊论文则以内容充实、格式规范严谨、时效性强，日益成为科研成果的主要报告形式。因此，我们就学术期刊论文的撰写和发表做详细介绍。

### （一）论文撰写前的准备

一篇好论文起于好的计划。在最初准备阶段要基本考虑清楚为什么要写论文，内容讨论些什么，写给谁看等问题。这些问题没有厘清之前最好不要急着动笔，否则难免事倍功半。

首先，要明确撰写论文的目的。写论文的根本原因是在专业上有话想说，有想法要和其他同行交流。如果以口头的形式，这种交流只限于周围熟悉的人，范围非常有限。而通过期刊论文的形式，一些好的想法、好的建议就可以通过期刊媒体传播到全国各地甚至国外，可在更大范围内与更多的同专业人士开展学术对话和讨论。这是写论文的一个主要目的。此外，写论文的过程实质上是一个研究过程，研究者可以提高自身素质、改善业务工作。在此过程中，要梳理思路、明确问题，查阅文献资料了解有关背景和研究现状，收集和分析数据资料，最后形成特定的结论和观点。这样就会对某个问题的思考和探索更加深化、具体，从而改进不足，提高自己的业务素质。写论文和搞研究是一个过程的两个方面，犹如一个硬币的两面、不可分开。

其次，选定投稿期刊。很多人认为这是在写完文稿之后的事，其实这是错误的。提前选好目标期刊，对于做研究和写论文的每一阶段的重要决策都有帮助。否则，稿子写出来以后，才发现内容和格式投哪一家期刊都不符合要求。等到那时候再改，就比较麻烦了。

## (二)论文撰写

标题部分,标题是文章的眉目,是以最恰当、最简明的词语反映论文中最重要的特定内容的逻辑组合成的文字,一般长度不宜超过24个字。论文标题应该避免使用不常见的缩写词、首字缩写字、字符、代号和公式等;也不应在题目中加括号给出英文词条或缩写。论文的标题分为主标题和副标题,一般情况使用主标题即可,主标题语意未尽时,也可用副标题补充说明论文中的特定内容。

摘要部分,摘要即内容提要,是论文中不可缺少的一部分。它是建立在对论文进行归纳总结的基础之上,用简单、明确、易懂、精辟的语言对全文内容加以叙述,留主干去枝叶,提取论文的主要信息[1]。它是全文内容的缩影,应具有独立性和自含性,即读者不阅读论文的全文,就能获得必要的信息。

摘要按照功能不同可以划分为三类:

(1)报道性摘要;(2)指示性摘要;(3)报道-指示性摘要。

论文的中文摘要包含四个主要内容:

(1)论文的目的;(2)研究方法;(3)取得的成果或得出的重要结论;(4)创新之处。

在撰写中文摘要时,要注意以下一些内容:

(1)摘要中应避免叙述本学科领域已成为常识的内容,切忌把引言中出现的内容写入摘要;

(2)摘要中应使用第三人称进行叙述;

(3)摘要中要使用规范化的名词术语;

(4)摘要中一般不采用数学公式和化学结构式,不出现插图、表格;

(5)摘要中一般不用引文,除非该文献证实或否定了他人已出版的著作;

(6)摘要中要正确使用语言文字和标点符号,详略得当,言简意赅;

(7)摘要中一般不要对论文内容作诠释和评论,尤其是自我评价;

(8)摘要应结构严谨,表达简明,语义确切。

此外,英文摘要的写作也很重要。很多英文读者并不能看懂中文,他们对论文的了解就来自英文摘要,因此英文摘要必须提供比中文摘要更加完整的信息[2]。

英文读者阅读后,可以对论文的主要目的,解决问题的主要方法、过程,主要的结果、

---

[1] 朱国.如何撰写本科毕业论文文献综述[J].赤峰学院学报(汉文哲学社会科学版),2011,32(01):124-125

[2] 黄丰.重视英文内容 确保期刊质量[C]//福建省科协第五届学术年会"科技期刊为建设海峡西岸经济区服务"分会场论文集.2005:48-50.

结论以及文章的创新之处,有一个较为完整的了解。

英文摘要包含的主要内容,主要有以下几个部分:

(1)论文的目的(Purposes);

(2)解决问题的方法及过程(Methods and Procedures);

(3)得到的主要结果、结论,及应用情况(Results and Conclusions,Applications);

(4)本文的创新之处(Innovations)。

关键词部分,关键词(Keywords)即主题词,是从论文的标题、摘要和正文中选取出来的,是可以表述论文中心内容和重点内容的具体词汇或词组。关键词的作用是高度概括和集中论文的关键内容,便于论文在计算机检索系统中被正确归类存储,与其他论文相区分,并能够被读者方便地查询到。关键词个数一般为3—8个。

下面分别附自然科学和社会科学领域的论文摘要和关键词写作要求各一例。

《水利学报》编辑部关于摘要与关键词写作的要求:

(1)摘要是论文内容不加注释和评论的简短陈述,应包括正文的要点,具有独立性和自含性,让读者不阅读全文就能了解论文的基本内容,以判断有无必要阅读全文,也可供二次文献采用。

(2)摘要应说明研究工作的目的、方法与手段、结果和结论,要尽量简短,尽可能省略课题的背景信息。

(3)摘要中的内容应在正文中出现,不能对正文进行补充和修改。

(4)摘要中不用图、表、非公用共知的符号和术语,不能引用文献;缩写名称在第一次出现时要有全称(包括中文和英文)。

(5)摘要中不要多列数据,出现的应该是最重要的、最关键的数据。

(6)中文摘要一般300字左右,中英文摘要应基本对照,不能因为某些内容不好翻译就略去。

(7)关键词是为了文献标引工作,是从论文中选取出来用以表示全文主题内容信息的单词或术语,一般为3—8个词,尽量用规范词。

《中山大学学报》编辑部关于文科学术论文摘要写作要领的认识:

目前,大多数文科学术论文的作者尚未真切认识到摘要对于论文传播的重要性,很少去精心筹划摘要的布局谋篇。其实,在"底线要求"上,文科学术论文摘要的撰写必须遵循两个基本原则:

第一,从"独立性"看,摘要是第三人称的客观叙说,一般应当避免"作者认为""本文认为"之类的主观陈述;

第二,从"自含性"看,摘要是精彩论点的浓缩表达,也应避免"通过……的研究,得出……的结论"之类的机械句式。

在"高端标准"上,则须把摘要写得像短文一样可以单独而又自足地被阅读。文科学术论文摘要在"法"上有章可循,在"写"上千姿百态。

写作文科学术论文,内容上的创新尤为重要,形式上的鲜明同样不可轻视。标题的画龙点睛,摘要的提纲挈领,是形式上值得注意的两大方面。通常读者之所以对某篇论文猝不及防地"一见钟情",是因为它有一个瞬间就能吸引人眼球的好标题;假如摘要也具备很高的信息含量,这篇论文就会促使读者迫不及待地步入阅读进程。仅仅只是从形式而不是内容的角度看,在今天这个"隔行如隔山"的学科细分时代,摘要写得越是有特色,有兴趣的读者与陌生的论文之间就会越快地"天堑变通途";否则,质量再好的论文也难以尽快获得读者的关注。

引言部分,论文的引言又称为论文的前言、绪论或导论。普通的论文由提出论点、证明论点、得出结论三部分组成,毕业论文也不例外。

引言一般应包含以下内容:

(1)论文研究的起因、背景及研究目的。

(2)论文的大致研究内容。

(3)研究的预期结果和意义。

在撰写论文引言时,要注意两个问题:

(1)论文研究的起因和背景可能包含很多方面,并不需要把它们都列举出来。

(2)引言不是科普短文,不要泛泛而谈。

文献综述部分,需要研究者对现有的研究进行简要概括和总结,梳理出有关这个问题研究的理论背景和研究现状。有关这个专题已提出哪些理论和主要结论,这些理论的优势和不足是什么,研究方法和研究人群有什么特点,将进行的研究与以上有哪些不同之处。文献综述的目的,是把研究问题放到一个大的背景中,找到目前已有研究的欠缺之处,研究不够或是空白的地方。而目前开展的研究是在已有研究的基础上为了填补某方面的不足之处,回答这一方面尚未解决的问题。做一个好的文献综述需要许多时间和精力,因为必须建立在全面、大量地查找和阅读文献,归纳和整理理论观点的基础上,还要据此提出自己的认识和思考。一个好的文献综述本身就是一个研究。需要指出的是,对于一般的期刊论文,限于篇幅文献综述不允许太多,这就要求作者选择性地陈述最相关的、最重要的理论和观点。

研究(设计)正文部分,要告诉读者当前的研究是怎么做的,是如何收集数据来验证研究假设的。目前研究设计大体可分为三类:定量方法、质的研究方法和混合设计方法。定量方法是传统的、源于自然科学的方法,通过实验法、量表法、问卷法采集定量化的数据,最后通过统计分析方法来验证研究假设。质的研究方法是近些年在教育和社会科学中应用日益普遍、越来越流行的一种方法。它是通过观察法、访谈法等收集文字数据和实物,对某一类现象或问题进行深刻探讨,最后通过分析得到一些概括性结论的方法。混合设计方法,则是同时采用定量和质的研究两种方法来开展研究的。混合设计虽说可以集两种方法所长,但操作中大多是以一种为主,而另一种为辅。这三类研究在设计中具体地又可以分成很多不同的形式。在写论文的时候,要说明具体选择了哪种方法,为什么选择这种方法,是如何做的,要尽可能地描述详尽。这样别人就能够知道研究结论是怎么样得出来的,可以重复此种方法来验证这些结论。比较常见的问题是研究方法部分描述得简要且模糊,使得他人无法重复,难免让人怀疑其研究结论的可靠性。数据收集和分析部分,在论文中有时包含在研究方法中,有时作为一个独立的部分。这一部分是想要说明研究群体是什么,研究样本怎样;是如何采集数据的,是通过问卷、量表,还是通过观察、访谈的方式;采用了哪些方法对数据进行分析。如果是定量研究,具体采用了哪些统计方法来进行分析处理;如果是采用了访谈的方法,又是如何对文字数据进行逐步归纳分析的。

结论部分,要告诉别人通过研究有哪些新发现,得到哪些结论。无论是提出一个新理论,还是验证了一条悬而未决的论断,这个结论都应该是直接来自数据分析的。在此,要避免两类倾向,一是推论过大过多,超出了数据所能支持的范围。这样的结论就会出问题,遭到别人的质疑。另外一种是太拘泥于数据,没有从一定高度概括出研究发现,应用性不强。结论太过具体,其应用的范围就会大大地受到限制。除此之外,有时候还要结合结论进行一些必要的讨论,讨论是对数据分析的结果进行概括,并和已有文献中的结论进行分析比较,说明新得到的结论和哪些已有结论是一致的,又有哪些是不一致的,不一致的原因可能是什么。有的论文还要分析说明本研究的不足,以利于后续研究的开展。

参考文献部分,不是可有可无的,而是学术论文必须包括的内容。所有的研究都是建立在前人研究的基础之上,参考了别人的观点、结论、方法和材料,就应详细标明。一是对别人的劳动成果的尊重,二是告诉读者本研究是有依据的,不是自说自话。引用了别人的观点而不加以注明,无异于剽窃。参考文献的格式,各个期刊都有各自的要求、不尽相同。美国当前的大多数期刊,都采用心理学会的标准,国内期刊还不统一,各有各的要求。但无论参照何种格式,参考文献部分务必详细、准确,方便别人可以按照列述,按图索骥,找到有关文献。研究型论文的五部分内容,其实是一个完整的研究过程。学位论文是这样的一个格式,期刊论文与学术会议是这样的体例,就连申报课题的申请材料,也基本上涵盖这些内容。所以一旦熟悉了这个套路之后,可以一举多得。初稿写完之后,常让人有一种想立刻投稿的冲动。根据经验,一定要把它先搁置一周,不要看也不要想,让自己的思维有一段冷却的过程。人在短时间内集中反复思考一个问题,常常会思维过热,观点走向一些极端。冷却之后再看看一些提法是不是恰当准确,有没有过头或不准确的地方,会发现一些新问题。认真修改过两三稿之后,确信没有要修改的地方时,可以把它发给一些信得过的师长、前辈、本领域同事,征求他们的意见,他们大多愿意提出一些宝贵建议,批判性地采用并进行修改,使文章更加完善。改过几稿之后,就可考虑对外投稿了。

### (三)投稿和修改

投稿和修改过程是一个不断使文稿完善、最后达到发表要求的过程,以下四个问题应该重视。

**1. 核对稿件的格式要求**

一般学术期刊对稿件的要求是具有题目、摘要、主题词和正文。完成初稿之后,要重新考虑题目是否合适,是否需要在文字上做修改。论文题目要简洁、明了,用最少的字概括文章内容。如果说以上的稿件撰写是"画龙",论文题目就是"点睛",很关键。有人喜欢故弄玄虚,起个例如"火箭、骆驼和铃铛"之类的题目,要是不看全文就不会知道讲的是某学生群体分数分布的特点。这样的题目带来的负面效果多于正面的,因为别人在搜索文献的时候,通常一看题目不知所云就放到一边了。所以论文题目还是实实在在的,与论文内容一致为好,不要出入太大。避免喊口号式的题目,副标题能不用就不要用。摘要也要求简练,说明研究的问题、方法和主结论即可。有期刊要求摘要字数不超过200—300字。另外,文章作者姓名、所在单位、研究背景、是否有课题经费资助、联系方式也要标清楚。比较严谨的做法是,把文章题目、摘要和作者信息都放在第一页,从第二页开始是文章的题目和正文。这样,期刊编辑在组织匿名评审的时候,就可以去掉第一页直接转发给有关评稿人。现在讲求跟国际接轨,不少刊物还要求英文的题目和摘要。要是对自己翻译的摘要不太有把握,最好找身边英语专业人士润色。投稿之前,最好再对稿件的格式从头到尾仔细检查一遍,看看引文是不是都标明了出处,一些论断性的话是否都有相关研究支持。正统的期刊论文,一般不允许出现"我""我们""你""你们"等人称。要强调个人观点时,最好用"笔者""本文作者"之类的第三称谓,这样显得比较客观。过于口语化或术语太多的表达方式都不容易吸引读者,能用最简单明白的话说清楚的就不用术语、套话。总之,按照期刊的格式要求,认真地修改稿件,使之能够规范、完整、符合要求,给编辑以精心准备、训练有素的第一印象,这对论文发表是非常有利的。

### 2. 稿件寄发和联系

稿件准备好之后,就可以寄给期刊社了。现在大多数期刊接受电子邮件投稿,不用到邮局去寄,这样方便很多。此前大多是按照要求寄3—5份的论文和一张存有文稿的软盘,放在一个大信封里。无论哪一种,都要有一封写给编辑部的短信。这个短信不用写很多,几句即可,说明投稿意图,敬请批评指正,并把附件附好。稿件发出之后,最好确认一下对方是否收到。因为很可能在接收过程中的某个环节出了问题(忘了加附件,或对方的邮箱满了)。还可以问问大概多久之后会有结果,一般期刊的审稿周期是2—3个月(权威核心期刊可能会要6个月)。国内的期刊大多数规定是"3个月没有收到通知稿件自行处理"。可以在稿件寄出去的第2个月左右的时候和编辑部联系一下,询问结果是否出来,保持密切关注。

### 3. 审稿的一般过程

审稿的过程,对很多投稿者来说很神秘。其实遵循的程序大体相似。第一,将提交的稿件编号,发送到一位编辑的手中。编辑将进行初步审查,看看稿件是否符合要求,是否要寄发出去审评。不合格的稿子在这一轮就可能被刷下。第二,初审合格的稿子被编辑发给几位熟悉相关领域或专题的评委。有的期刊要求一篇文章有几位评委,而最少的也要有2位。一旦稿件寄发给评委,就进入了稿件"外审"阶段,通常需要1—2个月的时间。很多期刊采用匿名评审,也就是说评审者不知道稿件的作者是谁,作者也不知道谁在审查自己的稿件,这样避免了人情因素。第三,评审专家将意见反馈给本稿件的编辑之后,编辑就可以综合考虑是否录用此稿件了。复杂的期刊稿件评审程序多达几轮,简单的责任编辑可以直接拍板决定。每一篇稿子大概有3种结果:接受、接受但需修改、拒绝。

很少有稿件是全文一字不改就刊登的。修改如果只是个别字句,编辑一般会自己动手修改。如果内容上有大的修改,则要跟作者本人反复联系多次确认。

**4.稿件被拒怎么办**

很多人都经历过稿件被接受的喜悦和被拒绝的沮丧。其实,刊物上的很多文章都是曾经被拒绝过,又经过反复修改才登上去的。如果接到了稿件的拒绝信(一般期刊不直接发拒绝信,但可以打电话问到结果),应该以积极的心态处之。这其实很正常,不代表稿件没价值,只能说是还有不完美的地方,或者不适合此刊物。国外期刊大多给作者反馈审稿人(匿名)的意见,可以按照这些建议修改。所以每次投稿都是一个获得指导和帮助的过程,是一个很好的学习机会。国内期刊大概接收的稿件太多,很少反馈意见。文章不厌百回改,每次改都会更好些,日臻完美。与其早发表一个有问题的、留遗憾的稿件,不如多花些时间打磨出一个精品论文。稿件经过多次认真修改后,可以再次向期刊投稿。如果主要内容改动不大,建议不要投同一家期刊,可以试试相同领域的其他期刊,或者低一些级别的刊物,这完全看作者本人的想法。投高级别的权威性期刊,等待时间长且被拒概率大,可是一旦录用影响也很大;投低级别的期刊,等待时间短且录用可能性大,但是影响小回报也小。有些人自我期望高,一定要投核心期刊。但对于科研新手来说,建议可以先从一般的期刊起步,积累经验和自信,等水平提高后再投更高的。须知每一个专家都是从新手开始的,凡事需要积累,做研究更是如此。最为忌讳的是为了增加成功概率而一稿多投。这样会给期刊编辑的工作带来麻烦,或者引发版权问题。所以一次只能投一家,得知未录用后再考虑其他家。

综上所述,撰写和发表学术论文,关键在于平时研究经验的积累,需要经常阅读有关资料,对工作中的问题有意识地关注和进行深入思考。有一些可以通过自学和不断实践来掌握的规范和套路。一线的教育工作者,要破除科研的神秘感,不要认为发表学术期刊论文很难,是名家学者的专利。只要自己勤于思考和动笔,投入时间和精力,每个人都能成功。

# 第十一章　教师岗位准备

## 第一节　中小学教师资格证概述

### 一、中小学教师资格证考试介绍

教师资格证是教育行业从业许可证。在我国,需要在社会上参加认证考试等一系列测试,才能申请教师资格证。1995年,我国开始实施教师资格证制度,这对把好教师队伍"入口关"、拓宽教师来源渠道、促进教师专业化、优化教师队伍建设、提高教育教学质量等发挥了重要的作用。

随着我国教育事业的快速发展,对教师的资质和品行提出了更高的要求,因此,开展中小学和幼儿园教师资格考试改革已经成为加强教师队伍建设的一项重要而紧迫的任务。教育部2011年在浙江、湖北两省开展教师资格证考试改革试点工作,经过试点取得经验后在全国展开。2015年教师资格证考试改革正式实施,打破教师终身制且五年一审,改革后将实行国考,考试内容增加、难度加大。在校专科、本科能报考。改革后将不再分师范生和非师范生,要想做教师申请教师资格证都必须参加国家统一考试。随着我国社会经济发展,教育事业蒸蒸日上,我国教师行业准入门槛不断提高,大多数地区中小学招聘教师时,要求其教师资格证专业、毕业证专业与所报考教师专业一致,有的放宽到相近专业可报名。2018年9月,教育部宣布教师资格证书由国务院教育行政部门统一印制,社会各类培训机构颁发的培训证书、证明不能作为教师资格证书使用,这体现了国家对教育事业的重视和对教师职业的认可。

## (一)考试目的

通过实施中小学教师资格考试,考查申请人是否具备教师职业道德、基本素养、教育教学能力、业务能力和教师专业发展潜质。严把教师入口关,择优选择乐教、适教的人员发放教师资格证。

对选择从事教师行业的在校大学生以及往届考生来说,能帮助考生提前了解到教师行业的工作性质和职责,还可以了解到要成为一名合格的、优秀的人民教师应具备的技能和道德素养,为今后踏入教师工作岗位奠定基础。

## (二)内容对比

改革前由各省自主命题,每个省份考试题目不同,改革后考试大纲由教育部统一制定。改革前参考人员分为非师范生与其他社会人员,师范生无须参加考试。改革后师范生也被纳入全国统考范围,必须通过全国统考才能获得教师资格证。考试科目的转变:改革前考试科目为教育学、心理学,改革后为综合素质、教育知识与能力、学科教育知识与能力。成绩年限的转变:改革前笔试成绩长期有效,改革后笔试单科成绩有效期为两年。报考资质的转变:改革前大专以上资质即可,改革后,大专资质只能申请幼儿园教师资格和小学教师资格。初级中学、高级中学教师资格须本科及以上才能报考、申请。

## (三)考试类别

中小学教师资格考试包括幼儿园教师资格考试、小学教师资格考试、初级中学教师资格考试、高级中学教师资格考试、中等职业学校教师资格考试。要从事相应学段的学科教育教学工作就必须得具备相应的学科类型层次及以上的教师资格证。例如,中学地理教师资格考试分为两个层次,分别是初级中学地理教师资格考试和高级中学地理教师资格考试。初级中学地理教师资格考试对应取得初级中学地理教师资格证书,可从事初中地理教育教学工作,某些地区还可以从事小学科学教育教学工作;高级中学地理教师资格考试对应取得高级中学地理教师资格证书,可从事初中、高中地理教育教学工作,某些地区还可以从事小学科学教育教学工作。

## (四)考试性质

中小学教师资格证考试是由国家建立考试标准,省级教育行政部门组织的全国统一性考试。笔试、面试都是由国家统筹安排,再由各省市进行落实并安排考试的详尽事宜,是一种国家级从业资格证考试。

## (五)报考条件

报考中国中小学教师资格证,要求报名者是中华人民共和国公民,拥护中国共产党的领导,拥护社会主义制度,无犯罪记录,符合申请认定教师资格的体检标准。原则上应具备《中华人民共和国教师法》规定的相应学历条件,并符合各省公布的学历要求。在校生参加中小学教师资格考试应提供学校出具的学习证明。

《中华人民共和国教师法》第十一条学历要求:(一)取得幼儿园教师资格,应当具备幼儿师范学校毕业及其以上学历;(二)取得小学教师资格,应当具备中等师范学校毕业及其以上学历;(三)取得初级中学教师、初级职业学校文化、专业课教师资格,应当具备高等师范专科学校或者其他大学专科毕业及其以上学历;(四)取得高级中学教师资格和中等专业学校、技工学校、职业高中文化课、专业课教师资格,应当具备高等师范院校本科或者其他大学本科毕业及其以上学历;取得中等专业学校、技工学校和职业高中学生实习指导教师资格应当具备的学历,由国务院教育行政部门规定;(五)取得高等学校教师资格,应当具备研究生或者大学本科毕业学历;(六)取得成人教育教师资格,应当按照成人教育的层次、类别,分别具备高等、中等学校毕业及其以上学历。[1]

## (六)考试方法

中小学教师资格证考试包括笔试和面试两部分。笔试各科采取闭卷纸笔考试,单科成绩有效期为两年。面试采取结构化加试讲的方式,面试试题由国家统一建立题库,考生在题库里随机抽取面试试题。笔试合格者方能进入面试,面试合格后便可以申请认定教师资格。

## (七)考试科目

中小学教师资格笔试考试科目为:综合素质、教育知识与能力、学科知识与教学能力。无论是初级教师资格考试还是高级教师资格考试,考试科目都是上述三个科目,其中综合素质、教育知识与能力考试的范围、题目都一样,唯有学科知识与教学能力在初级

---

[1] 参考《中华人民共和国教师法》第十一条.

中学教师资格考试和高级中学教师资格考试中有区别,初级中学教师资格考试内容偏初中学科内容,高级中学教师资格考试内容偏高中学科内容。

## 二、中小学教师资格笔试

中小学教师资格笔试主要测试综合素质、教育知识与能力、学科知识与教学能力,三个科目有相交叉的地方,但考查角度不一样。综合素质部分,中小学各科目常识都有涉及,外加相关教育法律法规、教育理论。教育知识与能力主要涉及教育学与心理学相关理论,主要考查对教育教学规律的掌握与应用。学科知识与教学能力主要分两部分,一部分为主观题,主要考查学科相关知识,大学专业知识有少量涉及,另一部分侧重考查教育理论和教学能力,其中教学能力是关键,主要体现在教学设计方面。

### (一)综合素质

综合素质是教师资格统考科目一,主要考查申请教师资格人员所具备的教育教学相关的知识、能力和素养。考试内容包括职业理念、教师职业道德、教育法律法规、文化素养和教师基本能力。本科考试主要有三种题型,分别为单项选择题、材料分析题、写作题。单项选择题主要考查职业理念、教育法律法规、职业道德、文化素养和逻辑推理、信息处理等基本知识和能力;材料分析题一般有三道,前两道题一般需要考生根据给出的教育教学片段,围绕教师观、学生观、教育观、教师职业道德等几个方面进行分析阐述。第三题一般是从教育文章或名人名家文章中抽取片段作为材料部分,然后设置2—3个小题考查对文中重要概念、句子、观点、态度的理解;写作题属于必考题型,一般为阅读所给材料,根据要求写一篇不少于1000字的议论文。

#### 1.职业理念

职业理念的内容主要包含素质教育观、"以人为本"的学生观、教师观三大模块。素质教育观全面阐述了素质教育的提出背景、根本目的、基本任务、特征、内涵、要求、途径和方法以及素质教育和应试教育的区别。"以人为本"的学生观阐述了学生是发展的、独特的、具有独立意义的人,以人为本就是以学生为本,以学生的全面发展为本,以全体学生的发展为本。教师观是关于教师职业的基本观念,从广义上来看,教师观是人们对教师职业的认识、看法和期望的反映;从狭义上来看,教师观是教师对职业特点、责任、教师角色以及科学履行职责所必须具备的基本素质等方面的认识。

### 2. 教师职业道德

本模块包含了教师职业道德和教师职业行为两个内容。教师职业道德指教师本身的行为规范,是教师资格考试中的重点内容,共六条职业道德规范:爱国守法、爱岗敬业、关爱学生、教书育人、为人师表、终身学习,可归纳为"三爱两人一终身"。考生对每一条职业道德规范都应理解其中意思,并能述说和应用。例如"为人师表"一条,教师应坚守高尚情操,常树荣辱观,严于律己,以身作则。衣着得体,整洁干净,语言规范,举止文明。关心集体,尊重家长,团结同事。作风正派,廉洁奉公,不以职务之便牟取私利。做学生的一面镜子,以"润物细无声"的方式感化学生,做到其身正不令而行。

教师职业行为是指教师对他人的行为,要求行为规范,言谈举止和衣着等各方面都要符合人民教师的形象,同时还要处理好与学生、学生家长、同事、教育管理者的关系。例如对学生应做到热爱、赏识、尊重、公平公正地对待、严格要求等。另外,应阅读教育部发布的《新时代中小学教师职业行为十项准则》。

### 3. 教育法律法规

本模块主要包含法律法规条文、教师的权利与义务、学生权利保护。教育法律法规部分考查对相关法律条文的应用以及对相关权利与义务的认识,主要体现依法教学、依法处理教育教学过程中出现的问题。

### 4. 文化素养

本模块考查的知识面比较广,较为繁杂,主要包含了历史常识、科学知识、传统文化常识、文学素养、艺术常识五大模块。其中历史常识主要考查重大历史事件、主要人物事迹;科学知识主要有科技成就、科学常识(物理、化学、生物、地理等);传统文化常识主要包含传统思想、古代称谓、历史典故、天文历法、民族文化等;文学素养主要考查文学史上的代表人物及其作品;艺术常识囊括建筑、雕塑、绘画、书法、音乐和戏曲等方面的常识。

### 5. 教师基本能力

教师基本能力主要体现在教育教学能力、业务能力等方面。主要包含信息处理能力、逻辑思维能力、阅读理解能力、写作能力四大模块。信息处理能力主要考查对Word、Excel、PowerPoint三类办公软件的简单操作;逻辑思维能力主要有直言命题推理、假言命题推理、类比推理和数字推理等;阅读理解能力主要在于理解重要概念、句子的含义、归纳内容要点和概括中心思想;写作能力是教师职业活动的基本能力,对其考查以议论文为主,一般由材料引出,材料分叙事类材料和议论类材料两种。叙事类材料包括新闻和故事等,议论类材料是指表明观点、说明道理的材料,包括名言警句、经典论断和议论性语段等。

## (二)教育知识与能力

### 1.概述

教育知识与能力是教师资格考试科目二,内容繁杂、覆盖面广,对教育学、心理学知识的掌握及相关教育理论的要求极高。考试内容可分为八大模块,分别为:教育基础知识与基本原理、中学课程、中学教学、中学生学习心理、中学生发展心理、中学生心理辅导、中学德育、中学班级管理与教师心理。以对教育的认知为前提,在理解课程教学的基础上,研究中小学生认知及身心发展特点,对学生进行心理辅导、学科知识教育及德育教育,对班级、课堂进行管理与引导,定位自身角色,处理好与学生、家长、学校、社会的关系及调节自身心理,对相关教育发展规律及理论、德育方法、教学方法、学生的人格、情绪、发展规律等多方面知识进行了解并能运用自如。

本科考试主要有单项选择题、辨析题、简答题、材料分析题四大题型,要求在考试中按照相关题型答题的方法和步骤,组织所学的理论知识进行答题。

### 2.题型剖析

(1)辨析题。

辨析题为传统判断题的变形,即给出一个表述,让考试者判断正误。对于这类题型,一般分为两步作答,首先要判断其表述是否正确,然后还要给出判断的依据。第一步的判断决定了这一题型的得分,如果判断错误,即使给出的依据有多全面、答案组织得多完美都不能得分。在进行判断时只有"正确"和"错误"两个答案,切记不能出现有歧义答案,例如:"我认为该说法过于片面""该说法过于狭隘""该说法应一分为二地看"。谨记错就是错,对就是对。对于该种题型,可从以下几点进行判断,一是题干表述是否过于肯定,例如:教师只要关心学生考试的分数就可以了。二是考虑题干表述是否狭隘,例如:负强化等同于惩罚。三是从关系、概念入手。例如:学校教育是基础,家庭教育为学校教育的延伸和完善。此种题型答题步骤为:

第一步:表明观点。"此观点是正确/错误的"。

第二步:分析观点。要有理有据、充实,切勿虚空。

如该观点正确,须概括指明正确之处,例如:"体现了新课程改革背景下教师应转变自身角色的理念""符合新课程改革背景下教师应关爱学生的职业道德准则"。

【例题】教学任务就是传授科学文化基础知识,培养基本技能。

这种说法是错误的。教学的任务之一是传授系统的科学文化知识,培养基本技能技巧。除此之外,教学的任务还包括发展学生的智能和体能,培养学生良好的思想道德品质和个性等。

(2)简答题。

简答题顾名思义就是进行简短的阐述。如:"《小学教师专业标准(试行)》中提到了终身学习的基本理念,你如何理解?"作答时可根据学科知识和观点做出肯定,并阐明自身观点加上自己的理解"是怎样"即可;又如"简述现代学校教育制度的类型",这类情况需加强记忆,覆盖要点即可;如果题干要求突出实践过程,强调具体方法,就只需回答"应怎样做",但阐述时应注意操作的程序性;如果题干要求阐明原因时,就需回答为什么,关键在于把道理讲清楚,保证论据全面;若要求对两个容易混淆的概念或观点进行界定或加以区别,仅需语言精练、简洁,直接说出差异就行。在组织答案时,要求层次清楚,言简意赅,论点不可遗漏。

【例题】简述美育培养对学生全面发展的意义。

在全面发展教育中,美育具有重大意义:一是美育能够促进学生智力发展,扩大和加深他们对客观世界的认识;二是美育能够促进学生科学世界观和良好道德品质的形成;三是美育能够促进体育发展,具有健身怡情的作用……

(3)材料分析题。

材料分析题基本都是选择一段教学案例或者一则教学片段作为材料,每个案例都突出一个鲜明的主题,常常与教育改革的核心理念、实际教育活动、教育管理活动中常见的疑难问题和容易引起困惑的事件有关。材料分析题具有很强的理论性、实践性和应用性。因此在答题时要注意审题、析题,辨别任何一个有教育意义的信息点,确定材料内容涉及的知识点,抓重点,理思路,全面考虑问题,要针对问题直接作答,简洁明了,针对案例提出的实际情况列出科学的教育理论,并对理论进行分析和说明。谨记要用教育理论专业语言进行解答。

【例题】一位物理教师在课堂上问学生:"把铁块和木块放在水里,会出现什么情况?"生回答:"铁块沉下去,木块浮在水面上。""为什么呢?""因为铁重。""钢铁制的巨轮也很重,为什么能浮在水面上呢?"这一问,学生的情绪一下子高涨起来,开始积极地思考,之后,教师再引出"阿基米德原理"。这一教学实例体现了什么教学原则?你有什么感想?[①]

(1)这一教学实例体现了启发性教学原则。

材料中的物理教师在进行新知识的讲授时,并不是生硬地将学生带入新课的学习,而是通过巧妙设问引起学生的学习兴趣,启发学生思考,唤起学生浓厚的求知欲,并使学生的思维始终处于活跃状态,使教学自然过渡到新课的学习。从而使整堂课都充满生机,这是教学中启发性原则的成功运用。

(2)在运用启发性原则的过程中,教师应注意以下几点:

①教师要加强对学生的目的性教育,调动学生学习的主动性。实践证明,学生对学习目的的认识越明确,学习兴趣就越高,注意力就越集中,学习效果就越好。

②教师要抓住重点、难点,教学内容要"少而精",起到"点拨"作用,给学生留下更多的思维空间和思考空间。教师"教"的作用在于引导、激励学生,而不是牵着学生的鼻子走,强迫、代替学生"学"。

③创设问题情境,启发学生思维。只有创设恰当的问题情境,才能调动学生学习的主动性和积极性,使他们全身心地投入学习。

## (三)学科知识与教学能力

### 1.概述

学科知识与教学能力是中小学教师资格统考科目三,主要考查申请中小学教师资格人员学科专业相关的知识与教学能力。考试内容综合性和实践性较强,对考生要求很高。

### 2.题型剖析

(1)选择题。

选择题的题型较广,考查难度一般不大,多以学科专业基础知识为主,在复习时,既要掌握基础知识,也要将基础知识形成一个系统,灵活应用。

---

[①] 教师资格证笔试.教育综合知识真题.2016.

(2)简答题。

在历年的真题中,简答题的题量和分值稳定,考试内容也相对固定,主要考查报考者对课标相关内容、学科教学基本功及基本知识的掌握和理解水平。只有针对性地复习备考,对课程标准内容足够了解,才能获得高分。

(3)材料分析题。

材料分析题,无论是学科专业类还是教育教学类,都对考生的能力要求很高。考生在解答此类题目时,除了需要具备相当水平的知识储备,还需要有较强的临场应变能力。此类题目在复习备考时,应当立于基础多加练习,学会活学活用、举一反三。在问题中要试着从本学科的专业角度和新课改的角度去思考、体悟,从而提出合理化的建议。

(4)教学设计题。

教学设计是本科考试的最后一部分,题目一般会提供两段材料,分别是本段材料的课标要求和学科教材节选。要求考生根据提供的材料来完成教学设计。设计时要注意题目的要求,有的题目只要求写出教学过程,有的则要求完成一篇完整的教学设计,同时写出每一环节的设计意图。

教学设计的内容包括:

第一,课题;第二,教材分析;第三,学情分析;第四,教学目标;第五,教学重难点;第六,教学方法;第七,教学用具;第八,教学过程;第九,板书设计;第十,教学反思。

说明:教材分析和学情分析可根据题目要求而定,一般来说每个环节都不能少。

第一,课题

教学设计的课题是你要进行教学设计的题目。

第二,教材分析

对该节内容进行简单分析(包括对其教材地位的介绍、对其教材内容的分析、对其教材作用的分析等)。

第三,学情分析

对学生层次、思想、思维进行简单分析。

第四,教学目标

教学目标需要根据教材分析学生的实际情况以及结合新的教育理念和学科核心素养来设定。

1.本节课学生能理解的知识点和能掌握的技能等。(了解/理解/掌握……的知识、获得/掌握……的技能)

2.学生通过什么活动、过程培养什么能力,掌握什么方法和技巧等。(通过对……的分析/讨论,培养学生的想象力/观察力/创造力/表达能力/演算能力等)

3.主要是学生内在素养得到提升,如:情感、态度、价值观的养成。(通过对……的了解,增强了……对……的感情;陶冶……情操)

第五,教学重难点

1.教学重点:教学中要求学生必须掌握的基础知识。

2.教学难点:教学中学生难以理解或容易产生困惑的知识。

第六,教学方法

主要的教学方法:引导启发法、讲授法、自主探究法、演示法、分组学习法等。

第七,教学用具

包括多媒体、地球仪、教学模型等。

第八,教学过程

教学过程基本环节包括:导入(起始环节)、讲授新课、巩固/练习、小结(升华提高)、作业(拓展延伸)。

1.导入(起始环节)

导入环节的作用是吸引学生注意、激发学习兴趣、引起学习动机、明确学习目的和建立知识联系。例如情景导入、故事导入、图片导入、歌曲导入、游戏导入等。

2.讲授新课

在讲授新课时,首先引导学生自主学习,让学生初步感知基本的概念和知识,学习完成后,对重要概念和难点进行讲解。引导学生进行探究学习,让学生用自己的话表达和总结观点。老师可结合事例谈谈,这样可以增加课堂互动,锻炼学生的思考能力。(具体参照实例)

3.巩固/练习

学生多种形式朗读、交流;小组讨论;作品展示等(如听了苗族的歌曲,那再看看苗族的舞蹈或风土人情)。

4.小结(升华提高)

课堂小结建议用系统归纳法。请学生归纳知识点。

5.作业(拓展延伸)

作业要求:巩固基础知识,联系生活实际,需要注意的是不能布置重复、机械的作业,尽量布置开放型作业。

第九,板书设计

清晰展示全文整体结构,突出重点,彰显课堂主题,一般使用提纲式,如能采用图文并茂的形式最好。

第十,教学反思

教学设计的最后要写一两点自己对于本节课设计的反思,如果时间来不及建议简写1—2点保证结构完整。

教学设计的书写形式不是一成不变的,可根据具体要求灵活展现,表格、文本都可以。

## 三、教师资格面试

考生通过笔试后,进入面试环节,面试采用"结构化+试讲"的方式进行。结构化面试,也称标准化面试,是相对于传统的经验型面试而言的,它通过设计面试所涉及的内容、试题评分标准、评分方法、分数等加以规范化和标准化的方式对面试者进行系统的面试。所谓结构化,包括面试程序结构化、面试试题结构化、面试结果评判结构化等。结构化面试的评分标准中,外表、礼仪、个人精神状态等与第一印象相关的内容都占一定分值。结构化试题包含了应急应变题、计划组织题、矛盾题、情景模拟题、选择题、观点题、漫画题、名人名言题等多种题型。

### (一)程序

中小学教师资格面试考试科目为:教育教学实践能力。

考生需持准考证及个人身份证,按规定时间到达测试地点,进入候考室候考,按规定程序参加面试。过程如下:

(1)抽题。按考点安排,登录面试测评系统,计算机从题库中随机抽取试题,计算机打印试题清单。

(2)备课。考生持试题清单、备课纸,进入备课室,撰写教案(或活动演示方案)。准备时间20分钟。

(3)回答规定问题。考生由工作人员引导进入指定面试室。考官从试题库中随机抽取2道规定试题,要求考生回答。时间五分钟左右。

(4)试讲/演示。考生按照准备的教案(或活动演示方案)进行试讲(演示)。时间10

分钟。

(5)答辩。考官围绕考生试讲(或演示)内容进行提问,考生答辩,时间5分钟左右。

(6)评分。考官依据评分标准对考生面试表现进行综合评分,通过面试测评系统提交评分。小组评分情况应抄录于面试评分表,经考官签字确认备查。

## (二)细节要求

细节决定成败,考生在面试过程中从进考场到出考场的每一个细节都会影响到面试成绩。考生面试应穿着得体、头发整洁,应散发出端庄、稳重、亲切、自然之感。面试全程要说普通话并且声音洪亮,切记眼神不能长时间停留在一个地方,应和考官进行眼神交流,面带微笑。站立时不要探脖、塌腰、耸肩或是双手放在衣兜、裤兜里,腿脚不要不自主抖动。这些细节可以从面试的礼仪中体现出来,在接下来的教师招聘面试礼仪中会详情讲解。

## (三)试讲

试讲的内容为中小学学科教材内容的节选,教材版本、编订时间不定,随机从题库中抽取,要求在给定的时间内完成教学设计,并在规定的时间内完成试讲,考官由结构化答题和试讲情况给出综合分数。

试讲时应挺胸直腰,忌长时间手撑桌面。擦黑板时,教师的站立要稳,不能全身抖动,左右摇晃。讲课时,站位不能呆板地固定在一点上,应适当移动位置,除在进行指图时侧身面向考官外,任何时候都不能侧身站。在不做教学动作时,双手应自然交叉相握放于腹部或自然下垂,忌把双手交叉抱在胸前或背在身后。对于试讲的内容、教学设计的相关要求及关于试讲的相关细节,考生应该努力学习并加强平时的实战训练。

## (四)结构化面试和答辩

结构化面试是考查考生语言组织、沟通协调、应急应变、逻辑思维等相关能力和教育综合素养。教师资格结构化面试的试题大部分是与教育教学情境当中突发事件的处理相关,和现实面临的教育问题十分接近,所以难度系数不大,考生只要把自己融入问题情境当中按常规思路进行解决即可。

答辩是考生在试讲完毕后由考官向考生提出与试讲课题、本学科内容相关的问题,或者问本次试讲的教学反思,说出试讲时存在的问题,并提出在今后的实际教学中该怎么去把问题处理好。此环节考查考生掌握本学科专业知识的水平和教育教学反思能力，同时衡量考生是否具备从事教育教学工作的潜力。

## 第二节　中学地理教师招聘笔试准备

中学地理教师招聘笔试的内容在不同地区会有所区别，比较常见的笔试内容主要是《教育综合知识》或《教育基础知识》、《职业能力倾向测验(D类)》加《综合应用能力(D类)》、《学科专业知识》。也有部分地区的笔试内容为《公共基础知识》、《教育综合知识》加《学科专业知识》，或《教育综合知识》加《公共基础知识》，或《学科专业知识》加《公共基础知识》，具体的笔试内容详情见招聘单位发布的招聘公告。

### 一、《教育综合知识》

《教育综合知识》主要包含教育学、心理学、教育心理学、新课程改革、教师职业道德、教育法律法规等内容。有单选、多选、判断、简答、案例分析、论述、作文、教学活动设计等题型。全国各地的考试大纲有所差异，具体考试内容应以当地大纲为准。

#### (一)教育学

教育学部分的内容主要包含教育与教育学、教育的基本规律、教育目的、学校与学校制度、学生与教师、课程、教学、德育、班主任与班级管理、课外/校外教育与三结合教育、教育科学研究这十一个章节内容。教育学在教师招聘的笔试中分值占比较大，试题难度系数不高，所以不易丢分，但仍需要考生好好地吃透教材内容并且形成一个环环相扣的知识体系。

在笔试的题型中教育与教育学部分的知识点主要在单选、多选、判断、简答、案例分析中出现，教育的基本规律、教育目的、学校与学校制度、课外/校外教育与三结合教育、教育科学研究等章节内容主要出现在客观题中，学生与教师、教学、德育、班主任与班级管理等章节内容主要出现在主观题中。

## （二）心理学

心理学部分主要包含心理与心理学、认知、情绪情感和意志、个性心理四个章节的内容。这部分考题难度系数相对较大，需要考生熟悉知识点并理解透彻。

心理与心理学内容在教师招聘试题中主要出现在选择题和判断题中；认知、情绪情感和意志、个性心理内容主要出现在选择题和简答题中，有时案例分析和论述题中也会出现。

## （三）教育心理学

教育心理学主要包含教育心理学概述、学生的心理发展与个别差异、学习与学习理论、学习心理、学生心理健康教育、教学心理六大章节内容，这部分知识点在教师招聘考试中主要以选择题和判断题的形式出现，学生的心理发展与个别差异、学习心理有时会在简答题中出现，学习与学习理论的知识点有时会在论述题中出现。

## （四）新课程改革

新课程改革部分的内容主要包含新课程改革概述、新课程改革背景下的教育变革，这部分的内容较少且不难，在教师招聘的试题中主要出现在主观题和简答题中。

## （五）教师职业道德

教师职业道德主要包含教师职业道德概述、教师职业道德修养、教师职业道德教育与评价三个章节内容，因为这部分的内容与教师的思想、生活、工作比较接近，所以是高频考点，试题难度系数不大，在教师招聘的考试中主要出现在选择题、判断题、简答题、案例分析题中。

## （六）教育法律法规

教育法律法规主要包含教育法律基础知识和教育法律法规汇编两个章节的内容，这部分的内容主要讲解教育相关的法律条文，需熟记。教育法律法规主要涉及五部法律：《中华人民共和国教育法》《中华人民共和国义务教育法》《中华人民共和国教师法》《中华人民共和国未成年人保护法》《中华人民共和国预防未成年人犯罪法》；一个办法：《学生伤害事故处理办法》；一个纲要：《国家中长期教育改革和发展规划纲要（2010—2020）》。这些内容在教师招聘考试中主要出现在选择、判断、简答、论述、案例分析题中。

## 二、《职业能力倾向测验(D类)》和《综合应用能力(D类)》

在教师招聘的笔试环节中《职业能力倾向测验(D类)》和《综合应用能力(D类)》各150分,两科同时考:先考《职业能力倾向测验(D类)》,考试时间为一个半小时(8:30—10:00),后考《综合应用能力(D类)》,考试时间为两个小时(10:00—12:00)。此类笔试形式往往在多个地区事业单位联考时出现。有的地区应聘中小学教师岗位时是统一试题,有的地区是《职业能力倾向测验(D类)》统一卷,而《综合应用能力(D类)》是分学段考。幼儿教师和小学教师岗的考题偏向于教育知识理论,初中和高中教师岗位的考题与教育教学的现实情况比较接近。

### (一)《职业能力倾向测验(D类)》

《职业能力倾向测验(D类)》的题型与公务员招聘笔试中的"行测"相似,但试题难度没有公务员笔试的大,主要考查基本知识素质和能力素养,题型都是客观题,题型有:常识判断、数量分析、言语理解与表达、判断推理、策略选择。考题内容所涉及的知识面广、题量大,考生在备考时应当多积累科学文化常识和教育类常识,同时还要熟悉各种题型的解题方法并且多做题,这样才能提升做题速度和确保正确率。

常识判断题主要测查考生应知应会的基本知识掌握情况及运用其进行分析判断的能力,内容涉及时政、政治常识、法律常识、文学常识、历史常识、地理常识等相关知识,做常识题靠积累,需要考生多看书多做题,同时对党和国家的重要政策文件、领导人重要讲话精神和新颁布、新修订的重要法律文件等保持关注。

【例题】朱自清的《春》这篇文章是七年级上册第一单元第一课,在讲此课时,小陈老师安排了如下环节:①字音字形识记;②品味语言和修辞;③作者生平;④朗诵小赛及朗诵指导;⑤整体感知;⑥仿写练习。

六个环节中哪几个可以作为第一课时的内容(　　　)。

(A)①③④⑥　　　(B)①③④⑤⑥　　　(C)①③④⑤　　　(D)②③④⑤

数量分析题考查考生的计算能力和反应能力,包括数学运算和资料分析两部分知识。行程问题、利润问题、概率问题、排列组合问题、工程问题、几何问题、最值问题考察频率较高,需重点掌握。在做题时,方程法是通用的基本方法,带入排除法、特值法、十字交叉法能够提高解题速度。

【例题】一队中学生在排队进行升旗仪式,这支队伍可以换成16排、18排和20排。问:队伍的总人数应是(　　)的倍数。

(A)480　　　　(B)500　　　　(C)640　　　　(D)720

言语理解与表达题主要测查考生选词填空、语句表达、阅读理解三种能力。选词填空要求考生具备分析题干、辨析词语差异的能力;语句表达要求考生具备对文段的阅读、思维判断、语言组织能力;阅读理解要求学生具备精准把握主题和细节、理解关键词句内涵的能力。

【例题】在法国,哲学课的地位与法语、数学和物理这样的主课_____。法国普通中学的学生升入高中后,哲学都是必修课,而法国学生上哲学课的目的,是发现自我价值,学会从周围_____的现象中发现问题,并在未来的实际工作中养成创造性的思考习惯。依次填入画横线部分最恰当的一项是(　　)。

(A)息息相关　屡见不鲜　　　　(B)平起平坐　形形色色

(C)不相上下　司空见惯　　　　(D)相差无几　人云亦云

判断推理题型主要有图形推理、定义判断、类比推理、逻辑判断、综合判断推理五大类。图形推理考查考生观察分析、比较组合、抽象想象等能力;定义判断考查考生对材料的理解、归纳、比较和判断能力;类比推理考查考生的比较分析能力;逻辑判断要求考生掌握各种推理规则;综合判断推理则主要考察可能性推理,考查考生综合推理能力。

【例题】通过调查得知并非所有职务犯罪人员都有徇私舞弊的行为。如果上述调查的结论是真实的,下列选项一定为真的是(　　)。

(A)多数职务犯罪人员都有徇私舞弊的行为

(B)所有职务犯罪人员都没有徇私舞弊的行为

(C)有的职务犯罪人员没有徇私舞弊的行为

(D)有的徇私舞弊的行为不属于职务犯罪

策略选择侧重于考查考生教育教学的基本能力和基本素养,以及人际沟通能力和班级协调管理能力,其题目的内容比较接近教师工作的实际情况,需要考生从四个给定选项中选出最佳选项。

【例题】在某初中,学期刚刚结束,做完班级大扫除后,高老师收拾学生的遗落物品时,发现了一本笔记本,这是男生钱某送给女生刘某的礼物,写有表白内容。面对这样的情况,高老师应该(　　)。

(A)不动声色,将笔记本和其他遗落物品扔进垃圾箱

(B)给家长打电话告知情况,希望家长禁止学生早恋

(C)将笔记本及班里其他遗落物品妥善保存,开学后还给学生

(D)通知钱某单独到办公室来取笔记本,并对其进行批评教育

## (二)《综合应用能力(D类)》

《综合应用能力(D类)》在教师招聘的笔试中分为两套试题,一套为幼儿园和小学教师岗位的试题,一套为初中和高中(职中)教师岗位的试题。主要考查教育基础知识的掌握程度、逻辑分析能力、面对教育教学问题的处理能力、教学活动的组织设计能力。主要的题型有辨析题、案例分析题、教学活动设计题,作答时有字数要求,考生需按要求作答。

辨析题:主要考查考生的教育基础知识和综合知识的掌握情况,主要分为三类:积极类、消极类、辩证类。解题思路是先辨再析,大体可围绕"是什么""为什么""怎么办"的逻辑顺序来作答。

【例题】新课改提倡教师采用多种教学方式优化教学效果。但有些老师认为,讲授法能够高效完成教学任务,没必要搞那么多新花样,浪费时间。请对这种观点做出判断和分析。 要求:判断准确,观点明确,分析合理,条理清晰,字数不超过400字。

【参考答案】此观点错误。讲授法确实有利于高效完成教学任务,但是为了达到更优的教学效果,教师在教学中确实应该灵活采用多种教学方式。

(1)讲授法是教师通过口头语言系统连贯地向学生传授知识的方法,这种教学方法效率高、成本低;能较好地发挥教师的主导作用;同时能够保证学生所掌握知识的系统性。

(2)讲授法也存在一定的缺陷,比如:讲授过多,会挤占学生自学和练习的时间;无法照顾学生的个别差异,不利于学生个性的发展;同时,空泛的讲授,也不能激发学生的兴趣,唤起学生的注意,不利于启发学生的思维和想象,易陷入注入式教学的泥潭。

(3)教学方法除了讲授法以外,还有谈话法、讨论法、演示法、练习法、实验法等。每一种教学方法都有其优缺点,因此教师应该在设备、条件允许的情况下,准确把握教材特点及学生的年龄特征,根据自身业务水平、实际经验及个性特点等,灵活选用具体适当的教学方法。综上所述,题干表述错误。作为一名新时代的人民教师,应本着"教学有法,法无定法,贵在得法"的原则,采用多种教学方式优化教学效果。

案例分析题:给出一个教育教学类的材料案例,提出相关问题,考生根据问题要求结

合案例材料作答。解题思路:理论加材料分析,具体步骤可分为:先表态再运用理论知识进行分析,最后总结,也可以按照行文脉络"总分总"的逻辑进行作答。其解题方法如图11-1:

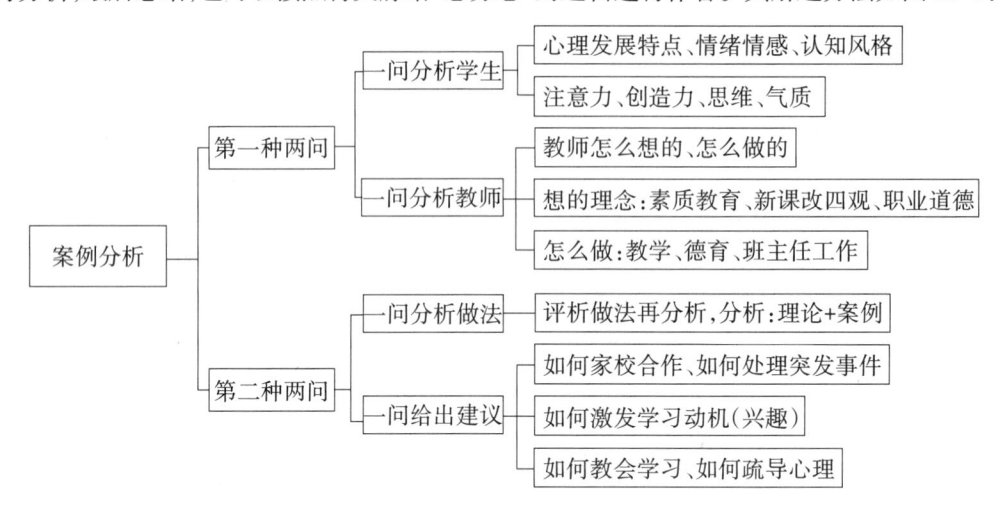

```
案例分析
├─ 第一种两问
│   ├─ 一问分析学生
│   │   ├─ 心理发展特点、情绪情感、认知风格
│   │   └─ 注意力、创造力、思维、气质
│   └─ 一问分析教师
│       ├─ 教师怎么想的、怎么做的
│       ├─ 想的理念:素质教育、新课改四观、职业道德
│       └─ 怎么做:教学、德育、班主任工作
└─ 第二种两问
    ├─ 一问分析做法
    │   └─ 评析做法再分析,分析:理论+案例
    └─ 一问给出建议
        ├─ 如何家校合作、如何处理突发事件
        ├─ 如何激发学习动机(兴趣)
        └─ 如何教会学习、如何疏导心理
```

图11-1 解题方法

【例题】李老师是一名新任的五年级英语教师,在设计"Hobbies"一课时,他从网上发现了一个优秀的教学设计,于是就直接用到自己的教学中。原教学设计是让学生用5分钟阅读课文并划出 Ben, Ben's brother, Mike, Yang Ling 和 Helen 五人的业余爱好,但是,在实际教学过程中,由于学生对词汇掌握不扎实,学习词汇占用了不少课上时间,李老师着急完成教学任务,所以在学生阅读不到3分钟时就开始提问,结果没有学生举手回答,多数人仍在埋头看书,课堂时出现了"冷场"。李老师开始不断催促,从提醒学生加快阅读速度,到提示学生答案在哪几页,甚至第几行,最后和学生一起读出了答案……

请根据以上案例,回答下列问题:

(1)请运用相关教育教学理论,对案例中的教学行为进行评价。

要求:评价准确,分析合理,条理清晰,字数不超过300字。

(2)请结合案例,联系教学实际,谈一谈一堂好课的标准。

要求:评价准确,分析合理,条理清晰,字数不超过400字。

【参考答案】

(1)案例中该老师的教学行为欠妥,我们要引以为戒:

①违背了爱岗敬业的教师职业道德。爱岗敬业要求教师要认真备课上课,了解研究学生,而案例中该老师丝毫未考虑学生实际情况,照搬网上的教学设计,导致课

堂教学效果不佳。

②偏离了新课改的教育教学理念。新课改认为教学是师生交往、积极互动、共同发展的过程,教师作为学生学习的促进者,要对课程基于教学实际情境进行开发,注重引导启发学生的思维,调动学生的积极性主动性,注重教学过程中学生的收获。案例中的老师在教学过程中并未考虑学生的实际情况,未对学生进行启发,直接使用现成的教学设计,没有注重学生在过程中的收获,甚至直接提示学生答案的具体位置。

③未合理组织教学,营造热烈的课堂氛围。案例中的老师照搬网上的教学设计,没有合理组织课堂教学,导致课堂一度陷入"冷场"。当学生的反应出乎自己的意料时,也没能随机应变,将课堂"冷场"氛围扭转。

④未发挥教育机智,及时调整课堂教学。教师在面对突发情况时,应该做到随机应变、掌握分寸、因势利导和对症下药。该老师在学生的反应出乎自己的意料时没能发挥教育机智,还不断催促学生,帮助学生直接找到答案。

(2)一堂好课没有绝对标准,但有一些基本的要求,比如:目标明确、重点突出、内容正确,方法得当、表达清晰、组织严密,课堂气氛热烈、充分调动学生的积极性。

①目标明确、重点突出、内容正确。案例中的老师没有清晰明确的教学目标,复制网上的教学设计,只一味注重既定教学任务的完成,且没有突出重点。一堂好课必须课堂目标明确,重点突出,且内容科学合理,贴合学生的生活实际。

②方法得当、表达清晰、组织严密。案例中的老师只会照搬网上的教学设计方案而不懂得结合学生的认知发展特点灵活运用,才造成课堂一度"冷场"。一堂好课必须能引导学生自主探究学习,且课堂分工明确,井井有条,老师教学方法得当,表达清晰,组织合理。

③课堂气氛热烈、充分调动学生的积极性。上好一堂课最根本的关键在于充分调动学生学习的积极性,坚持"教为主导,学为主体"的原则,发挥最佳教学效果。老师只有充分调动了学生的学习积极性,才使得课堂气氛宽松愉悦,教学效果突出。

**教学活动设计题**:考查考生教育教学活动设计和教学组织能力,主要题型有主题班会设计、家长会、综合实践活动设计、学科教案。一般会给出背景材料,结合材料提出作答要求。考生可大致按照活动前、活动中、活动后的思路进行理解作答。考生要按照要求进行作答,需注意字数问题。

【例题】距离毕业还有两个月的时间,班主任张老师观察到班里大部分同学很焦虑,压力很大。有的同学不敢休息和娱乐,学习时间长但效率很低,知识和技能的掌握并没有明显进步;有的同学拿起这科放下那科,学语文时想数学,眉毛胡子一把抓,哪个科目也不能静下心来学习;有的同学虽然按部就班地学着,但对自己和未来缺乏信心;还有个别同学甚至焦虑到晚上失眠,白天上课注意力不能集中,情绪不稳定,有时会莫名其妙地发脾气……

如果你是班主任张老师,请针对班里同学们存在的突出问题,自选一个学段(小学、初中或高中),设计一个有针对性的教育活动方案。要求完成以下具体任务:

(1)拟定活动方案的主题。(要求:主题鲜明,概括准确,字数不超过25字。)

(2)阐述活动方案设计的依据。(要求:清晰合理,表达简洁,字数不超过100字。)

(3)阐述活动方案的目标、内容和过程。(要求:目标明确,内容充实,措施得当,具有针对性和操作性,字数不超过600字。)

(4)如果该方案付诸实施,你将如何评估其效果。(要求:指标恰当,方法可行,字数不超过100字。)

【参考答案】 言之有理即可。

## 三、《学科专业知识》

《学科专业知识》的笔试内容包括地理科学基础知识、地理环境要素、中国地理、地理图表运用、自然地理、人文地理、区域地理、高等教育地理知识、中学地理课程、地理教学方法与技能、地理教学评价、地理教学设计等。从历年考试真题来看,考试题型基本稳定,分单项选择题、判断题、简答题、材料分析题、教学设计五种题型,考题难度和高考试题相差不大,有的试题内容比较细化。

### 1.单选题

解题步骤分三步"审",一审题干,二审设问,三审选项。解题方法需要根据具体题型进行选择,一般常用的方法有:(1)直选法;(2)计算法;(3)区域判断法;(4)分析推理法;(5)图文转换法;(6)优选法;(7)排除法。[1]

【例题】中国制造业企业海外子公司在全球分布广泛,中小型企业是海外投资的

---

[1] 山香教师招考中心.教师招聘考试学科专业知识(中学地理)[M].北京:首都师范大学出版社,2019.

主体。据此完成下面小题。①

(1)截至2018年底,中国制造业企业海外子公司近半数分布在欧盟国家。这些企业在欧盟国家投资主要考虑当地(　　)

①原材料丰富　②市场开放　③经济发达　④劳动力充足

A.①②　　　　B.②③　　　　C.①④　　　　D.③④

(2)与大型企业相比,中国制造业中小型企业在海外投资的优势有(　　)

①大多为民营企业,抵御风险能力强　②研发资金雄厚,创新能力较强

③更好服务小市场,满足多样化需求　④管理人员较少,管理成本较低

A.①②　　　　B.①③　　　　C.②④　　　　D.③④

## 2.判断题

通常是一些比较重要或有意义的概念事实或结论,要求考生能准确判断其正确性,答案只有对与错两种。判断题看似简单却充满陷阱,做题时一定要认真读题,谨慎细心,运用所学的理论知识进行判断,明确题目所要表达的本意,抓住关键词。

【例题1】加尔各答为印度的首都,同时也是印度最大的麻织工业中心和重要海港。(　　)

【例题2】阿根廷是一个移民国家,其中百分之八十五以上的居民为意大利和西班牙后裔。(　　)

## 3.简答题

依然以课标为出题依据,考生要对课程标准足够重视,并对地理教学常用的轮廓图、示意图足够熟悉。备考时候要熟悉世界、中国、其他主要国家轮廓图、三圈环流、洋流、水循环、地壳物质循环等示意图,以应对这类题型。

【例题②】阅读图文资料,完成下列要求。

宋代以来,珠江三角洲某地的人们通过沿江沿海筑堤、修坝、淤地等一系列人工活动围垦田地。堤围始建于宋代,初次合围(环绕围垦田地的外堤合拢)于明初,兴盛于清中叶。下图示意该地不同时期的围垦景观。国内河道纵横交错。

---

① 2022年湖南普通高中学业水平选择性考试地理试题.
② 2022年新高考山东卷地理真题.

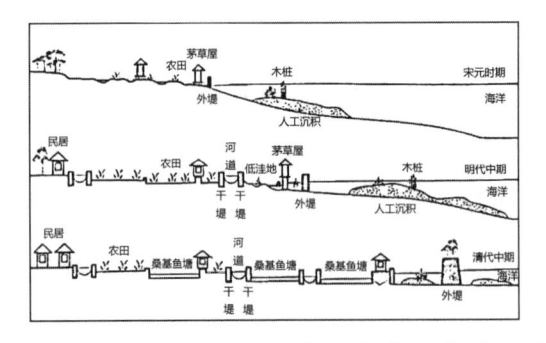

(1)宋元时期,当地乡民沿水而居,居民点呈散点状分布。分析居民点呈散点状分布的主要自然原因。

(2)明代中期,当地形成了较为完备的水利系统,水稻产量显著提高并有大量余粮输出。说明堤坝对提高水稻产量的作用。

(3)清代中期,人口规模扩大,当地农业生产方式由以水稻种植为主逐渐转变为以桑基鱼塘为主。这种农业生产方式的转变适应了当地环境,体现了人地和谐。对此作出合理解释。

【参考答案】

(1)该区河流密布,大多乡民沿河而居,河流提供水源,提供充足农田,该区河流下游,河网密布;位于沿海地区,海岸线长。

(2)修建堤坝,完善水利设施,提供灌溉水源;减少旱涝灾害对水稻生产的影响;修建堤坝,围垦田地,可以增加耕地面积;沿海堤坝可以减轻海水倒灌引起的土壤盐碱化。

(3)桑基鱼塘使农业形成一个良性的生态系统;沿海地区河网密布,水资源丰富,更适合发展桑基鱼塘农业;地势低洼,排水不畅,易积水,适合发展桑基鱼塘。气候为热带季风气候,水热搭配充分,适合发展桑基鱼塘。

**4.综合题**

考查考生的地理综合素养,一般以图文结合方式呈现,主要考查考生读图分析和地理知识运用能力。解答时要认真审题,弄清题目要求,运用所学知识进行解答,力求做到答案准确、叙述清楚、条理分明、重点突出、要点齐全、尽量避免写错别字;解答读图题要细致观察图,根据题目所给条件和图上所示内容得出答案,不能抛开题中条件和示意图,只凭记忆的知识或想象来回答;对于填图绘图题应力求所填所绘、注记位置准确清楚,让人看了不致混淆和产生错觉。

【例题】城市"热岛"效应和绿洲"冷岛"效应都是热力环流原理在现实生活中的表现。读图回答下列问题。

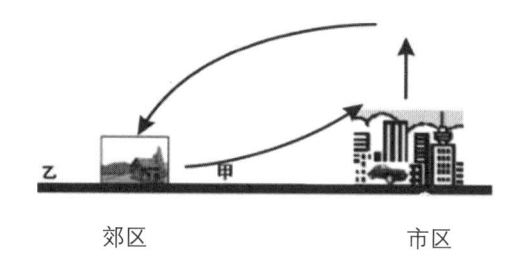

郊区　　　　　　市区

(1)与郊区相比,市区近地面(　　)。

A.气温高,气压高　　B.气温高,气压低

C.气温低,气压低　　D.气温低,气压高

(2)假设要新建一个钢铁厂,你认为应建在_____地(甲或乙)更合理,请结合"城市热岛环流示意图"简述理由。

(3)为了缓解城市"热岛"效应,请你列举一些措施(至少二个)。

(4)绘制绿洲"冷岛"效应的大气运动图(在下图中所示横线处标出气流运动箭头)。

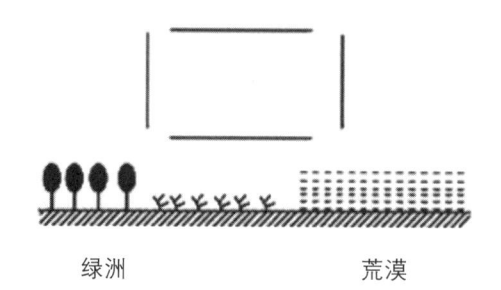

绿洲　　　　　　荒漠

【参考答案】

(1)B

(2)乙　位于城市热岛环流圈以外,钢铁厂的大气污染物不易污染城区。

(3)增加绿化面积;增加湿地面积;节能减排,减少人为热的排放等。

(4)

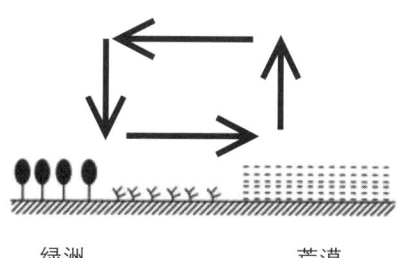

绿洲　　　　　　荒漠

# 第三节　中学地理教师招聘面试准备

通过地理教师招聘笔试以及资格复审合格之后会进入面试环节,面试主要考查语言表达能力、本学科专业知识掌握程度、分析和解决教育教学问题的能力。面试由当地或招聘单位自行组织,所以各地面试的形式也有所不同,通常的面试方式有说课、试讲、结构化、答辩等形式。要通过面试必须提前充分准备,做好每一个面试细节,让考场面试官感受到自己语言表达能力较强,具有优秀的教师潜质。

## 一、面试礼仪

在教师招聘考试面试中,礼仪作为一个重要的测评要素,主要通过对考生的着装、言谈举止等外在表现的观察,判断考生是否符合人民教师岗位要求。穿着整洁大方、举止自然稳健可彰显考生个人修养以及对考试、考官的重视和尊重。考官对考生面试礼仪的考查,具体来说,主要包括以下内容。

### 1.标准的站姿

正确的站姿是站得端正、稳重、自然和优美,给人挺拔、舒展,线条优美,精神饱满的感觉。具体要求如下:

(1)身正:即躯干挺直,双肩平齐,不弓腰驼背,不含胸挺肚,双臂放松,自然下垂。

(2)脚稳:即立脚平稳,两脚跟并拢,两脚尖分开50度左右。

(3)头平颈正:不垂头歪脖,颈正直,双目向前平视,嘴角微闭,下颌微收,动作平和自然。

### 2.优雅的坐姿

良好的坐姿能反映一个人的教养程度,能够为人增添几分风度。基本要求如下:

(1)上身正直,头平整,两肩放松,脖子挺直,下巴向内收,胸部挺起,双手自然地放在双膝或椅子扶手上。

(2)女士双腿要并拢,可斜放一侧,双脚可稍有前后之差。

(3)男士双膝可适当分开但距离小于肩宽,不跷二郎腿,不随意抖腿。

### 3.优美的走姿

正确的走姿,能体现一种动态美,能体现一个人的风度、风采和韵味。走姿的总体要求是:从容、平稳、有节奏感。

(1)男士要两眼平视,挺胸收腹直腰,两肩不摇,步态稳健,尽显阳刚潇洒之风。

(2)女士要头部端正,目光平和,挺胸收腹直腰,两手前后摆动的幅度较小,步态自如、匀称、轻柔,秀出端庄和典雅之范。

### 4.得体的服饰

教师的衣着习惯,往往透露出人生的哲学和价值观。教师遵守服饰礼仪,是教师职业道德、职业规范的一部分。常言道:"身教重于言教。"作为一名人民教师,在公共场合及教育教学活动中,着装和言谈举止都要体现教师职业特点,着装美观大方,有时代感,举止言谈受学生欢迎,符合教师身份。

就服饰而言,应试者的服饰要与自己的身材、身份相符,与考试的季节相符,努力做到高雅、得体、整洁、大方,体现应试者的精神风貌、气质和审美修养。

### 5.礼貌问题

问候是交流的基础。在日常教学中,问候是最基本的语言交流形式,它是教师教学工作的起点。

在教师招聘结构化面试中,应试者入场后的问候语非常重要,它是展示应试者个人形象的第一步,如果不会问候,会让应试者的整体形象大打折扣。应试者在问候考官们时,一定要力求热情而友好,主动而礼貌。从问候的形式来说,属于直接问候,具体表现为:"各位考官好!""各位考官,上午(下午)好!"等。

## 二、说课

说课在前面章节内容已详细讲解,在此主要介绍教师招聘中说课面试的要求。地区不同说课的要求也不同,不同之处主要在于提前给课题还是临场给课题。提前给课题往往是在面试的前一天招聘方会给出三篇课题让学生做好准备,到面试时以三选一的方式选课题进行面试。临场给课题是考生在面试当天进入备考室之后才知道面试课题,在备考室中准备20到30分钟(不同的考区给的时间不同)后进入面试教室进行面试。教师招聘说课面试的时间一般在10分钟左右。地理教师职业说课和地理教师招聘面试的说课两者之间在框架结构上是没有区别的,由于地理教师招聘的说课有时间限制,所以招聘面试的说课稿需要做到精益求精,在面试的过程中才不会超时。

说课,首先要知道说课的结构,要说清楚教什么、怎么教、为什么这么教。掌握说课思路之后要熟悉教材,结合教材内容和学生的实际情况以及教学环境写出说课稿,接着要不断地练习说课。在练习说课时,除了在内容撰写上做到充实、完整,语言表述上做到自然、流畅之外,同时还需注意以下问题:

(1)忌撰写时间过长、内容过细。首先,认真撰写说课稿,并不是一定要把所有的准备时间都用在"写"上,要预留出一定的时间,去梳理所写的内容,否则,在说的过程中会因不熟悉内容而造成表述不流畅的问题。其次,撰写说课稿时内容不要过于详细,否则,在说的过程中易产生依赖性,最终将"说课"变为照稿"读课"。

(2)忌口头禅过多。在说课过程中,语言表达不要出现过多口头禅,例如"嗯""啊"等。另外,"对吧""是吧""所以"等也不要多次反复出现,否则会降低说课整体效果。为避免这种情况发生,可适当减慢自己的语言速度,将精力集中在自己的说课流程中,而不是考官的反应中,同时在上考场前深呼吸,调整好自己的状态。

(3)忌无肢体语言。口头语言表达对说课的影响较大,但自然的肢体语言同样不可缺。说课过程中不要双手捧着说课稿、一动不动站在某处,最好脱稿,结合所说内容适时加上一些肢体语言。当然,过犹不及,比如多次做同一个动作、频繁在讲台上来回走动等都是不可取的。

(4)忌无原因阐释。说课与试讲不同,它的受众群体是同行,故不仅要说出自己的设计思路,同时还要说出自己的设计理由。因此,从教学目标环节开始,就要注意对每一个环节设计依据进行说明,让考官看到你的教学理念、设计依据以及所能达成的教学效果。

教师招聘说课面试评分:

(1)说教材占分值为20分,主要考查:①清楚准确阐述本课内容的编写意图及特点,在教材中的地位、作用以及前后联系;②说明课时安排、教学的基本环节及设计目的;③简洁、具体、准确地确定教学目标、重点、难点及依据。④知识理解准确,处理恰当,符合学生实际。

(2)说教法、学法占分值为20分,主要考查:①说清教学方法的选择及其理论依据;②因材施教,主体突出,充分调动学生学习的积极性、主动性;③重视学习方法的指导、学习习惯、学习能力及道德情感的培养提高。

(3)说教学过程占分值45分,主要考查:①新课导入自然流畅,知识的引导、讲授符合学生认知规律,教学手段、方法科学合理;②阐明突出教学重点、突破教学难点的处理措施和理论依据;③学练结合,容量适当,时间分配合理,衔接紧凑;④说明教学过程中的活动安排和师生互动环节的设计意图以及贯穿的教育理念;⑤教学板书(提纲)具有高度概括性,重点突出、条理清晰、字体规范;⑥教学设计富有创意,教学反思合理、客观,具有指导作用。

(4)教师基本素质占分值15分,主要考查:①教态(说态)自然大方、富有修养、感染力强、肢体语言得体、符合教师职业要求;②普通话准确流利、语言表达简明、条理清楚、逻辑性强。

## 三、试讲

试讲其实就是考生模拟上课,有的地区也称为试教,主要考查考生从听觉上是否具备教师讲解知识的基本能力,从视觉上是否具有教师的基本教姿教态。教师招聘的试讲面试方式和要求不统一,有的地区提前给试讲课题,有的地区是进备考室后才知道面试课题。提前给课题的往往会给两到四个课题做准备,面试时选其一进行面试。

教师面试试讲要做到以下细节:

(1)声音洪亮、抑扬顿挫,普通话流畅、咬字清晰、语速适中。试讲过程中讲话要有激情、掷地有声,不要半推半就,在讲台上要有台风。如果拿捏不好,可以多多演练。

(2)做好充分准备,要把试讲内容的相关背景知识了解到位,并把课本内容和这些背景知识结合起来,利用背景知识将学生引导到教学内容上来。

(3)要注意跟台下评委的眼神交流,视线不要一直停留在讲稿上,要使台下的每一位考官都能感受到互动,切忌离考官太近,避免考官有压迫感。

(4)要体现与学生的互动,提问可个别提问、全班提问、抢答方式提问,提问词和表扬词切忌太过于单调,评价要到位,在提问过程中要注意关注后进生。

(5)板书设计新颖,条理性强,字体大小合适,字迹工整,不能有倒笔画和错别字。

(6)试讲过程中走位要自然,不要过于频繁地在同一个位置来回走动。

## 四、结构化面试

结构化面试是一种对测评要素、面试试题、实施程序、评分标准、考官组成等方面按要求进行规范性设计的面试方法。考官按照预先设定好的试题对每个应试者进行相同的提问,并根据应试者的回答和行为表现,对其相关能力和个性特征作出相应的评价。教师招聘考试中的结构化面试环节,严格遵循结构化面试的既定程序,通过考官组与应聘者面对面的交谈以及对应聘者的观察,实现教师人才选拔的目的。

在准备结构化面试时,需要掌握每一种题型的答题思路,达到熟能生巧的程度,要多关注国家教育事业发展的趋势和新闻,多留意身边存在的教育问题和热点,多积累教育素材,以便于支撑答题内容。在答题之前思考问题时间最好不要超过30秒,答题的过程中尽量不要卡顿,即使有卡顿也不要出现复述的现象,答题时要从容自信,逻辑清晰有层次感。

下面分别介绍几种题型的答题思路和步骤。

### (一)突发事件题

突发事件题是指教师在教育教学过程中,突发一些事件时如何快速妥当处理的一类题型,解答此种题型的原则是在不耽误教育教学工作的情况下,把此事件尽快平息,达到治标的作用,课后再进行治本。突发事件多种多样,是否能妥善处理体现一名教师的业务能力水平。如在教学中两名学生发生争吵或者殴打、在学校运动会上参加长跑的学生在比赛过程中晕倒等类似突发事件,应该如何处理。

此类题型可按如下步骤作答:

1.说引子:作为一名人民教师,在日常的教育教学工作中会遇到各种各样的突发情况,而成功妥善处理好各种突发情况,是一名人民教师应具备的素质,我会按如下方式进行处理。

2.心理稳定快速反应:保持一颗冷静清醒的头脑,毕竟保持沉着冷静是处理一件事情的关键所在。

3.分析原因解决问题:

(1)从自己的身上找问题,然后进行反思、矫正、总结。

(2)从学生身上找原因,通过交流沟通的方式找到原因,若是向学生了解到是自己的原因,进行自我反思并总结。若是学生对自己不满,进行反思并根据不同原因进行处理。若是自身课堂内容偏难、课堂目标偏高,那就进行调整。

4.总结并汲取教训,不断提高自己处理突发事件的能力并且避免以后类似的事情发生。

总之在作答突发事件题型时,考生可以将自身融入问题情境当中并且遵循心理稳定、快速反应,以人为本、工作为重,轻重缓急有序处理的原则进行作答,方可赢得面试官的青睐。

【例题】在课堂上有学生指出你书写的板书上有错别字,你应该怎么办?

【参考答案】

作为一名人民教师,在日常的教育教学工作中会遇到各种各样的突发情况,而成功妥善处理好各种突发情况,是一名人民教师应具备的素质,如果遇见题目中的这种情况我会按如下方式进行处理:

第一,我会保持一颗冷静清醒的头脑,毕竟保持沉着冷静是处理一件事情的关键所在。

第二,对指出自己问题的学生表示肯定,表扬其认真学习的态度并承认自身的错误,同时让学生知道,人非圣贤,孰能无过,只要知错就改就是好样的,借此机会对学生进行教育。同时,应练好自己的基本功,并且要认真对待每一件事情,不能粗心大意,然后继续教育教学工作。

第三,课后自己进行反思,若是自身专业基础不扎实,那就要树立终身学习的理念,筑牢自身专业基础,完善自身知识结构,提高自身的专业技能和业务水平;若是出现错别字的原因是自己马虎大意,那在以后的工作中要保持专心致志,一丝不苟的教学态度;若是自身没有准备好导致出现错别字,那在以后的工作中应认真备课,认真完成教学设计。(研读课程标准、认真备教材、备学生。)

第四,在以后的工作中会认真地备好每一节课,备好每一个学生,树立终身学习的理念,强化自身专业知识、丰富自身知识体系,做一个学生、家长、领导和同事认可的好老师。

## (二)计划组织题

计划组织题是指相关领导要求你组织一场活动或自身在班级计划开展一系列课外活动时如何成功妥善完成的一类题型,体现一名教师应具备的组织能力。组织活动的类型多样,例如组织一场篮球赛、文艺晚会、选拔学生到某地区参加竞赛以及宣传活动等。

回答此类型题,可按以下步骤完成:

1.引子:简单阐述该活动有什么作用和意义,然后以"三个到位"为标准认真开展工作。

2.准备到位:准备阶段要考虑的元素有人、财、物(特殊时期特殊对待,如:在疫情期间还需要准备疫情防控的物资)、地、时。

(1)活动前向领导请示,把握好本次活动的主题及精神,确定时间、地点、参加主体、经费预算等细节,同时向有经验的同事请教组织该活动的相关事宜。

(2)拟定活动方案,方案内容包括明确参加的主体、经费预算、应急方案、注意事项等,并再次送领导审批,根据领导的意见再进行修改、完善。

(3)召集参与此次活动的人员开会,如涉及的班主任老师、学生会成员、各班班干部代表等,传达此次活动的精神及安排相关工作。

(4)准备此次活动所需物品的采购,在相应时间布置好现场。

3.实施到位。围绕本次活动的主题,按计划实施,我会重点安排好以下几点工作:

(1)活动开幕之前按参与主体顺序入场、清点人数、领导讲话、强调意义。

(2)强调现场秩序,安排好纪律工作、安全管理工作、后勤保障工作,杜绝安全隐患。

(3)安排相关人员做好照片和影像片段的收集,同时,作为负责人应做好各个环节工作的衔接,确保此次活动成功开展。

(4)组织各参与主体人员有序离场,并打扫现场卫生及做好相关收尾工作。

4.总结到位。

(1)将该次活动的相关资料整理送领导审批后存档,并把相关的照片和视频传到单位门户网上,用于宣传。

(2)反思自身在该次活动中的不足之处,加以改正。争取在下一次活动组织中做得更好。

【例题】学校要求以班级为单位各班自行组织一次春游活动,你作为一名班主任该如何组织?

【参考答案】

答:1.青春期的孩子都有一颗好奇的心,拥有一双发现美的眼睛。春游活动是孩子们亲近大自然的一次好机会,对学生身心健康发展、审美情趣的提高有着非常重要的意义,因此,我会以"三个到位"为标准认真开展工作。

2.准备到位。

(1)拟定活动方案,方案内容包括参加的人数、春游的线路、经费预算、应急方案、注意事项等,送领导审批,根据领导的意见再行修改、完善。

(2)开展主题班会,进行活动动员,鼓励学生积极参与,让学生讨论得出春游时的集体游戏,并以电话或给家长一封信等方式通知学生家长,同时告知家长给学生准备好点心、饮用水、户外鞋等物品。

3.实施到位。

本次春游活动围绕"亲近大自然"为主题,按照规划好的方案做好以下几点工作。

(1)出发前做好相关安全教育工作,清点人数后将学生分为若干小组,选出组长和副组长,有序地向目的地进发。

(2)到达目的地后寻找安全的区域让学生原地休息,学生在补充水分和食物的同时,向学生介绍相关地形地势特征、植物和动物种类,让学生能够认识大自然、享受大自然。

(3)开始事先准备好的集体游戏,借此加强同学和老师之间的沟通,形成集体向心力和凝聚力。

(4)安排学生们吃自己带来的午餐;引导学生把自己的零食分享给同学,培养学生的分享精神;叮嘱学生将垃圾装在口袋里带回或丢在垃圾箱内,树立保护环境,人人有责的环保意识。最后清点人数,将学生安全带回。

4.总结到位。

(1)开展主题班会,让同学们分享本次春游的感想,教师进行归纳总结,并安排每位同学为此次春游活动准备一份手抄报,并将手抄报贴在学习园地。

(2)将此次春游活动的相关资料整理送领导审批后存档,并将此次春游活动的照片及视频上传到学校门户网上,彰显我校办学特色。

## (三)矛盾题

矛盾题是关于在教育教学工作中自身与学生、家长、同事、领导之间的矛盾的一类题型。例如:与学生的矛盾(有学生不喜欢你上课的方式、学生为留守儿童不愿学习、性格孤僻等);与家长的矛盾(有家长向学校投诉你上课的方式有问题、两个学生打架后双方家长找你要说法等);与同事的矛盾(有同事之间相互误会或安排对外交流时选择你而没选大家推荐的老师等矛盾);与领导的矛盾(有领导误会你之后批评你);等等。矛盾题比较复杂,一道题里面可能会同时包含多重矛盾,例如一道题里可能会包含你与同事、领导之间的矛盾,或者同时包含你与学生、学生家长、领导之间的矛盾。因此回答此类题最主要的是找出所包含的矛盾主体,并把矛盾一一化解就可以了。

此类题可按如下方法进行回答:

1.引子:如果在以后的工作中遇到上述问题,我会按以下方式处理。

2.保持一颗清醒的头脑,沉着应对,保证教育教学工作的正常运行。

3.分析矛盾,解决问题:

(1)与学生的矛盾:若是自身问题,先进行自我反省,进行自我批评并改正。若是学生问题,进行沟通、交流,解决矛盾。

(2)与家长的矛盾,客观评价,并反省工作是否到位,若家长反映属实,反省并改正;若反映不属实,通过交流、沟通解决矛盾。

(3)与同事的矛盾:若存在,反省并改正;若不存在,通过交流、沟通解决矛盾。

(4)与领导的矛盾:进行自我反省,若属实,承认错误并改正;若不属实,通过汇报、交流、沟通解决矛盾。

4.(治本:针对矛盾提对策)若是学生问题,进行班会教育,以个例教育全班;若是家长问题,召开家长会,多和家长沟通、交流。若是同事、领导问题,多请教、多汇报、多交流、沟通……

5.总结并表态(在以后的工作中应该如何做)。

【例题】家长到学校投诉你,说他的孩子不爱学习,还有很多品德上、生活上的坏毛病,认为是你的教育方式有问题,校长批评了你,你该怎么办?

【参考答案】(分析:题目中出现了教师与学生的矛盾、与家长之间的矛盾、与校领导之间的矛盾,则应该逐一解决存在的矛盾,解决过程中要明确学生是否不爱学习,品德、生活上是否有坏毛病,自身教育方式是否有问题,并处理好和校领导之间的矛盾。)

1.在以后的教育教学工作中,若遇到题目中所述的问题,我会按如下方式进行处理:

2.我会保持一颗清醒的头脑,沉着应对,不能因为家长的投诉、领导的批评而影响教育教学工作的正常开展,从而做出一些过激的行为,不利于为人师表正面形象的树立。

3.向校长汇报之后和学生家长进行沟通,客观公正地说明该学生平常在班上的情况,并向家长明确孩子的成长不仅依靠学校教育,也依靠家庭教育,同时,向家长举一些正面的和反面的例子突出家庭教育的作用。

4.进行自我反思,若家长反映的情况属实,加强自身专业知识的学习,增强自身文化修养,教学过程中将智育和德育相结合,引导好学生养成良好的行为习惯、生活习惯。

5.和学生沟通、交流,询问其不喜欢学习的原因,若是听不懂,则无偿为其补习功课,并注意自身备课时是否面向全体学生;若是不想学,对学生进行思想教育;此外,教育学生要做一个行为习惯良好的当代中学生。

6.通过这件事情,抽时间召开家长会,会上和家长们交流如何教育孩子的方法,形成教育合力。在以后的工作中,我会发挥班主任的纽带、桥梁作用,联系家长、学校、社会,统一思想、步调一致,发挥教育的整体效益,促进学生全面发展。

### (四)情景模拟题

情景模拟题是指在教育教学工作中发生一些情况时,如何置身情景中解决问题的一类题型。情景模拟题是以第一人称置身场景中进行现场模拟。教育教学中出现的问题多种多样,如班上有个学生考试不及格哭了,你作为班主任,如何开导他;有记者采访你,让你谈谈"这节课我们教完了"和"这节课我们学完了"这两句话的看法等。回答这类问题时要注意以下几个方面:(1)注意自身定位;(2)在特殊场合时要介绍自己的身份(如我是小勇的班主任李老师、我是某班班主任王老师等);(3)注意说话的方式,要有针对性(针对问题、针对群体)、操作性;(4)要置身情景中,自己创造情景,并假设问题,解决问题;(5)要通过创设情景使答案呈对话式进行,且有始有终。

【例题】班上的小明不爱学习、行为习惯不好,你进行家访,应怎样和家长沟通?请进行现场模拟。

【参考答案】

答:"小明妈妈你好,我是小明的班主任李老师,今天来的目的是想了解一下小明最近在家里的情况。小明同学在班上团结同学、热爱劳动,深得每位老师的喜爱,上半学期还获得劳动标兵的称号(先表扬),但是最近我发现小明身上出现了点小问题,一方面是他没有以前那么团结同学了,课上会出现踢前排同学凳子的行为,而且有时候会为一些小事和同学争吵,争吵时还会骂脏话,另一方面上课时爱打瞌睡,感觉很困的样子,今天来的目的是想了解一下,他在家里会不会出现这样的情况和出现这种情况的原因是什么(指出出现的问题)"。"哦……原来是最近小明的父亲生意不顺利,所以把重心放在生意上而疏忽对小明的关爱(创设情景)。小明妈妈,俗话说父母是孩子的第一任老师,孩子的模仿能力极强,有时家长无心的一句话孩子都会牢记在心里。孩子现在虽然在学校上学,但是家庭教育对孩子是否能健康快乐地成长也有很大的影响,现在电视上常播报的青少年犯罪的案例,很多都是由于家庭不和睦而疏于对孩子的管教,孩子才一步步走上犯罪的道路。良好的家风美德对一个家庭、社会乃至国家都起着至关重要的作用。小明是一个懂事的孩子,在家里面不愉快,在学校里会影响他的学习,所以希望你们能给他创造一个和睦的环境,我们共同的目的都是为了孩子健康发展(解决问题)"。"好了,那我们今天就谈到这里吧,我相信小明会改掉这些不好的小习惯的,我学校还有点事情,我就先回学校了,谢谢你的配合,我们随时保持联系,再见(创设情景)!"

## (五)选择题

选择题是指对A和B的看法,你应该如何选择或者你赞同哪一种说法,A和B两者之间可能一正一反、可能二者为正的一类题型。此种题的提问方式一般为对于A和B你认为哪种说法正确、哪种做法合适或者你认为哪种比较重要。如:你认为科学文化知识和德育哪个重要?你对"教学是一种艺术"和"教学是一种技术"两句话的看法等。

此类题型可按下列方式作答:

1.引子:对于A和B的关系我是这样看的。

2.A是什么?(定义/概念/意义/作用/内涵/外延)

3.B是什么?(定义/概念/意义/作用/内涵/外延)

(1)A和B中有一方是消极的、错误的,则选正确一方。

(2)若A和B两者皆为正确的、积极的,则A+B。

4.A+B=C。(综合起来,相辅相成,缺一不可)

【例题】学校教育和家庭教育哪个重要,你怎么看?

【参考答案】

1.对于学校教育和家庭教育哪个重要,我是这样看的。

2.家庭教育时间长,具有启蒙性、感染性、片面性、零散性、连贯性、缺少组织计划性等特点,对孩子健康成长有着至关重要的作用,孩子的模仿能力极强,家长的一言一行都会带动孩子的模仿。良好的家风美德对一个家庭、社会乃至国家的发展都有着至关重要的作用。

3.学校教育是对家庭教育的完善,弥补家庭教育的不足。学校教育是有目的、有规划、有组织的教育活动。同时学校也是全面贯彻素质教育的场所,是国家培养人才的摇篮,关乎祖国希望、民族的未来。

4.因此,我认为家庭教育和学校教育二者相辅相成、缺一不可。作为一名人民教师,教书育人是本职工作,同时,要发挥教师的纽带、桥梁作用,积极联系家庭、学校、社会,以形成强有力的教育合力,促进学生的全面发展。

## (六)观点题

观点题指对一种现象、一个概念、一句名言、一幅漫画阐述看法的一类题型。对于现象、概念、漫画有积极、消极和辩证之分,不同的定位,则有不同的看法。

积极现象题:所表现出的社会意义是积极的、向上的。

回答此类题时可按以下方式作答:

1.引子:对于A现象我是这样看的或我有以下几点认识。

2.产生的积极意义。

3.其积极意义反衬出来的坏现象或该积极现象的不足之处。

4.根据不足或反衬出来的坏现象提出解决措施。

5.总结,表态。

【例题】谈谈你对"最美女教师"的认识。

【参考答案】

1.对于"最美女教师"我有以下几点认识。

2."最美女教师"是指在哈尔滨的一次车祸中,一位女教师为救一名学生,将其推开,自己的双腿则被汽车压断,最后进行截肢,后冠其"最美女教师"的称号。"最美女教师"不仅是一个称号,更是一种精神,是社会中一道亮丽的风景线,展现了教师良好的师德师风,体现了一个平凡教师的担当和责任,诠释了师德之魂。对于教师个人而言,是社会上广大教师的榜样与楷模。对于社会而言,体现了社会主义核心价值观的风向标,真正地忠诚于党和人民的教育事业,真正做到立德树人,为国家和民族的明天而付出。

3.但当下并不是所有的教师都能称为"最美教师",在广大的教师队伍中,有个别教师并没有体现"最美女教师"的精神,师德师风水平有待提高、爱岗敬业精神有待加强。例如:有的教师在岗不爱岗、没有履行教师的自身职责、不尽职、不负责,没有真正做到传道授业解惑。

4.对于"最美女教师",其精神应该弘扬,她是所有教师的榜样和楷模,广大教师应学习其精神,加强自身师德师风的建设,对于极个别师德师风败坏的教师要加强管理、加大惩处力度,加强广大教师队伍建设,促进教师队伍有序、健康发展。

消极现象题:所表现出来的社会意义是消极的、不利于社会发展的。

回答此类问题可按以下方式作答:

1.引子:对于A现象我是这样看的。

2.产生的消极影响。

3.产生该现象的根本原因、简洁原因是什么。

4.根据原因提出对策(对策可从国家、社会、个人三个层面)。

5.总结。

【例题】请你谈谈你对应试教育的看法。

【参考答案】

1.对于应试教育我是这样看的。

2.应试教育是指一种传统的教育,是以教师为主体,学生为参与者,以填鸭式、满堂灌、老师讲学生学等机械教学模式,以分数作为评价学生的唯一标准的一种教育方式,即唯分数论。这样的教育方式影响学生的创新能力和实战能力,不利于学生的全面发展,违背了国家素质教育的教育方针,不利于国家培养后备人才,阻碍了中国梦的实现和中华民族的伟大复兴。

3.我认为当今社会仍存在应试教育的原因有以下几点:

(1)素质教育落实不到位,存在形式主义;(2)受传统封建思想的影响,以分数论英雄、以分数论成败;(3)学校发展错误政绩观的影响。

4.要解决以上问题我认为应采取以下措施:

(1)加强教育改革,全面落实国家教育方针,全面推进素质教育;(2)加强思想宣传,使素质教育的理念在每一个公民心中落地生根;(3)加大培训、督察力度,及时纠正学校错误政绩观。

5.总之,我相信,在党的领导下,在社会各界密切的关注下,应试教育一定会被摒弃,素质教育的理念一定会在每一个公民的心中落地生根,开花结果。

辩证题:指该现象、观点表现出的社会意义既有积极的一面,也有消极的一面。回答此类题时,既要看到有利之处,又要看到不利之处。

回答此类题可按以下方式回答:

1.引子:对于A现象,我们应该客观公正地评价,既要看到其积极的一面,也要看到其消极的一面。因此,我有以下几点看法。

2.产生的积极意义。

3.产生的消极影响。

4.简单分析产生消极影响的原因后提出对策。

5.总结。

【例题】谈谈你对新课程改革背景下"减负"的认识。

【参考答案】

1.对于新课程改革背景下"减负",我有以下几点认识。

2.新课程改革背景下"减负"是指减少学生机械抄写的纸笔作业,增加与家长、同学共同完成的口头作业、对话作业等,是素质教育理念的体现。一方面有利于培养学生的实践能力、创新能力、思维能力、逻辑能力,有利于加强学生与同学、家长之间的交流和沟通,也有利于发挥家庭教育的功能;另一方面也有利于减轻教师的作业批改压力。

3.但是,极少部分教师对"减负"的认识具有片面性,没有理解其本质,没有领悟其精神意义,不利于素质教育方针的贯彻落实,不利于促进学生的全面发展和国家科教兴国战略的实施。

4.我认为要全面贯彻落实"减负",应采取以下措施:

一是坚持适度原则,在教育和减负之间取得最大公约数。二是加强宣传引导力度。加强教师对"减负"相关文件的学习,吃透相关文件精神。

5.我相信,在党和人民的关注下,在社会各界密切的配合下,"减负"会得到全面的贯彻落实。

## （七）名人名言题

名人名言题是指给出一句名人名言，谈谈你对该名言的理解，既要理解其字面意思，又要领悟其揭示的真理或方法论的一类题型。

对于此类题型应按以下步骤进行作答：

1. 引子：对于该名言我是这样理解的。

2. 阐述这句名言的作者、出处、字面意思。

3. 该名言揭示了什么样的道理或给了我们什么样的启示。

4. 在未来的生活和工作中怎样运用这句话砥砺自己前行。

【例题】谈谈你对"纸上得来终觉浅，绝知此事要躬行"的理解。

【参考答案】

1. 对于"纸上得来终觉浅，绝知此事要躬行"这句话我是这样理解的。

2. 该诗句是出自南宋著名诗人陆游的手笔。其意思是从纸上学的东西始终是不完善的，挖掘不了其真理，要想理解更深层次的意义，需亲自动手。

3. 这句话揭示了马克思主义哲学辩证唯物主义的方法论，应理论与实践相结合，要把在书上所学的理论知识在实践中进行检验，即实践是检验真理的唯一标准。

4. 在以后的工作中，应树立终身学习的理念，加强学习，加强实践，理论与实践相结合，做到认识推动实践、实践检验认识的有机统一。

## （八）漫画题

漫画题是指给出一幅/组漫画，谈谈对这幅/组漫画的认识或理解的一类题型。对于漫画题来说，第一步就是如实描述漫画中出现的事物，然后判断该幅/组漫画反映的寓意是积极的还是消极的，最后对照辩证题的答法从积极、消极两方面来回答即可。

【例题】结合下图①内容，谈谈你从中获得什么启示？

---

① 夏明.进步与退步[N].讽刺与幽默，2015-11-13.

【参考答案】

1.这幅漫画描述的是两个孩子在两次考试中因为得到不同的分数而得到不同的"待遇"的情境。我从中看出了两个问题,第一是分数高就有表扬,分数低就要挨打,这显然是唯分数论的做法;第二是进步了就有表扬,退步了就要挨打,这表面看上去正确,但其着眼点还是在分数上,所以也并不合理。

2.我认为,正确的做法是,我们在教育过程中要对学生有全面、合理的评价标准和测评方法,在这个基础上,给予他们更多的鼓励与肯定。

3.虽然素质教育已经提倡了很多年,新课标的提出也早已不是新鲜事,但考试分数依旧是评价学生学习效果的主要参考条件。然而,把考试分数作为评价学生的唯一依据是存在很多漏洞和问题的,分数考得高并不代表能力就高,考试分数下降了也不意味着"退步"。

4.学生在学习过程中的表现以及学生的情感态度价值观的形成都无法通过考试分数客观地体现出来,而这两项却是教育需要重点关注的内容。可见,考试分数已经不足以"说明问题"。

5.我认为,无论是教育工作者的我们,还是家长,都应当更全面和动态地观察与评价学生。我们可以为学生建立个人档案,把学生的课堂表现、家庭作业完成情况、小测试成绩、校内外活动表现、特长与爱好、性格与品质等都纳入到这份档案里,以此作为学生综合评价的依据。还可以将同学间的互评和学生的自评也都纳入进来,从而让学生能够从这份档案中真实地认识自己,定位自己。如此一来,教师和家长也能够真正和及时地发现学生的优点与不足,及时给予其鼓励和帮助,这才能获得我们期待的教育效果。

## (九)陈述题

陈述题指简单地陈述一件事的一类题型,陈述题可分为一般陈述和特殊陈述。

一般陈述题:指对一般问题的陈述,如谈谈你最喜欢的一句话、谈谈自身的优势和不足、自我介绍等。

【例题】请谈谈你最喜欢的一本书。

【参考答案】(解析:可以是因为这本书的人物特征、故事情节、思想感情而喜欢,也可以是因为该本书中的一句话而喜欢)

1.书籍是人类进步的阶梯,读书就是和一个伟大的灵魂的对话,因此我喜欢读书。我最喜欢的一本书是《论语》,因为论语中提出了终身学习的理念。"学高为师,身正为范",作为一名人民教师,要给学生一碗水,自身得有一桶水,甚至要有源源不断的活水。

2.因此,我们应该树立终身学习的理念。一方面,学习时间要长,要有长时性;另一方面,学习范围要广,不仅要学习本学科的知识,还要学习其他学科的知识、前沿知识,要不断强化自身专业基础、完善自身知识体系、拓展自身知识视野;另一方面,学习渠道要多元化,要不断向身边的同事学习,向老教师请教,同时还可通过电视、广播、报纸、书籍等多元化的渠道进行学习;真正做到要给学生一碗水,自身有一桶水,且有源源不断的活水。

【例题】作为一名人民教师,你认为应具备哪些良好的素质?

【答题思路】

1.要有扎实的专业基础(可结合自身对专业知识的学习情况阐述)。

2.高超的教育教学能力(可结合自身在实习或者兼职辅导班的情况进行阐述)。

3.优秀的业务能力(可结合自身在校参加的部门、组织活动的经验或实习时作为实习班主任的经历进行阐述)。

4.良好的师德师风(可通过对教师职业道德中"三爱、两人、一终身"的理解进行阐述)。

【例题】自我介绍。

【答题思路】自我介绍答题方式多元,每个人的经历不一样,其自我介绍内容的丰富程度则不一样,因此考生可从以下几方面进行归纳答题(注:考生在回答时不能全是优点,无任何缺点,因为金无足赤,人无完人)。

1.引子:感谢各位考官给我一个展示自我的机会,我将从以下几个方面进行自我介绍。

2.家庭背景(对良好的家风、吃苦耐劳等方面进行阐述)。

3.性格(开朗、活泼等,具体可用与同学、老师之间的事例进行填充)。

4.理想(做一名光荣的人民教师、热爱教育事业等,可用具体事例填充)。

5.学习情况(可汇报自身学习情况,如专业奖学金、评优评先等)。

6.能力(可根据自身身份,如班干、社团负责人等,用具体事例填充)。

特殊陈述题:是指对特殊问题的陈述,如:听说你考试经常作弊、经常迟到、早退、随地吐痰、随地扔垃圾等,是真的吗?对于这类题型,可判断该问题是否违背原则、道德、法律、条例等,若有违背,则在陈述时表明从未出现的观点;若没有违背,仅是一些生活坏习惯,则坦诚承认以前或者低年级时有,现在已改正。

对于此类题型应按以下步骤进行作答:

1.引子:对于考官提出我经常发生A事件我感到十分惊讶(我会从以下方面进行阐述)。

2.可从家庭教育和学校教育说明没有做A事件的动机。

3.表明自身有较高的思想觉悟。

4.表态,以后的工作中如何做。

5.结语:既有这样的说法,各位考官可向老师、同学考证,以还事实一个真相、还我一个清白。

【例题】听说你大学考试经常作弊,你该怎样回应?

【答题思路】

1.对于考官提出我大学考试经常作弊这个说法我感到十分的惊讶。

2.我从小生活在农村家庭(书香世家),从小有着非常严厉的家风。父母从小教育我做人要诚实,认认真真做事、踏踏实实做人;此外,自从我读小学开始,老师就教育我们,要做一个行为习惯规范的学生,知之为知之,不知为不知,不可撒谎欺骗父母、欺骗老师、欺骗社会。而且我在大学时,因为自身的刻苦努力,成绩优异,一直都得到老师和同学的一致认可。因此,对于考试作弊这种违反学校管理条例、违背道德、触犯法律的事情我是不会去做的。

3.作为一名中国共产党党员(团员/新时代大学生),我一直感到十分的骄傲与光荣,我从小的梦想就是能做一名光荣的人民教师,为祖国培养后备人才,为党和人民的教育事业作出自身的贡献。教师职业道德规范中明确提出教师应"为人师表",要用自身的一言一行去影响学生,用"润物细无声"的方式教育学生,只有做到身正,才能对学生不令而行。为了这个梦想,我一直在努力,因此,我不能作弊也不会作弊。

4.在以后的工作中,我会树立终身学习的理念,不断强化自身专业基础、完善自身知识体系、拓宽自身知识视野、加强自身师德师风建设,将智育和德育有机结合起来,促进学生全面发展。

5.既然有这种说法,我会积极配合学校相关部门的核实工作,各位考官也可向我的老师、同学考证,以还事实一个真相、还我一个清白。

### 五、体检和政审

在教师招聘的过程中,即使笔试和面试都通过也不一定能顺利地入职,因为体检和政审是教师招聘的最后两个环节,只有这两者都通过之后才能顺利地成为一名人民教师。体检就是为了考查身体素质,面试入围体检后的考生在当地人事局的安排下进行体检,体检要求按照公务员录用体检标准进行。政审是考查个人档案和政治背景,具体考查考生本人和家庭人员是否有犯罪记录,是否参加过反党反国的活动,个人征信情况,个人档案等方面内容。所以考生在学习的过程中不仅要加强身体锻炼,有一个健康的体魄,还要知道个人档案的存放地,做一个遵纪守法的好公民和不违反校纪校规的好学生,才能在体检和政审中顺利过关。

# 参考文献

[1]安宁.新课改背景下高中地理案例教学的应用研究[D].桂林:广西师范大学,2012.

[2]白淑萍,贾利娴,李燕梅.教师面试指导[M].上海:华东师范大学出版社,2008.

[3]法律出版社.中华人民共和国教师法 中华人民共和国教育法[M].北京:法律出版社,2009.

[4]中公教育教师招聘考试研究院.说课与答辩[M].北京:世界图书出版公司北京公司,2016.

[5]毕砚苓.浅谈中图版《地理图册》的有效利用[J].地理教育,2017(02).

[6]卞鸿祥,李晴.地理教学论[M].南宁:广西教育出版社,2001.

[7]蔡慧琴,饶琳,叶存洪.有效课堂教学策略[M].重庆:重庆大学出版社,2008.

[8]蔡静.幼儿教师资格证考试改革的特点及启示[J].中国教师,2013(05).

[9]曹军.初中地理教案设计与教学[M].上海:上海交通大学出版社,2015.

[10]曹琦.中学地理教学设计——教学原理与方法[M].长春:东北师范大学出版社,2005.

[11]陈澄.地理课堂教学设计[M].上海:华东师范大学出版社,2001.

[12]陈澄.地理教学论与地理教学改革[M].上海:华东师范大学出版社,2001.

[13]陈澄.地理教学论[M].上海:上海教育出版社,1999.

[14]陈澄.新编地理教学论[M].上海:华东师范大学出版社,2007.

[15]陈悠.科研项目申报书撰写中的"难点"解决策略[J].体育教学,2016,36(10).

[16]但菲,赵小华,刘晓娟.幼儿园说课、听课与评课[M].北京:北京师范大学出版社,2012.

[17]李文献,王传忠,宋波.地理教学设计研究[M].汕头:汕头大学出版社,2019.

[18]邓明红.利用中图版地理图册探索有效教学[J].地理教育,2016(04).

[19]翟华伟.活用地理教材 打造活力课堂[J].中学地理教学参考,2014(18).

[20]刁传芳.怎样编写中学地理教案[J].中学地理教学参考,1993(11).

[21]段玉山.地理新课程课堂教学技能[M].北京:高等教育出版社,2003.

[22]段玉山.地理新课程测量评价[M].北京:高等教育出版社,2003.

[23]段玉山.地理新课程教学方法[M].北京:高等教育出版社,2003.

[24]段玉山.中学地理课程与教学[M].上海:华东师范大学出版社,2018.

[25]范泰洋.聚焦学习环境的地理教学设计研究[J].中学地理教学参考,2018(3).

[26]方其桂.Camtasia Studio微课制作实例教程[M].北京:清华大学出版社,2017.

[27]方晴雯.主题式地理研学旅行方案设计[J].地理教育,2019(02).

[28]冯加根.中小学教师资格考试:教师资格认定的新要求[J].中国考试,2016(04).

[29]傅美.讲授法在中学地理课堂中的应用研究[D].石家庄:河北师范大学,2014.

[30]甘肃农业杂志编辑部.项目申报技巧[J].甘肃农业,2015(01).

[31]高超.中学地理教学理论研究与实践探索[M].北京:科学出版社,2020.

[32]高光春.我对"合作探究"的一点思考[J].课程教育研究(新教师教学),2014(25).

[33]高建强,许延浪.怎样撰写科技论文报道性摘要[J].西安石油学院学报(自然科学版),1994(02).

[34]葛吉雪.试点前后初中教师资格考试笔试的对比研究——以湖北省2010年和2011年初中教师资格考试为例[D].武汉:华中师范大学,2013.

[35]耿红芬.高中地理教学设计的研究[D].上海:上海师范大学,2008.

[36]郭新亮,于秀杰.中学地理课堂教学评价的标准[J].教学与管理,1997(C2).

[37]《国家教师资格考试专用系列教材》编委会.地理学科知识与教学能力·初级中学[M].北京:教育科学出版社,2014.

[38]韩文平,张清新.新课改下的高中地理导学案编写策略研究[J]金田,2014(7).

[39]郝德刚.五步导学初中导学案设计与点评[M].济南:山东文艺出版社,2014.

[40]何克抗,郑永柏,谢幼如.教学系统设计[M].北京:北京师范大学出版社,2002.

[41]黄成林.地理教学论[M].芜湖:安徽师范大学出版社,2012.

[42]黄成林.地理教学论[M].合肥:安徽人民出版社,2007.

[43]黄甫全.现代课程与教学论学程·下册[M].北京:人民教育出版社,2006.

[44]黄建军,郭绍青.论微课程的设计与开发[J].现代教育技术,2013,23(5).

[45]黄莉敏.新课程地理教学设计研究的十年发展[J].中学地理教学参考,2012(12).

[46]黄梅.教学设计的评价范畴及其有效性探析[J].教育探索,2008(07).

[47]黄旭光.初中微课资源开发与应用[M].北京:教育科学出版社,2017.

[48]贾本乾,王可植.《中华人民共和国教师法》学习讲座[M].成都:成都科技大学出版社,1994.

[49]贾立彦.地理课堂教学评价之我见[J].散文百家,2016(9).

[50]江立员,黄继斌."说课"基础教程[M].南昌:江西高校出版社,2012.

[51]江晔,刘兰.地理课堂教学技能训练[M].上海:华东师范大学出版社,2008.

[52]姜玉莲.微课程研究与发展趋势系统化分析[J].中国远程教育,2013(12).

[53]蒋薇.黑板板书与多媒体的综合运用[J].文教资料,2012(36).

[54]焦宝聪.微课设计制作中的问题与解决建议[J].中国教育信息化(高教职教),2015(01).

[55]孔德莹.试论地图册在高中地理教学中的应用[J].内蒙古教育,2015(24).

[56]李春艳."以学生为本"的中学地理教学[M].长春:东北师范大学出版社,2020.

[57]李红.地理教学论[M].广州:暨南大学出版社,2017.

[58]李华.在反思中成长[J].新课程(中学),2012(11).

[59]李桦,孙为华.地理新课程教学目标设计的若干问题[J].地理教学,2004(06).

[60]李杰.思维导图在高中地理复习中的应用研究[D].济南:山东师范大学,2014.

[61]李家清.中学地理教学设计[M].北京:高等教育出版社,2015.

[62]李家清.机遇与挑战:走进地理教师教育专业发展的新时代[J].地理教育,2018(05).

[63]李家清.新理念地理教学技能训练[M].北京:北京大学出版社,2010.

[64]李培.浅析高职院校科研项目申报[J].才智,2015(15).

[65]李倩.国内研学旅行课程研究:回顾、反思与展望[J].西北成人教育学院学报,2019(1).

[66]李晴.中学地理教学设计与技能训练[M].北京:科学技术出版社,2015.

[67]李小明.申报国家自然科学基金项目的点滴体会[J].影像诊断与介入放射学,2017,26(06).

[68]李兴良,马爱玲.教学智慧的生成与表达——说课原理与方法[M].北京:教育科学出版社,2006.

[69]李永新.职业能力倾向测验(D类)[M].北京:人民日报出版社,2022.

[70]李臻.当前我国教师资格制度研究——以河北省为例[D].石家庄:河北师范大学,2014.

[71]良师研究院.教师招聘考试系列丛书 结构化面试[M].中国人民大学出版社,2018.

[72]廖沁园,袁桂峰.导师制下引导本科生参与科研对学生创新能力培养的思考[J].教育现代化,2018,5(13).

[73]廖书庆.地理黑板板书的重要性——以人教版"冷热不均引起大气运动"为例[J].地理教学,2010(01).

[74]林开权.对新课程改革下高中思想政治课教学理念的思考[J].贵州师范学院学报,2010,26(11).

[75]刘和之.浅谈高效课堂的构建[J].甘肃教育,2017(07).

[76]刘金星.谈地理说课艺术[M].北京:知识出版社,2016.

[77]刘昱.地理教材中插图功能的多角度探析[J].中学地理教学参考,2014(22).

[78]刘玉凤,李文田.新课标地理教科书中活动类型及教学方式探析[J].高等函授学报(自然科学版),2011,24(1).

[79]刘志华.教学系统设计与实践[M].北京:清华大学出版社,2010.

[80]卢祝华,宋淑英,戴新华,等.如何进行国家重点研发计划重点专项项目申报[J].中国计量,2016(10).

[81]陆垂炳,崔忠民.中学地理课外活动指导[M].杭州:杭州大学出版社,1993.

[82]陆敬源.情境教学的主题凝练[J].思想政治课教学,2015(02).

[83]吕氘贤.发挥高中地理教材中"图像"作用的有效方法[J].中学地理教学参考,2014(22).

[84]马九克.微课视频制作与翻转课堂教学[M].上海:华东师范大学出版社,2016.

[85]马千里.教科文组织非遗项目申报中的若干共性问题[J].民俗研究,2017(06).

[86]毛楠,万红莲,石雯洁.生活化教学背景下的地理课程设计研究——以初中绪论课为例[J].中学地理教学参考,2020(02).

[87]孟文杰,钞振华,袁慧娥.基于地理核心素养的高中研学旅行方案设计[J].新课程研究,2020(30).

[88]南月省,叶滢.中学地理教学新论[M].石家庄:河北科学技术出版社,2003.

[89]宁志刚,金龙永,周平.说课、微课与微型课[M].北京:现代教育出版社,2019.

[90]裴娣娜.教学论[M].北京:教育科学出版社,2007.

[91]彭其斌.研学旅行工作导案[M].济南:山东教育出版社,2019.

[92]彭永红.多媒体教学环境下的黑板板书[J].课程教育研究(新教师教学),2012(19).

[93]钱小明,荣华伟,钱静珠.基于导师制下"大学生创新创业训练计划"教育的实践与思考[J].实验技术与管理,2014,31(07).

[94]秦山平,徐焰华.基于学科核心素养的系统化教学设计——以"人口迁移"为例[J].中学地理教学参考,2019(23).

[95]任国荣,郭中领,李巧娥,等.地理师范生教学技能训练手册[M].北京:科学出版社,2017.

[96]山香教师资格考试命题研究中心.地理学科知识与教学能力 初级中学[M].北京:首都师范大学出版社,2020.

[97]沈耀星.谈谈怎样讲好绪论课[J].教学与管理(理论版),2001(4).

[98]盛群力,李志强.现代教学设计论[M].杭州:浙江教育出版社,1998.

[99]施美彬.中学地理微课设计与应用[M].广州:广东高等教育出版社,2019.

[100]苏定冯.科研论文的撰写与发表[J].第二军医大学学报,2005(09).

[101]孙可平.现代教学设计纲要[M].西安:陕西人民教育出版社,1998.

[102]孙月飞,朱嘉奇,杨卫晶.解码研学旅行[M].长沙:湖南教育出版社,2019.

[103]唐少霞,毕华,等.基础教育教学基本功——中学地理卷[M].北京:首都师范大学出版社,2009.

[104]唐少霞,赵从举,李婷,等.中学地理教学技能[M].海口:三环出版社,2008.

[105]陶梅.中学生地理图像技能培养策略研究[D].武汉:华中师范大学,2005.

[106]托尼·博赞.大脑使用说明书[M].张鼎昆,徐克茹,译.北京:外语教学与研究出版社,2005.

[107]王传斌.说课的训练与评论[M].长春:吉林大学出版社,2010.

[108]王桂玉,马福恩,韩晗.微课在地理教学中的应用研究[M].青岛:中国海洋大学出版社,2021.

[109]王海东,张咏梅.教育科研论文的撰写和发表[J].教育与考试,2007(05).

[110]王建飞,周全.高校青年教师申报科研项目的几点思考[J].教育教学论坛,2016(13).

[111]王履铭.重视科研成果档案的收集与整理促进成果的转化[J].机电兵船档案,2000(02).

[112]王民,仲小敏.地理教学论[M].第2版.北京:高等教育出版社,2010.

[113]王盼,张正勇.基于地理实践力培养的研学旅行方案设计——以新疆伊犁地区为例[J].中学地理教学参考,2020(24).

[114]王树声.中学地理教材教法[M].北京:高等教育出版社,1995.

[115]王西芝.地理实践力培养的思考与实践[J].中学地理教学参考,2018(10).

[116]王亚平.怎样"说课"[J].考试周刊,2014(14).

[117]王晔.新课程理念下说课基本内容的构建[J].安庆师范学院学报(自然科学版),2008,14(01).

[118]王志强.风沙运动过程的非线性特性研究[D].兰州:兰州大学,2010.

[119]乌美娜.教学设计[M].北京:高等教育出版社,1994.

[120]乌日娜.高中新课程下的地理双动两案教学模式操作规范研究[D].呼和浩特:内蒙古师范大学,2013.

[121]邬小心.高中地理"教学重难点"的确定与落实研究[D].上海:上海师范大学,2019.

[122]吴海燕."被遗忘"的黑板板书[J].读与写(教育教学版),2013,10(09).

[123]吴金财.例谈高中地理课堂教学目标的设计与陈述[J].中学地理教学参考,2011(06).

[124]吴振华,袁书琪,贺军亮.地理核心素养视角下县级博物馆研学旅行课程设计——以曲周博物馆为例[J].地理教学,2021(01).

[125]武文霞,周顺彬.地理课程与教学论[M].广州:广东高等教育出版社,2014.

[126]夏志芳.地理课程与教学论[M].杭州:浙江教育出版社,2003.

[127]谢芳燕.高中地理课堂教学目标设计[J].地理教学,2014(15).

[128]谢纪美.提高科研项目申报质量的对策研究[J].文教资料,2011(14).

[129]熊玉英,吴佳洁.积极开展学术交流活动提升研究生创新能力[J].科教导刊,2016(19).

[130]徐爱霞.浅谈地理教学中"导学案教学法"设计与应用[J].科海故事博览(科教论坛),2012(3).

[131]许可,李培营.结构化面试高分一本通[M].北京:清华大学出版社,2016.

[132]张亚杰.如何把握课堂教学的"点拨"时机[J].辽宁教育,2009(C1).

[133]严龙成.学本课堂背景下中学地理教学设计及案例评析[M].成都:四川大学出版社,2018.

[134]杨丽华.谈高中地理绪论课的重要性[J].中学地理教学参考,2014(22).

[135]杨荣肖."教"与"学"的中和剂——导学案[J]科教导刊(电子版)(下旬),2014(4).

[136]杨上影.微课设计与制作[M].北京:高等教育出版社,2017.

[137]杨新.新编地理教学论[M].北京:科学出版社.2010.

[138]杨秀平,李二超.基于教师科研项目的本科生科研训练计划研究[J].实验技术与管理,2017,34(09).

[139]杨永廷,郭全其."水资源"教学解读(人教版)[J].地理教学,2013(23).

[140]叶澜.新编教育学教程[M].上海:华东师范大学版社,2006.

[141]于海.提高科技论文引言表达质量的途径[J].鞍山师范学院学报,2009,11(04).

[142]于洪斌.基于本科生科研能力培养的教学方法初探[J].新课程研究(中旬刊),2018(11).

[143]袁书琪.地理教育学[M].北京:高等教育出版社,2001.

[144]袁孝亭.地理课程与教学论[M].长春:东北师范大学出版社,2006.

[145]张白峡.中学地理实践活动教程[M].成都:四川大学出版社,2022.

[146]张海晨,李炳亭.高效课堂导学案设计[M].济南:山东文艺出版社,2010.

[147]张家辉.中学地理教师如何突破研究选题难关(上)[J].中学地理教学参考,2015(07).

[148]张家辉.中学地理教师如何突破研究选题难关(下)[J].中学地理教学参考,2015(11).

[149]张金萍.地理研学旅行线路规划研究[J].中学地理教学参考,2018(5).

[150]张静然.微课程之综述[J].中国信息技术教育,2012(11).

[151]张开飞,何勋,李赫,等.开展大学生创新创业项目的重要性[J].课程教育研究,2018(52).

[152]张玲丽.用活地理图册 提高课堂教学效果[J].青海教育,2015(11).

[153]张清杰,刘银宇,张贝尔.教师法基本知识[M].长春:吉林人民出版社,2012.

[154]张素娟.地理学科知识与教学能力——高级中学[M].北京:光明日报出版社,2016.

[155]张现勤,王英.中图版高中地理教材使用的几点体会[J].地理教育,2015(08).

[156]张杏梅.中学地理教学论[M].北京:北京师范大学出版社,2010.

[157]张永芬,孙传远.远程开放教育领域的微课开发应用实践研究[J].重庆广播电视大学学报,2014(6).

[158]张瑜.高中地理教学设计的基本过程与策略[J].现代职业教育,2019(09).

[159]赵加琛,张成菊.学案教学设计[M].北京:中国轻工业出版社,2009.

[160]赵敏.导学案的设计原则[J].文理导航·教育研究与实践,2017(7).

[161]赵轩.中小学教师资格考试数学学科教学能力考查研究[J].中国考试,2015(04).

[162]赵媛,沙润.地理实践教学改革与学生科研能力的培养[J].实验室研究与探索,2003(04).

[163]赵占凯.中学地理教学中板书的设计[J].地理教学,2016(13).

[164]仲小敏.中学地理教学设计[M].北京:高等教育出版社,2017.

[165]周慧.基于学科核心素养的初中地理组件教学设计[M].广州:广东人民出版社,2018.

[166]周黎平.说课之道[J].考试周刊,2011(67).

[167]周维国.关于中学地理课堂教学评价的研究综述[J].中学地理教学参考,2014(7).

[168]周振玲,范恩源.中学地理活动课指导[M].天津:天津科学技术出版社,2003.

[169]朱光平.用好地理教材中的地图,为高效课堂助力[J].学周刊,2017(28).

[170]左敬亮.论"说课"在实施新课程标准中的作用[J].中国成人教育,2007(24).